Was bedeutet es, Glück zu wünschen, Glück zu beanspruchen, Glück zu teilen? Ist wirklich jeder seines Glückes Schmied? Was ist Glück überhaupt? In zahlreichen Wendungen umkreist die Alltagssprache das Phänomen »Glück«. In Büchern und Zeitschriften finden sich ungezählte Ratschläge für ein gutes, ein glückliches Leben. Philosophen, Psychologen, Soziologen, Biochemiker und Literaten beschäftigen sich mit Definitionen und Bedingungen des Glücks. Annemarie Pieper beleuchtet die Entwürfe eines guten Lebens seit der Antike und fragt nach der Rolle, die das Glück darin spielt. So entsteht eine kleine abendländische Philosophie- und Kulturgeschichte des Glücks, die anhand ausgewählter Textpassagen und anschaulicher Beispiele von den verschiedenen Erscheinungsformen des Glücks erzählt und zum Nachdenken über die Kunst des guten Lebens einlädt.

Annemarie Pieper, geboren 1941, ist Professorin für Philosophie und Autorin zahlreicher Bücher, u.a.: ›Selber denken. Anstiftung zum Philosophieren‹ (1997); ›Gut und böse‹ (1997); ›Angewandte Ethik‹ (zus. mit Urs Thurnherr, 1998); ›Sören Kierkegaard‹ (2000). In der Reihe ›Philosophie jetzt!‹ hat sie den Band ›Aristoteles‹ (dtv 30682) herausgegeben.

Annemarie Pieper

Glückssache

Die Kunst gut zu leben

Deutscher Taschenbuch Verlag

Januar 2003
Deutscher Taschenbuch Verlag GmbH & Co. KG, München
www.dtv.de
© 2001 Hoffmann und Campe Verlag, Hamburg
Das Werk ist urheberrechtlich geschützt.
Sämtliche, auch auszugsweise Verwertungen bleiben vorbehalten.
Umschlagkonzept: Balk & Brumshagen
Umschlaggestaltung unter Verwendung des Gemäldes
›Mündung des Canal Grande‹ von Canaletto
Satz: Dörlemann Satz, Lemförde
Druck und Bindung: Druckerei C. H. Beck, Nördlingen
Gedruckt auf säurefreiem, chlorfrei gebleichtem Papier
Printed in Germany · ISBN 3-423-30872-9

Inhalt

Glückssache

Vorwort

Über das Glück ist viel geschrieben worden, angefangen von der Auflistung Abertausender Glücksmomente über persönliche Erfahrungsberichte und Handbücher, wie man des Glücks habhaft werden kann, bis hin zu Abhandlungen über Glückstheorien aus verschiedenen Zeiten. Gibt es überhaupt noch etwas Neues, bisher Ungesagtes zu diesem Thema, das zweifellos seit jeher große Faszinationskraft auf die Fantasie und Handlungsweise der Menschen ausgeübt hat? In diesem Buch soll das Glück aus einer Perspektive in den Blick gerückt werden, die Vorstellungen vom guten Leben daraufhin betrachtet, welches Gewicht dem Glück darin eingeräumt wird. Dabei wird sich zeigen, dass es den Menschen als fühlenden, wahrnehmenden, denkenden, wollenden, handelnden Wesen immer zentral um das Glück geht und ein Leben ohne Glück als sinnlos erachtet wird. Zwar weichen die Charakterisierungen des Glücks stark voneinander ab, aber immer geht es um das Begehren von etwas, dessen Besitz vollständige Erfüllung verspricht: Wer die Lust gering schätzt, bewertet geistige Genüsse umso höher; wem materielle Güter zu profan sind, setzt auf den Reichtum zwischenmenschlicher Beziehungen oder die Ekstase spiritueller Freuden. Der Verzicht auf bestimmte Arten des Glücks erfolgt also stets um eines anderen, bevorzugten Glücks willen, nicht jedoch deshalb, weil das Streben nach Glück als solches in Frage gestellt würde. Interessant sind dabei die Gründe, die für die jeweilige Präferenz angeführt werden, und die Einwände, die von anderen dagegen vorgebracht werden in der Absicht, für eine andere Vorstellung vom Glück zu werben.

Allen Entwürfen eines guten Lebens ist demnach gemeinsam, dass sie ein Glückskonzept beinhalten, mit dessen Umsetzung die Frage nach dem Sinn des Lebens und die Hoffnung auf ein im Ganzen gelungenes Dasein verknüpft wird. Jedes Individuum schafft sich seine Insel der Seligkeit, auf welcher es allein oder mit anderen glücklich sein will. Die ersten Menschen fanden das Paradies als den schlechthin sinnerfüllten Ort vor, der sich erst durch seinen Verlust als eine Insel der Seligkeit erwies, zu dem es kein Zurück mehr gab. Der Himmel wird den Gottesfürchtigen am Ende der Geschichte als der neue Garten Eden verheißen, in dem sie in der Gemeinschaft mit Gott der ewigen Seligkeit teilhaftig werden. Platon entwickelte im *Gorgias* unter Berufung auf Homer eine ähnliche Vorstellung vom Aufenthaltsort der Seele nach dem Tod, der zufolge derjenige, »welcher sein Leben gerecht und fromm geführt hat, nach seinem Tod zu den Inseln der Seligen gelangt und dort ohne Übel in vollkommener Glückseligkeit lebt«. Glück und gutes Leben hängen demnach eng zusammen derart, dass das gute Leben die Bedingung des Glücks ist und das Glück das Gute des Lebens ausmacht. So verstanden ist das gute Leben Glückssache, und die Inseln der Seligkeit, auf die wir uns zwischenzeitlich aus den Nöten des Daseins retten, um neue Kraft zu schöpfen, existieren hier und jetzt schon, in den glücklichen Augenblicken, in welchen im hiesigen Leben das vorweggenommen wird, was die Religionen als einen Dauerzustand nach dem Tod versprechen. Das Glück muss nicht an entlegenen Orten gesucht werden, wie Goethe in seinem Gedicht *Erinnerung* festhielt: »Willst du immer weiter schweifen? / Sieh, das Gute liegt so nah. / Lerne nur das Glück ergreifen, / Denn das Glück ist immer da.« Und Kant meinte in den *Träumen eines Geistersehers*, dass unsere Erde sehr wohl als Insel der Seligkeit betrachtet werden könne, wenn man nur den Standpunkt wechsele. »Wenn man von dem Himmel als dem Sitze der Seligen redet, so setzt die gemeine Vorstellung ihn gerne über sich, hoch in dem unermeßlichen Weltraume. Man bedenket aber nicht, daß unsre Erde, aus diesen Gegenden gesehen, auch als einer von den Sternen des Himmels erscheine, und daß die Bewohner anderer Welten mit eben so gutem Grunde nach uns zeigen könnten, und sagen: sehet da den Wohnplatz ewiger Freuden und einen himmlischen Aufenthalt, welcher zubereitet ist, uns dereinst zu empfangen.«

Freilich ist die Erde alles andere als ein Paradies. Deshalb haben die Utopisten stets nach Nischen auf dem von Kriegen und Ungerechtigkeiten zerrissenen Globus gesucht, um fernab von den Gräueln, die eine verrohte Menschheit sich selbst zufügt, ein Staatswesen zu gründen, dessen sorgsam und planvoll ausgebildeten Mitgliedern ein Höchstmaß an Glück zuteil wird. Solche Nischen, in welchen sich die utopischen Projekte ungestört entfalten konnten, waren entlegene Inseln, die in den riesigen Wassermassen der Ozeane unentdeckt blieben und sich daher als ideale Orte erwiesen, um unter optimalen Bedingungen mit dem Glück zu experimentieren.

Wenn wir uns »reif für die Insel« fühlen, ist dies ein Indiz dafür, dass die Glückstanks zur Neige gehen und wieder aufgefüllt werden müssen. Dafür gibt es keine Patentrezepte, keinen Glückscode; niemand kann stellvertretend für eine andere Person glücklich sein oder deren Glück herstellen. Aber es lohnt sich, über die Bedingungen nachzudenken, die ein gutes Leben ermöglichen, und damit Hinweise zu bekommen, welche Bausteine man benötigt und welche Leistungen man erbringen muss, um seine eigene, höchst private Insel der Seligkeit zu erschaffen.

Eine Prognose zu wagen, ob dieses Buch ein geglücktes Unternehmen ist, möchte ich nicht riskieren. Fest steht jedoch, dass es für mich ein Glücksfall war, denn all meine philosophischen Interessen berühren sich in der Frage nach dem Glück und dem Sinn eines guten Lebens. Ich danke den Studentinnen und Studenten der Universität Basel, denen ich einen Teil der Studie in der Rohfassung vorgetragen habe. Ihr lebhaftes Echo war eine Bestätigung dafür, dass das Thema immer wieder des Nachdenkens wert ist, vor allem wenn man es nicht staubtrocken, sondern mit Lust abhandelt. Dank sage ich auch meinem langjährigen Mitarbeiter Urs Thurnherr, der mir ein gerüttelt Maß an administrativen Lasten und Vortragsverpflichtungen abnahm. Damit bescherte er mir das Glück zusätzlicher Mußestunden, in denen ich mich ganz den Freuden des Umgangs mit den Lehrern der Weisheit hingeben konnte. Zu danken habe ich auch – einmal mehr – Rainer Moritz, der das Projekt anregte und umsichtig begleitete. Er war der erste Leser und hat durch seine Randglossen, die mehr als bloße Schönheitskorrekturen anmahnten, die Lesbarkeit des Buches beträchtlich erhöht.

Basel, den 20. September 2000 Annemarie Pieper

Annäherungen an das Glück

Wer ist glücklich?

*S*eid glücklich. Macht euch keine Sorgen!« Dies war das Motto, nach welchem die Blumenkinder der Flower-Power-Ära ihr Leben führen wollten: Liebe statt Gewalt, Musik statt Streit, Tanz statt Verhärtung, Blumen statt Kugeln. San Francisco, die erdbebengefährdete Stadt, wurde zum Symbol für ein Lebensgefühl, das im ohnehin riskanten Dasein auf einen Sinn setzte, den die Menschen aus eigener Kraft verwirklichten. Indem sie dazu beitrugen, wenigstens jenes Leid und Unglück zu verringern, das sie sich selbst gegenseitig zufügten, schufen sie eine sorgenfreie Zone. Auch wenn von vornherein feststand, dass ein weltweiter Ausstieg aus den verkrusteten Lebensformen nicht praktizierbar war, kam die Botschaft der jungen Leute doch an: Was immer ihr tut, tut es eingedenk des Wertes, den ein menschliches Leben hat, und begegnet euren Mitmenschen mit Sympathie. Wer Bindungen eingeht, bindet sich zwar in seiner Freiheit, wird aber auch im Beziehungsnetz gehalten und eröffnet sich neue, geschützte Freiräume, in welchen er unbesorgt um feindliche Angriffe seinen Interessen nachgehen kann. Dieses Glück, das aus dem befriedigten Verlangen sowohl nach Geborgenheit als auch nach Selbstständigkeit entsteht, scheint typisch menschlich zu sein, erinnert es doch an die Geburt, die den seligen Zustand des Embryos im Mutterleib beendete und das Neugeborene als ein vom mütterlichen Organismus unabhängiges Lebewesen in die Welt entließ. Dennoch bedürfen wir lebenslang der Zuwendung anderer, und insofern ist das Glück des auf sich selbst und sein Wohl bezogenen Individuums nie vollständig abtrennbar von geglückten Beziehungen zu anderen Individuen.

Ist Gott glücklich? Wenn er voll und ganz in sich selbst ruht, ohne einen Mangel zu empfinden, oder wenn er seinesgleichen hat, mit denen er als Gott unter Göttern einvernehmlich existiert, lautet die Antwort: Ja. Auf Anhieb würde man die Frage jedoch wohl eher verneinen, denn das Wort *Glück* hat eine starke emotionale Ausstrahlung, die auf eine intensive Körperempfindung schließen lässt. Eine solche müsste einem Gott seiner Natur nach fremd sein. Liest man jedoch die Schöpfungsgeschichte im *Alten Testament* nach, wo es heißt, dass Gott jeweils am Ende des Tages das von ihm Geschaffene begutachtet, um dann anerkennend festzustellen: »Und siehe, es war gut«, erweckt dies den Eindruck, dass Gott mit sich und seinem Werk zufrieden ist. Es ist ihm geglückt, was ihm eine wiederholte ausdrückliche Bestätigung wert ist. Demnach hätte seine Anstrengung auch missglücken können, falls es ihm nicht gelungen wäre, seinen Plan vom Universum Schritt für Schritt in die Realität umzusetzen. Das Gütezeichen, das Gott den Ergebnissen seines Schaffens anheftet, spricht dafür, dass er glücklich ist. Trotzdem können wir uns die Eigentümlichkeit seiner Freude nicht recht vorstellen. Zwar wird der Gott des *Alten Testaments* häufig als ein affektgeladenes Wesen beschrieben, das in Zorn gerät und sich rachsüchtig gebärdet, aber im Grunde halten wir dies für nachträgliche menschliche Zutaten und gehen im Übrigen davon aus, dass übermenschliche Wesen wie Götter und Engel körperlos sind und daher weder Bedürfnisse noch Affekte kennen. Selbst wenn man annimmt, dass Gott allwissend ist, bleibt unklar, wie er jene überschießende Freude, das selige Außersichsein, die grenzenlose Lust, kurz das, was die Menschen Glück nennen, adäquat nachempfinden kann, wenn ihm dazu das sinnliche Sensorium fehlt.

Ludwig Thoma hat in seiner Geschichte *Der Münchner im Himmel* die zunehmende Frustration des Dienstmanns Aloysius geschildert, der das ewige Halleluja-Singen und Manna-Trinken so satt bekommt, dass er wieder auf die Erde zurück möchte. Das Bier im Münchner Hofbräuhaus ist sein höchstes Glück, und das himmlische Glück kann ihm gestohlen bleiben, weil es die körperlichen Sensationen vermissen lässt, die mit dem glücklichen Genießen untrennbar verbunden sind. Obwohl er im Himmel den Engeln gleich ist und keinen materiellen Körper mehr besitzt, hat sein Gedächtnis offenbar die Glücksmomente seines irdischen Lebens so intensiv gespeichert, dass er sich auch in seinem verklärten Leib noch daran erinnert und die himmlischen Freuden im Vergleich damit als unendlich fad empfindet. Sein Frohlocken wird immer verdrießlicher und blasphemischer: »›Ha-ha-lä-lä-lu-u-uh — Himmi — Herrgott — Erdäpfi — Saggeremanent — lu — uuu — iah!‹...«, bis Gott schließlich Mitleid mit ihm hat und ihm die Rückkehr nach München erlaubt, wo er im Hofbräuhaus bis in alle Ewigkeit vor seinem geliebten Bier sitzt. Er befindet sich dabei in guter Gesellschaft, denn schon andere haben die Vorstellung eines göttlichen Glücks, das sich im ewigen Genuss der eigenen, nicht mehr steigerbaren Vollkommenheit erschöpft, zum Gähnen langweilig gefunden.

Wenn der Mensch sein Glück nicht mit Gott teilen mag, so vielleicht mit den Tieren, die ja gleich ihm körperlich empfindende Wesen sind. Zum Mindesten legt dies der bekannte Werbeslogan von den glücklichen Kühen nahe, deren Milch unübertroffen sein soll, ganz abgesehen von der extravaganten lila Kuh, deren Glück einem in zart schmelzender Schokolade auf der Zunge zergehen soll. Doch zeigt sich rasch, dass es eine Unterstellung unsererseits ist, wenn wir davon ausgehen, dass Tiere, die artgerecht gehalten werden, sich wohl fühlen und einfach deshalb glücklich sein müssen, weil wir es an ihrer Stelle ganz sicher wären. Aber ein Huhn, das seine Körner im Freien picken kann, weiß ja gar nicht, wie es ist, in einer Legebatterie zur Eierproduktion abgerichtet zu sein. Es kann seine privilegierte Situation ebenso wenig erkennen, wie das auf engstem Raum gemästete Schwein seine missliche Lage zu durchschauen vermag. Und auch wenn wir keinen Zweifel daran haben, dass Struppi, der sein Herrchen schwanzwedelnd begrüßt, sich über dessen Heimkehr freut, wissen wir nicht, was dieses Glück für ihn wirklich bedeutet. Wir deuten sein Verhalten auf der Folie unseres Selbstverständnisses und tun so, als ob wir das Glück des Tieres mit einer einfachen Subtraktion ermitteln könnten: Menschliches Glück minus Selbstbewusstsein ist gleich tierisches Glück.

Friedrich Nietzsche hat in der zweiten seiner *Unzeitgemäßen Betrachtungen* die umgekehrte Probe aufs Exempel gemacht, indem er die Ambivalenz des Menschen gegenüber dem tierischen Dasein herausstellte:

> Betrachte die Heerde, die an dir vorüberweidet: sie weiss nicht was Gestern, was Heute ist, springt umher, frisst, ruht, verdaut, springt wieder, und so vom Morgen bis zur Nacht und von Tage zu Tage, kurz angebunden mit ihrer Lust und Unlust, nämlich an den Pflock des Augenblickes und deshalb weder schwermüthig noch überdrüssig. Dies zu sehen geht dem Menschen hart ein, weil er seines Menschenthums sich vor dem Thiere brüstet und doch nach seinem Glücke eifersüchtig hinblickt – denn das will er allein, gleich dem Thiere weder überdrüssig noch unter Schmerzen leben, und will es doch vergebens, weil er es nicht will wie das Thier. Der Mensch fragt wohl einmal das Thier: warum redest du mir nicht von deinem Glücke und siehst mich nur an? Das Thier will auch antworten und sagen, das kommt daher dass ich immer gleich vergesse, was ich sagen wollte – da vergass es aber auch schon diese Antwort und schwieg. (KSA 1, 248)

Das Tier lebt nach Nietzsche unhistorisch, es hat keine Beziehung zu seiner Vergangenheit, so dass es alles, was es erlebt, sofort wieder vergisst. Aus diesem Grund kann es nicht glücklich sein, weil ihm dasjenige, worüber es sich freuen will, nicht mehr präsent ist. Das Glück ist demzufolge eine durch und durch menschliche Angelegenheit. Der Mensch will zwar wie Gott ewig selig sein, doch will er es nicht auf göttliche, sondern auf menschliche Weise. Und er will wie das Tier ohne Sorgen und Schmerzen glücklich sein, doch will er dies nicht auf tierische, sondern auf menschliche Weise. Er will das Glück weder ausschließlich geistig noch ausschließlich sinnlich genießen, er will beides zugleich.

Märchenhaftes Glück

Das Glück ist der größte gemeinsame Nenner der Menschheit, denn es besteht kein Zweifel daran, dass alle Menschen nach Glück streben. So wünschen wir bei feierlichen Anlässen unseren Freunden und Bekannten, aber auch Menschen, die uns persönlich nicht nahe stehen, »viel Glück«. Kleeblätter, Schornsteinfeger, Hufeisen und Schweine haben als Glückssymbole Hochkonjunktur. Maskottchen und Amulette sollen vor Unglück schützen. Ein von dreimaligem Spucken begleitetes Toi-toi-toi will den Weg frei machen für eine erfolgreiche – geglückte – Tätigkeit. Selbst makabre Redewendungen wie »Hals- und Beinbruch« oder »Mast- und Schotbruch« meinen das genaue Gegenteil, nämlich den Wunsch, ein riskantes Unternehmen heil und unversehrt zu überstehen. Zwar mag sich dies alles einem Aberglauben verdanken, der auch Horoskopen, Glaskugeln, Kaffeesatz oder Teeblättern vertraut, doch zeigen diese höchst unterschiedlichen Beschwörungen des Glücks, wie unendlich begehrenswert uns ein glückliches Leben scheint.

Schon die Märchen enthalten die Botschaft, dass alles im Leben darauf ankommt, sein Glück zu finden, dass aber am Ende nur diejenigen glücklich sind, die sich um das Glück verdient gemacht haben. Widrige Umstände verhindern das Glück auf die Dauer ebenso wenig wie böse Hexen und Zauberer, die gefährliche Abenteuer und schreckliches Unglück verursachen. Hänsel und Gretel, von der Hexe als Leckerbissen vorgesehen, müssen sich erst aus deren Gewalt befreien, bevor sie wieder nach Hause gelangen, wo erleichtert festgestellt wird: »Da hatten alle Sorgen ein Ende, und sie lebten in lauter Freude zusammen.« Brüderchen und Schwesterchen, die von der bösen Stiefmutter aus dem Haus vertrieben werden, müssen mit zahlreichen Anschlägen auf ihr Leben fertig werden, bis sie ein sorgenfreies Dasein genießen können: »Schwesterchen und Brüderchen aber lebten glücklich zusammen bis an ihr Ende.« Schneewittchen muss nach der Vergiftung durch die eitle Königin lange Zeit in einem gläsernen Sarg zubringen, bevor der junge Königssohn es entdeckt und erlöst. Dornröschen schläft gar hundert Jahre, bevor der Kuss des Prinzen den Zauber bricht. Rapunzel schließlich wird von der bösen Zauberin mit abgeschnittenen Haaren in die Verbannung geschickt, bis der Königssohn sie endlich findet und das Happy End bevorsteht: »Er führte sie in sein Reich, und sie lebten dort noch lange glücklich und vergnügt.« Bastian bzw. Atréju schließlich, der junge Held in Michael Endes *Die unendliche Geschichte*, hat lebensgefährliche Abenteuer zu bestehen, bis es ihm gelingt, das Unglück, das über Phantásien und die Kindliche Kaiserin gekommen ist, zu besiegen. Ohne den fliegenden Glücksdrachen Fuchur, der ihn aus mancher Notsituation befreit, wäre er freilich verloren gewesen.

Nicht alle Märchen beschreiben das Glück als einen Dauerzustand, der in ausgleichender Gerechtigkeit erlittenes Unrecht erst am Ende eines durch Entbehrungen und Gefahren gekennzeichneten Lebensabschnitts belohnt. Das Märchen von

Hans im Glück schildert einen Menschen, der immer glücklich ist. Hans bekommt für sieben Jahre Dienst bei einem großzügigen Herrn von diesem einen ordentlichen Klumpen Gold als Lohn. Auf dem Heimweg zur Mutter begegnet er verschiedenen Personen, die etwas besitzen, das ihm in der jeweiligen Situation begehrenswert erscheint. So tauscht er den Goldklumpen, der auf ihm lastet, bereitwillig gegen ein Pferd und dieses, nachdem es ihn abgeworfen hat, gegen eine Kuh, diese wiederum, da sie ihm keine Milch gibt, gegen ein Schwein, das Schwein gegen eine Gans und die Gans gegen einen Wetzstein, mit dem er sein Auskommen als Scherenschleifer haben soll. Am Schluss fällt der schwere Stein in einen Brunnen, und unbeschwert kehrt er heiteren Mutes heim: »So glücklich wie ich, rief er aus, gibt es keinen Menschen unter der Sonne.«

Nun könnte man natürlich sagen, dieser Hans ist der reine Tor. Er lässt sich von seinen Mitmenschen alles Mögliche aufschwatzen, und jedes Mal wird er gewaltig übers Ohr gehauen, ohne zu merken, dass er betrogen wird. Worin besteht denn aber sein Glück? Nach jedem Tausch heißt es, dass er voller Freude darüber war, wie ihm alles nach Wunsch und Wille gehe, und er versichert den neuen Tauschpartnern, wie vorteilhaft er es bisher jedes Mal getroffen habe. Als er schließlich mit dem Wetzstein abzieht, jubelt er geradezu: »Ich muß in einer Glückshaut geboren sein, […] alles was ich mir wünsche, trifft mir ein wie einem Sonntagskind.« Ganz offensichtlich bemisst Hans sein Glück nicht nach dem objektiven Wert der Gegenstände, deren Besitzer er wird. Er interessiert sich nur dafür, wie weit sie seine jeweiligen Bedürfnisse auf der Stelle befriedigen. Ist er müde vom Laufen, kommt ihm ein schnelles Pferd wie gerufen. Ist er durstig, soll die Kuh dem abhelfen. Muss er Geld verdienen, ist der Wetzstein dazu gerade recht. Dass in jeder Situation immer genau das zur Verfügung steht, was in seiner Vorstellung das passende Mittel zur Befriedigung seiner Wünsche ist, macht ihn glücklich, weil er hinter den zufälligen Begegnungen eine glückliche Fügung vermutet, die alles zu seinem Besten einrichtet. Darüber entgeht ihm, dass er, bei Licht besehen, gar nicht in den tatsächlichen Genuss der Dinge gelangt, den er in seiner Vorstellung begehrt hat. Der vorgestellte Genuss ist ihm genug für sein Glück.

Die Geschichte von Hans im Glück hat ihre Pointe darin, dass man erst dann wirklich glücklich ist, wenn einen nichts mehr belastet, wenn auch die Verpflichtungen, die der Besitz mit sich bringt, aufgehoben sind. Wer nichts hat, woran er hängt, der ist frei: Er kann hingehen, wohin er möchte. Nichts bindet ihn an einen bestimmten Ort, und es liegt allein an ihm, was er aus seinem Leben macht. Vielleicht ist dies auch der Traum all jener, die zum Zigarettenholen aus dem Haus gehen und spurlos verschwinden. Die Familie, die Arbeit, die ganz alltäglichen Zwänge empfinden sie plötzlich als Mühlstein, den sie von sich werfen, um ihr Glück anderswo in einem freien, unabhängigen Leben zu suchen. Wer hätte nicht diesen Traum schon in irgendeiner Weise geträumt, den Traum aller Aussteiger von einem absoluten Neuanfang, der die Weichen zu einem unermesslichen Glück stellen soll, das man im bisherigen Leben vermisst hat? Aber wir wissen auch, dass dieser Traum seinen Preis hat, den oft die bezahlen müssen, die allein zurückgelassen werden. Das Glück, das in absoluter Freiheit und Bindungslosigkeit gesucht wird, ist erkauft durch das Unglück der Mitmenschen. Und die Vorstellung dieses Unglücks bewegt die meisten dazu, nach Hause zurückzukehren. Wie Hans im Glück lassen sie es beim vorgestellten Glück des Ausstiegs aus ihrem Leben bewenden. Dieses »Ich könnte, aber ich will nicht« vermag auch eine gewisse Befriedigung zu verschaffen, zumal man ja nicht sicher sein kann, ob der Ausstieg, wenn er denn vollzogen würde, wirklich zu jenem Glück führt, das man ersehnt.

Wie man sein Glück auch bei äußerst dürftigen Ausgangsbedingungen machen kann, führt das Märchen *Die drei Glückskinder* vor Augen. Ein armer Mann, der seine Söhne nur mit einem kümmerlichen Erbe auszustatten vermag, hinterlässt ihnen einen Hahn, eine Sense und eine Katze mit dem Auftrag, sich in der Welt umzusehen und Ausschau nach einem Land zu halten, wo genau diese drei Dinge gebraucht werden. Tatsächlich gelingt es allen drei Kindern, eine Insel ausfindig zu machen, auf welcher der Hahn die Zeit verkündet, die Sense das überhand nehmende Korn mäht und die Katze eine Mäuseplage beendet. Alle drei kehren mit goldbeladenen Eseln zurück und können sich ein schönes Leben machen. Der Vater hat richtig vorausgesehen, dass eine Bedarfsanalyse, verbunden mit einem geschickten Management der vorhandenen Mittel, zur Quelle des Reichtums werden kann.

Noch ein anderer Menschheitstraum ist Gegenstand eines Märchens. Das Märchen vom Schlaraffenland schildert eine Überflussgesellschaft, die in einer Welt ohne knappe Ressourcen es jedem ermöglicht, nach Herzenslust zu genießen, was das Herz begehrt. Das ganze Leben besteht in ununterbrochenem Genuss. Niemand braucht mehr zu arbeiten, und die Speisen müssen nicht einmal beschafft und zubereitet werden, weil die Natur als ein gigantisches, kostenloses Warenlager eingerichtet ist, das alle Bedürfnisse zufrieden stellt: Auf den Bergen wächst Käse, in den Brunnen sprudelt Milch, Honig fließt in den Bächen, es regnet Wein, und gebratene Tauben fliegen in die aufgesperrten Münder derjenigen, die es danach gelüstet. Das Glück eines solchen Lebens liegt im Konsumieren und Verdauen, ohne dass irgendwelche Anstrengungen nötig wären, um diesen Zustand aufrechtzuerhalten. Niemand ist bevorzugt, niemand benachteiligt. Allen Menschen geht es gleich gut. Die Folgen eines solchen maßlosen Konsumglücks von Schlemmern, die nichts anderes tun, als sich nach Herzenslust vollzustopfen, sind – wir wissen es, weil wir nicht allzu weit davon entfernt sind – Überdruss und gesundheitliche Schäden, die sich letztlich lebensverkürzend auswirken. Auch das Glück des Schlaraffenlandes hat also seinen Preis, den zwar nicht die Nächsten, auch nicht das Kollektiv, wohl aber jeder Einzelne für sich selbst zu entrichten hat.

In der »wirklichen Welt« geht es nicht so viel anders zu als in den Märchen, außer dass das Happy End oft ausbleibt. Obwohl das Streben nach Glück allen Menschen gemeinsam ist, trennt es sie zugleich, ja, es macht sie geradezu zu Feinden, da jedes Individuum für sich persönlich ein anderes Glück begehrt und sich durch die Mitmenschen bei der Verfolgung seiner Ziele behindert sieht. Sind es hingegen die gleichen Ziele, die zur Erlangung des Glücks von mehreren verfolgt werden – Ziele wie Macht, Reichtum, Ruhm, schöne Frauen, reiche Männer –, so werden die anderen zu Konkurrenten und Rivalen, denen man eher die Pest an den Hals als Glück wünscht. Denn jeder, der beim Kampf um das Glück auf der Strecke bleibt, ist einer weniger, der den eigenen Anteil schmälern könnte. Andererseits besagt jedoch ein Sprichwort: »Geteiltes Glück, geteilte Freud', geteilter Schmerz, geteiltes Leid«, was der Vorstellung eines Glücks, das mir nur auf Kosten anderer zuteil wird, widerspricht. Wenn dann gar noch von einer Verdopplung des Glücks die Rede ist: »Geteilte Freude, doppelte Freude«, scheint es sich beim gemeinsam erfahrenen Glück um ein ganz anderes Glück zu handeln als dort, wo es mir von anderen streitig gemacht wird. Wie hängen die unterschiedlichen Weisen, mit dem Glück umzugehen, zusammen? Was bedeutet es, Glück zu wünschen, Glück zu beanspruchen, Glück zu teilen? Was ist das überhaupt: Glück?

Wer ist für die Frage nach dem Glück zuständig? Gibt es Glücksexperten? Falls ja, wodurch haben sie ihre Kenntnisse erworben? Vom Glück ist in so vielfältiger Weise die Rede, dass es schwierig scheint, Fachleute auszumachen, denn wenn jeder der Schmied seines eigenen Glücks zu sein beansprucht, kann er auch als Experte gelten. Doch von einem Experten wird erwartet, dass er im Stande ist, über das Besondere hinaus auch das Allgemeine des Gebietes, auf welchem er Experte ist, zu kennen, die Regeln und Kriterien, die es ihm ermöglichen, seine speziellen Erlebnisse und Erfahrungen anderen so mitzuteilen, dass sie als exemplarische Fälle von Glück gelten können. Hinsichtlich des Glücks gibt es verschiedene Expertengruppen, die das Glück im Menschen unterschiedlich verorten und mit einer je anderen Sprache beschreiben. Für das Glück des *Kopfes* sind vor allem die Philosophen und Theologen zuständig. Sie konzentrieren sich auf die geistigen Freuden, deren Vorzug vor allen anderen Glückserfahrungen sie zu begründen versuchen. Dem Glück des *Herzens* sind die Dichter und Schriftsteller zugetan. Indem sie die vielfältigen Formen der Liebe lyrisch, dramatisch und episch inszenieren, schildern sie das Glück vom Zentrum des Lebens her. Dem Glück für die *Region des Unterleibs* sind viele Experten auf der Spur. Der Lust haben sich nicht nur die Kochkünstler und Gourmets als Sachverständige, sondern auch die Erotiker und Pornographen verschrieben.

Es lassen sich noch eine Reihe anderer Glücksexperten aufzählen. Die Psychologen siedeln das Glück irgendwo zwischen Kopf und Herz an, je nachdem, wo sie den Sitz der Seele vermuten, deren Hochgestimmtheit oder Ausgeglichenheit den Menschen glücklich machen soll. Der amerikanische Psychologe David Myers, einer der bekanntesten Glücksexperten, stellte in seinen Interviews fest, dass man immer ein bisschen glücklicher sein möchte als die anderen, diese aber meistens für glücklicher hält, als sie es tatsächlich sind.

Auch die Soziologen und Ökonomen sind dem Glück auf der Spur. Der Soziologe Alfred Bellebaum ist Glücksforscher. Er gründete 1990 ein eigenes Institut für Glücksforschung in Vallendar (bei Koblenz) und untersucht anhand empirischer Erhebungen, was die Menschen glücklich macht. An der Erasmus-Universität in Rotterdam gibt es eine World Database of Happiness, die von ihrem Direktor Ruut Veenhoven mit Ergebnissen aus 50 Ländern fortlaufend ergänzt wird. Der Trend geht dahin, dass Junge und Alte gleich viel Freude am Leben haben, Frauen nicht weniger glücklich sind als Männer, materieller Wohlstand nicht glücksfördernd ist (froh zu sein, bedarf es wenig ...), amerikanische Multimillionäre im Gegenteil unglücklicher sind als der durchschnittliche US-Bürger. Weiterhin sind schöne Menschen nicht öfter oder intensiver glücklich als die weniger Schönen. Glücklich sind diejenigen, die ein Wohlfühlprogramm speichern, indem sie für ein stabiles soziales Umfeld sorgen, nicht problemorientiert, sondern lösungsorientiert denken, fitnessbewusst sind und Sport treiben, ihre Komfortzone hin und wieder verlassen, um Risiken einzugehen und Neues auszuprobieren. In der Weltrangliste der Glücklichen, die von Venezuela, Nigeria und Island angeführt wird, nimmt die Schweiz den 10., die Bundesrepublik Deutschland den 33. Platz ein. Die Deutschen suchen und finden ihre Glücks-Kicks laut Statistik in folgenden Aktivitäten: 1. Zusammensein mit den eigenen Kindern; 2. Zusammensein mit dem Lebenspartner/der Lebenspartnerin; 3. Urlaub machen; 4. Sex haben; 5. Zusammensein mit Freunden; 6. selber Auto fahren; 7. Hobby betreiben; 8. Musik hören; 9. in Ruhe nachdenken; 10. Lesen.

Ob man die Astrologen, Wahrsagerinnen, Kartenlegerinnen, Spielbankmanager, Lotterieveranstalter und alle übrigen, die mit dem Glück ein Geschäft machen, als Glücksexperten bezeichnen kann, ist zweifelhaft, da sie die Sucht nach der Droge Glück fördern, anstatt sie zu problematisieren und die Süchtigen zu einem richtigen Verständnis des Glücks anzuleiten. Doch der Glücksspielmarkt boomt und hilft dem Staat, die leeren Kassen zu füllen. Dostojewskij schildert in seinem Roman *Der Spieler* einen der Spielleidenschaft Verfallenen, der zwischen Glücksrausch und abgrundtiefer Verzweiflung hin und her gerissen wird, dabei sein Leben buchstäblich verspielt, ohne Chance, je einen konstanten, ausgeglichenen Glückszustand zu erreichen.

In der abendländischen Tradition wurden die Glücksempfindungen von den im Dienste Gottes oder auf eigene Rechnung reflektierenden Meisterdenkern schroff unter zwei Kategorien rubriziert: unter die geistigen einerseits, die sinnlichen andererseits. Während die »Idealisten« allein auf das geistige Glück setzten und das sinnliche rigoros als tierische Lust abwerteten, priesen die »Materialisten« das sinnliche Glück und verhöhnten das geistige als eine Chimäre. Doch letztlich haben sich beide Positionen als ein Missverständnis herausgestellt, denn Idealismus wie Materialismus fragmentarisieren den Körper, spalten den Menschen dualistisch in zwei Teile, von denen jeweils einer für minderwertig erklärt und damit seines Glücks beraubt wird. Im Grunde verstehen wir unter Glück etwas Ganzheitliches, das uns »durch und durch« geht und auf diese Weise vollständig erfasst, denn der Kopf ist daran ebenso beteiligt wie Herz und Unterleib, ohne dass irgendein Teil dominiert. Eine geistige Freude, die nicht sinnlich gefühlt wird, ist ebenso armselig wie eine sinnliche Lust, die den Kopf völlig ausschaltet. Ein halbierter Mensch kann nicht glücklich sein. Vielleicht liegt der Grund für das Missverständnis darin, dass die Idealisten und die Materialisten vergaßen, das Herz als das Zentrum des Lebens mit in ihre Überlegungen einzubeziehen. Wenn das Glück schon nicht durch den Magen geht, so geht es doch durch das Herz, das sinnliche und geistige Freude aufeinander bezieht, indem es dem Verstand die von diesem als chaotisch deklarierte Lust der Sinne fühlbar macht und den Sinnen ein Gespür für das Vergnügen des Verstandes an Maß und Ordnung vermittelt. Dann kreisen – in psychophysischem Gleichklang – im Blutkreislauf Glückshormone (Serotonin und Dopamin), die den menschlichen Körper bis in die letzten Gefäßverästelungen erreichen, so dass das glückliche Individuum sich als eine ungeteilte Ganzheit erlebt.

Was die unterschiedlichen Auffassungen vom Glück miteinander verbindet, ist das Problem der Flüchtigkeit. Ganz gleich, was man als sein Glück begehrt: Man möchte es ununterbrochen haben als dauerhaften Besitz. Doch das Glück entzieht sich, wenn man es festhalten will. Es ist ein Augenblicksphänomen, unberechenbar und nicht ohne weiteres herstellbar. Manchmal ist die Vorfreude auf das ersehnte Ziel schon das vorweggenommene Glück, das sich nach Erreichen des Ziels nicht mehr einstellen will. Ein anderes Mal ist man ganz unerwartet von einem auf den anderen Moment glücklich – eine Melodie hat eine schöne Erinnerung heraufbeschworen, der Wind streichelt wie eine Liebkosung die Haut, ein überwältigender Duft streift die Nase, die Kinder spielen einträchtig miteinander, das Happy End eines Films oder Buches hat zu Tränen gerührt ... Die unverhofften Glücksmomente sind nicht wiederholbar, und das Glück, das man durch eigene Anstrengungen herbeizuzwingen sucht, erweist sich als launisch. Die Flüchtigkeit des Glücks muss daher aufgefangen und kompensiert werden, was im Entwurf eines gelungenen, als Ganzes geglückten Lebens geschieht.

Es kann den Menschen nicht befriedigen, auf das Glück hinzuarbeiten, ohne sicher zu sein, es wirklich zu erreichen. Ebenso frustrierend ist es, ständig auf das Glück zu warten und über dem Durchspielen von Möglichkeiten die Wirklichkeit zu verpassen. So sang der Chansonsänger Walter Andreas Schwarz einst: »Im Wartesaal zum großen Glück, / da sitzen viele, viele Leute. / Sie warten seit gestern auf das Glück von morgen / und leben mit Wünschen von übermorgen. / Und vergessen: Es ist ja noch heute. / Ach, die armen, armen Leute.« Wer die Erwartung zu seiner Grundhaltung gemacht hat, lebt in keiner Zeit, er verwartet buchstäblich sein Leben, um am Ende festzustellen, dass nichts von dem eingetroffen ist, was er sich als sein Glück erhofft hat. Um nicht in einer Fantasiewelt am wirklichen Glück vorbeizuleben, bedarf es eines Vergangenheit, Gegenwart und Zukunft übergreifenden Sinnentwurfs zur Stabilisierung des von Augenblick zu Augenblick gelebten Lebens. Dadurch wird das menschliche Streben in einen umfassenden Zusammenhang eingebettet, der auch die nicht geglückten Augenblicke, ja selbst das Unglück mitträgt. Die Verzweiflung darüber, dass man nicht ununterbrochen glücklich sein kann, weicht dann der Gewissheit, im festen Rahmen einer Lebensform jenen Halt gefunden zu haben, der die Flüchtigkeit des Glücks erträglich macht und eine Unabhängigkeit von den nicht steuerbaren Zufällen und unkontrollierbaren Wechselfällen des Lebens ermöglicht.

Das ausgewogene Glück

Unter Lebensform ist eine frei gewählte Weise des Existierens zu verstehen. Dabei bezeichnet das Formmoment zum einen das Gestalterisch-Kreative, das der Tätigkeit des Sichselbst-Verwirklichens innewohnt, zum anderen das darin zum Ausdruck gelangende Ordnungsprinzip, welches die einzelnen Akte der Selbstverwirklichung in ein einheitliches Gesamtbild einbindet. Die Lebensform beruht auf der individuell entwickelten Vorstellung eines guten Lebens, die zunächst als

Zukunftsentwurf dem Leben probeweise und vorläufig eine Richtung gibt. Im Licht gemachter Erfahrungen wird sie ständig revidiert und verfestigt sich schließlich zu einer Grundhaltung, welche den Charakter und damit die Identität einer Person begründet. Die Lebensform als ausgebildeter Selbstentwurf enthält die Glückskonzepte, die das Individuum in seine Vorstellung vom guten Leben integriert hat und mehr oder weniger erfolgreich umsetzen konnte. Das Ausmaß der realisierten Glücksmomente ist jedoch nicht entscheidend für die Bilanz des zurückgelegten Lebensweges. Wenn die Lebensform, für die man sich entschieden hat, in sich stimmig ist, so dass die einzelnen Akte der Selbst-Verwirklichung einen inneren Sinnzusammenhang ergeben, fällt das Ausbleiben von erwarteten oder erhofften Glücksmomenten nicht so sehr ins Gewicht. Wer sich hingegen in seinen Erwartungen völlig abhängig gemacht hat von der Erreichung des jeweils angestrebten Glücks und kein Lebenskonzept hat, dessen integraler Sinn die kleineren oder größeren Glücksausfälle zu kompensieren vermag, beklagt bei jedem Misserfolg die Sinnlosigkeit des Lebens im Ganzen.

Was für ein Glück man im Rahmen der frei gewählten Lebensform vorrangig erstrebt, hängt davon ab, was für ein Mensch man ist. Der Genussmensch wird stets die Befriedigung seiner sinnlichen Bedürfnisse im Auge haben, wohingegen der altruistisch Veranlagte im Dienst am Mitmenschen seine Erfüllung findet. Der handwerklich Begabte wird der Betätigung seiner Hände größere Aufmerksamkeit schenken als der Mathematiker, der seine Herausforderung in kniffligen Rechenaufgaben sieht. Damit soll nicht gesagt sein, dass die genetische Ausstattung den Einzelnen hinsichtlich des von ihm begehrten Glücks determiniert. Doch die natürlichen Unterschiede zwischen Individuen sind mit unterschiedlichen Präferenzen verbunden, die man bewusst verstärken, aber auch abschwächen kann. Nicht jeder, der eine altruistische

Neigung in sich verspürt, wird sich für die Lebensform der Mutter Teresa entscheiden. Auch der sozial engagierte Politiker oder der an Erziehungsfragen interessierte Lehrer kümmert sich um das Wohl des Nächsten. Der Genussmensch würde zwar in der Lebensform des Asketen kaum glücklich, aber es liegt an ihm, zu entscheiden, welches Ausmaß er der Befriedigung seiner Bedürfnisse in seinem Leben einräumen will. Genuss lässt sich ja bekanntlich durch absichtlich eingelegte Phasen der Enthaltsamkeit steigern.

Das in einer Lebensform eingefangene Glück ist zwar nach wie vor umgeben oder durchsetzt mit Unglück, da sich Glückskonzepte nicht umstandslos eins zu eins umsetzen lassen. Insofern jedoch das Missglückte und Verunglückte aufgehoben ist in einer Vorstellung vom guten Leben insgesamt, wird das zeitweilige Scheitern nicht als Katastrophe empfunden, sondern als ein vorübergehender Mangel an Erfolg. Selbst jemand, der sein Leben lang vom Pech verfolgt wurde, obwohl er sich redlich um die Erreichung seiner Ziele bemüht hat, findet Trost in den Versprechungen der Religionen, dass er dereinst für alles ihm im hiesigen Leben Entgangene entschädigt wird, so dass sein Glück nur aufgeschoben ist. Die ihm verheißene ewige Seligkeit wird sein jetziges Unglück mehr als aufwiegen, vorausgesetzt, er hat ein Gott wohlgefälliges Leben geführt und sich damit um das Glück verdient gemacht.

Schwierig wird es allerdings, wenn die gewählte Lebensform die erfolglosen Bemühungen um das Glück nicht mehr in dem sie prägenden Sinnkonstrukt aufzufangen vermag, weil dieses selbst problematisch und als Ganzes in Frage gestellt worden ist. Es können Ereignisse oder Krisen in einem Leben eintreten, die das vertraute Welt- und Menschenbild völlig verstören und so aus den Fugen geraten lassen, dass auf Grund des plötzlichen Sinnverlusts das Glück ein für alle Mal verschwunden zu sein scheint. In einer ausweglosen Lage wird manchmal der Selbstmord einem Leben vorgezogen, für das keine lohnenswerte Zukunft mehr vorstellbar ist, die wenigstens ein Minimum an Glück zulässt. Andere entscheiden sich für einen totalen Glücksverzicht, indem sie allem, was ihnen lieb und teuer war, entsagen. Ein solch heroischer Entschluss zu einem glück- und freudlosen Leben ist jedoch auf Dauer kaum umzusetzen, ohne dass der Betreffende entweder zu Grunde geht oder aus der Verzweiflung heraus eine Lebenslüge entwickelt, mit der er sich das Dasein erträglich macht. Eine dritte Möglichkeit besteht darin, die alte Lebensform aufzugeben und eine neue zu wählen. Auch dies ist mit großen existenziellen Problemen verbunden, denn in eine Lebensform ist man hineingewachsen, und es ist nicht ohne weiteres möglich, seine frühere Identität preiszugeben, um ein neuer Mensch zu werden. Körper, Seele und Geist sind auf die einstigen Glückserfahrungen eingeschworen, so dass ein neues Glückskonzept mit diesen kollidiert.

Das vermessene Glück

Das Glück ist ein so kostbares Gut, dass ein Glücksverzicht nur um eines größeren Glücks willen verkraftbar ist. Daher wurde immer wieder der Versuch unternommen, das mit der Wahl einer Lebensform verbundene Glück berechenbar zu machen. Das Glück wurde gleichsam geometrisiert, indem es in eine lineare oder kreisförmige Struktur gepresst wurde. Das lineare Modell geht von der Annahme einer fortschreitenden Vermehrung und Steigerung des Glücks und damit von einem kontinuierlichen Glückszuwachs aus. Festgemacht an materiellen Gütern, deren Besitz den Umfang des individuellen Freiheitsspielraums definiert, wird das Glück so zu einer quantitativen Größe, die sich ökonomisch ermitteln lässt und im Slogan vom größten Glück der größten Zahl seinen Niederschlag gefunden hat. Das Problem ist jedoch, dass sich dabei das Glück unter der Hand in etwas Zähl- und Messbares verwandelt hat, während seine sinnliche Qualität auf der Strecke geblieben ist. In Geldwert ausdrückbarer materieller Wohlstand kann zwar die Glückschancen erhöhen und ist damit eine mögliche Bedingung des Glücks, nicht aber schon das Glück selber.

Das Kreismodell hält fest an einem qualitativen Verständnis des Glücks, indem es dessen Intensität auf der Folie einer in einem Kreis eingeschlossenen Fülle zu denken versucht. Auch hier wird das Glück als steigerbar vorgestellt, insofern durch Ausdehnung der Peripherie des Kreises zugleich die darin eingefangene Sinnfülle wächst, die in in einem Akt ekstatischen Aus-sich-Herausgehens als eine ungeteilte Ganzheit erlebt wird. Insofern jedoch die Kreisfigur keine statische, sondern eine dynamische Form hat, spielt es letztlich keine Rolle, ob man sich das Individuum in seinem Streben nach Glück auf einem linearen Weg vorwärts schreitend vorstellt oder auf der Peripherie eines sich erweiternden Kreises seine Bahn ziehend. In beiden Fällen soll das Glück – sei es als extensive, sei es als intensive Größe – vermessen werden: Es soll, wenn schon nicht an sich selber, so doch wenigstens innerhalb der gewählten Lebensform kalkulierbar und damit menschlichem Planen zugänglich gemacht werden. Vielleicht zeugt dies von einer gewissen Vermessenheit des Menschen, der sich nicht damit abfinden will, dass das Glück seiner Natur nach unermesslich ist.

Das unermessliche Glück

Das Glück ist inkommensurabel, das heißt, es lässt sich nicht vermessen, denn es ist nichts als der reine »Überschuss«, der als solcher weder planbar noch herstellbar ist und mit den

Mitteln der Sprache der Wissenschaft nicht angemessen zum Ausdruck gebracht werden kann. Am ehesten sind noch die dichterische Sprache, die Musik und der Tanz geeignete Ausdrucksformen für das Glück, weil sie seiner Unermesslichkeit Raum geben, anstatt ihm in Gestalt einer Definition ein Maß vorzugeben. Gedicht, Musik und Tanz sagen nicht etwas über das Glück, sondern bringen es unmittelbar zur Darstellung. Die Rede *über* das Glück hingegen ist von vornherein mit einem Handicap behaftet, insofern sie das mit Glück Gemeinte nur mittelbar und indirekt auszudrücken vermag. Und doch ist eine solche Rede nicht überflüssig, weil etwa eine Analyse des menschlichen Strebens nach Glück mehr Transparenz in unsere Willensbildungsprozesse bringt und auf diese Weise dazu beiträgt, jene Holzwege zu erkennen, auf die uns falsche Vorstellungen und Glückserwartungen geführt haben.

So ist es für den Einstieg schon hilfreich, die klassischen Umschreibungen des Glücks zu kennen, wie sie durch die lateinischen Ausdrücke *fortuna*, *felicitas* und *beatitudo* signalisiert werden. Mit *fortuna* ist jenes Glück gemeint, das sich dem puren Zufall verdankt und jemandem ohne eigenes Zutun unverdient in den Schoß fällt, wie ein Lotteriegewinn oder das Überleben eines schweren Unfalls ohne gravierende Verletzungen. In solchen Fällen pflegen wir umgangssprachlich zu sagen, wir hätten Glück gehabt, und freuen uns darüber wie über ein unerwartetes Geschenk. Dieses Glück kann man nicht erzwingen; es lässt sich in keiner Weise manipulieren. Das Wort *felicitas* hingegen verweist auf jenes Glück, an dessen Zu-Stande-Kommen wir entscheidend mitbeteiligt sind. Wer es vom Tellerwäscher zum Millionär gebracht hat, hat durch seinen persönlichen Einsatz Leistungen erbracht, durch welche er seine Lebensumstände kontinuierlich verbessern konnte: In manchem mag er Glück *(fortuna) gehabt* haben, etwa durch glückliche Umstände, die seiner Karriere förderlich waren, doch im Wesentlichen hat er sein Glück selbst *ge-*

macht und sich sprichwörtlich als seines Glückes Schmied erwiesen. Vom machbaren Glück, das der linearen Glücksauffassung nahe steht, unterscheidet sich das als *beatitudo* bezeichnete Glück dadurch, dass es sich im Sinne der kreisförmigen Glücksauffassung auf ein im Ganzen geglücktes Leben bezieht. Ein durch und durch gelungenes Leben verdankt sich ebenso sehr eigener Anstrengung wie göttlichem Beistand. Daher wird dieses Glück zumeist als Glückseligkeit charakterisiert. Während das Glück, das die Göttin Fortuna beschert, sich wahllos aus deren Füllhorn über die Menschen ergießt und den Glücklichen ohne besondere Leistung zuteil wird, belohnt der Gott den im Sinne der *beatitudo* Glückseligen nach Maßgabe der von diesem an Tugend und Frömmigkeit erbrachten Leistungen – wenn nicht in diesem, dann in einem anderen Leben.

Das Glück in der Bedeutung von *fortuna* kann man zwar begehren, aber nicht erstreben. Man kann nur hoffen, wenigstens hin und wieder Glück im Leben zu haben, aber es wäre ein Missverständnis, wollte man allein auf diese Weise glücklich werden. All die Spieler und Glücksritter, die dem Glück nachjagen, bleiben letztlich ohne *fortune,* sie überlassen sich dem blinden Schicksal und machen nichts aus ihrem Leben. Das Glück in der Bedeutung von *felicitas* hingegen kann man begehren und erstreben, wobei allerdings offen bleibt, ob das Begehrte auch erstrebens*wert* ist. Der Mafiaboss, der seinen Weg zum Status des Paten mit zahllosen Leichen gepflastert hat, kann über seine gelungene Karriere ebenso glücklich sein wie die Hausfrau und Mutter, die trotz ständig knapper Mittel ihre Kinder zu anständigen Menschen erzogen hat. Das Glück in der Bedeutung von *beatitudo* behebt diesen Mangel, indem es dem Streben nach Glück Kriterien des Erstrebenswerten zu Grunde legt und das Begehren an diesen Maßstäben des Gesollten ausrichtet. Dabei muss nicht ein Gott als Urheber des Gesollten angenommen werden. Auch durch die Vernunft, einen Konsens der Weisen oder demokratische Vereinbarungen können Regeln der Verbindlichkeit festgelegt werden, die den Einzelnen verpflichten, sein Glück innerhalb eines bestimmten, mittels eines vorgegebenen Normenkatalogs abgesteckten Handlungsraumes zu erstreben.

Das deutsche Wort *Glück* ist erstaunlicherweise erst ziemlich spät bezeugt, nämlich seit etwa 1160 im mittelhochdeutschen *g(e)lücke*. Seine ursprüngliche Bedeutung ist unsicher, vermutlich meint es die Luke, mit der etwas verschlossen oder eingeschlossen wird. Unter Glück wurde demnach dasjenige verstanden, was gut schließt wie ein passender Deckel, ein guter Abschluss – ein erfolgreich zu Ende gebrachtes und damit im Ganzen geglücktes Unternehmen. Ein Kind, das mit Teilen der Fruchtblase am Kopf zur Welt kommt, hat eine *Glückshaube* und ist dadurch zum *Glückskind* prädestiniert. Auch der *Glückspilz*, der vom Glück gleichsam aus dem Boden katapultiert wird, hat eine schützende Kopfbedeckung, welche ihn nach oben hin abschließt und behütet. Menschen, denen das Glück hold ist, haben eine glückliche Hand mit einer stark ausgeprägten *Glückslinie (linea fortunae)*, die auf ein erfülltes Leben hinweist, ein Leben, das unter einem *Glücksstern (stella benifica)* steht, der für günstige Gestirnkonstellationen sorgt. Das Glück lacht all denen, die das *Glücksrad* mit Schwung nach oben befördert und eine Weile dort lässt, bevor es zum für sie unvermeidlichen Sturz kommt.

Wer auf gut Glück etwas wagt, wird vielleicht fündig, sei es, dass er Glück bei den Frauen hat oder Glück im Spiel, sei es, dass er das Glück auf dem Rücken der Pferde findet oder bei seiner Glückssuche auf eine Goldader stößt. Eine solche zu finden, wünschte sich auch der Bergmann in seinem Gruß und Lied: »Glück auf, Glück auf! / Der Steiger kommt.« Der Berg sollte sich ihm aufschließen und seine Schätze preisgeben. Der eine gibt sich mit einem idyllischen stillen Glück zufrieden, während der andere dem großen Glück hinterherläuft und ein Dritter im Rotlichtmilieu nach käuflichem Glück Ausschau hält. Mutterglück und Vaterglück schließlich benennen Freuden des häuslichen Glücks, das mit der Geburt und Erziehung von Kindern assoziiert wird.

Alle Genannten streben nach einem wunschlosen Glück, nach einer Befriedigung also, die keine Wünsche mehr offen lässt – auch wenn dieser Zustand nicht auf Dauer, sondern nur ein vorübergehender ist. Die Unermesslichkeit des Glücks ist nicht auf die Zeit bezogen: Dem Glücklichen schlägt keine Stunde. Es ist immer ein maßloses Glück, das dem Glücklichen zuteil wird. Wer glücklich ist, genießt sein Dasein voll und ganz und holt damit das Unermessliche, nämlich ein Stückchen Ewigkeit, in das Messbare, die Zeit, hinein. Die erfüllten Augenblicke sind zwar Teil der Zeit, doch lassen sie sich nicht messen wie die Zeit. Das Wort *Glück* hat keinen Plural.

Anders als dem Glücklichen ergeht es dem Unglücklichen, der eine Pechsträhne erwischt hat und – von Misserfolgen geplagt – nichts sehnlicher erhofft als das Weiterrücken des Uhrzeigers. Aber die Erfahrung bestätigt es: Ein Unglück kommt selten allein, und manch einer ist schon froh darüber, wenn er Glück im Unglück hat. Inbegriff des Pechvogels, dem alles im Leben schief geht, ist Wilhelm Buschs Hans Huckebein, der Unglücksrabe.

Ein Recht auf Glück?

Das Streben nach Glück scheint zum Menschsein unabtrennbar hinzuzugehören. Zwar kann man auf dieses oder jenes Glück verzichten, weil etwas als höherrangig Eingeschätztes auf dem Spiel steht, aber man kann nicht auf Glück schlechthin verzichten. Auch wer hoffnungslos verzweifelt ist und an Selbstmord denkt, tut dies wegen eines Glücks, das ihm versagt ist und ihm sein Unglück unerträglich macht. Wenn es also nicht im Belieben des Einzelnen steht, dem Glück zu entsagen, folgt daraus, dass der Mensch ein Recht auf Glück hat? Da von Rechten nur dort die Rede sein kann, wo es eine Instanz gibt, die diese Rechte garantiert, das heißt für ihre Durchsetzung sorgt und Zuwiderhandlungen mit Sanktionen belegt, kann von einem Recht auf Glück nicht gesprochen werden. Ein Recht auf Glück ist in Ermangelung eines Glücksgaranten nirgends einklagbar, außer man glaubt an einen gerechten Gott, der die Unglücklichen für entgangenes Glück entschädigen wird.

Es mag unbefriedigend sein, dass im strikten Sinn von einem Recht des Menschen auf Glück deshalb nicht die Rede sein kann, weil es in keines Menschen Macht steht, für das Glück zu garantieren, aber daraus folgt nicht, dass es bezüglich des Glücks keinerlei Verpflichtung gibt. Gerade weil das Glück für das Gelingen menschlichen Existierens unverzichtbar ist, ist jedes Individuum dazu verpflichtet, niemanden in seinem Streben nach Glück zu behindern. Der demokratische Staat schließlich muss sogar sicherstellen, dass die Glückschancen für alle in gleicher Weise zugänglich sind und niemand durch das System in unzulässiger Weise privilegiert oder benachteiligt wird.

Das nicht garantierbare Recht auf Glück verwandelt sich auf diese Weise in ein individuell und staatlich zu garantierendes Recht auf gleiche Glückschancen, die wahrzunehmen der Freiheit des Einzelnen überlassen ist. Entsprechend heißt es in der amerikanischen Unabhängigkeitserklärung vom 4. Juli 1776 gleich zu Beginn: »We hold these truth to be selfevident, that all men are created equal, that they are endowed by their Creator with certain unalienable rights, that among these are Life, Liberty and the pursuit of Happiness.« (Wir halten es für eine selbstverständliche Wahrheit, dass alle Menschen gleich geschaffen sind und von ihrem Schöpfer mit bestimmten unveräußerlichen Rechten ausgestattet wurden, zu denen das Recht auf Leben, Freiheit und das Streben nach Glück gehören.)

Das Glück als Sinn einer Lebensform

Was das Glück ist, lässt sich – so hat sich gezeigt – nicht auf direktem Weg ermitteln. Alle Konzepte eines ausgewogenen, messbaren Glücks verfehlen ihren Gegenstand: Das Glück ist seiner Natur nach unermesslich. Hingegen ist eine indirekte Darstellung des Glücks möglich, nämlich über die Schilderung von Lebensformen. Unter Lebensformen sind Grundtypen individueller Selbst- und Sinnentwürfe zu verstehen, deren identitätsbildende Kraft sich aus dem durchgehaltenen Entwurf eines guten Lebens speist. Jeder Vorstellung eines guten Lebens liegt eine bestimmte Glücksauffassung zu Grunde, die darüber entscheidet, was als erstrebenswertes Ziel erachtet wird und was im Gegenzug als gefürchtetes Unglück zu vermeiden ist. Insgesamt werden im Folgenden sechs repräsentative Lebensformen bzw. deren Spielarten charakterisiert. Doch ist dabei zu bedenken, dass sie in dieser Reinform empirisch höchst selten vorkommen und nur im Extremfall anzutreffen sind. In der Regel sind wirklich praktizierte Lebensformen Mischformen, in welchen unterschiedliche Glücksauffassungen ineinander übergehen oder einander bekämpfen, wenn nicht von vornherein das Übergewicht auf eine bestimmte Art des Glücks gelegt wird. Die Abfolge der geschilderten Modelle ist nicht im Sinn einer Wertung zu verstehen. Das sinnliche und das geistige Glück bilden vielmehr die Eckpunkte einer Farbpalette des Glücks, deren Grundfarben sich auf vielfache Weise schattieren und mischen lassen.
Es sind vor allem Philosophen, die als Fürsprecher von bestimmten Konzepten eines guten Lebens aufgetreten sind

und als solche im Verlauf unseres Glücksdiskurses zu Wort kommen. In ihren Plädoyers erfahren wir die Gründe für die von ihnen favorisierte oder abgelehnte Glücksauffassung, und es ist Sache der Leserin und des Lesers, die eigene Insel der Seligkeit am Leitfaden der vorgestellten Lebensformen neu zu erkunden, gegebenenfalls deren Konturen klarer zu markieren, die Zufahrtswege zu überprüfen oder – den Sprung auf eine andere Insel zu wagen.

Die ästhetische Lebensform:
das sinnliche Glück

*D*as Wort *ästhetisch* hat mehrere Bedeutungen, die auf den ersten Blick nichts miteinander zu tun zu haben scheinen. Die umgangssprachlich geläufigste ist die des Erlesenen, Geschmackvollen, Anziehenden – des im weitesten Sinn Schönen. Was als ästhetisch bezeichnet wird, gefällt: eine gut gekleidete Person, die nicht unbedingt konventionell angezogen daherkommt, sondern ein durchaus gewagtes Outfit tragen kann, ein Gebäude, das sich im streng klassizistischen Stil oder in postmoderner Vielfalt darbietet, eine Landschaft, die als eine fast kitschig anmutende Postkartenidylle oder als wilde Natur wahrgenommen wird – dies alles deckt sich mit unserem Schönheitsempfinden und wird entsprechend als ästhetisch beurteilt. Vor allem die Werbung setzt auf ästhetische Körper, Geräteformen und Materialien, um die Kauflust zu wecken. Ausgehend von der Erfahrung, dass ästhetische Dinge Freude machen, da sie dem tristen Einerlei des Üblichen Farbe und Schwung geben, bieten die Hersteller ihre Produkte so an, dass deren Funktionstüchtigkeit durch ästhetische Effekte überstrahlt wird. Das Auto der Marke X ist nicht nur äußerst leistungsfähig bei geringem Spritverbrauch, sondern auch formschön, von geschmeidiger Linienführung und innen mit edelsten Materialien ausgestattet.

In unserem Alltagsverständnis ist das Ästhetische nicht eine bloße Zutat, die das Leben mit einem Hauch von Luxus überzieht, sondern Ausdruck einer Lebenseinstellung: Wir können die vielfach als lästig empfundenen, für unseren Lebensunterhalt jedoch notwendigen Verrichtungen bis zu einem gewissen Grad künstlerisch gestalten, indem wir sie so ausführen, dass sie uns Spaß machen. Dazu genügt es zum Beispiel, sich bei der Arbeit mit ausgewählten schönen Dingen zu umgeben, die unangenehmen Tätigkeiten heroisch zu inszenieren, die Mahlzeiten mittels hübscher Arrangements zu kleinen Festessen zu machen. Der ästhetische Mehraufwand befriedigt die menschliche Fantasie, die in der Monotonie des Alltags zu kurz kommt, und fördert die Kreativität.

Hier lässt sich eine Brücke zu der im 18. Jahrhundert entstandenen philosophischen Disziplin *Ästhetik* schlagen, die als Kunstlehre bzw. als Theorie des Schönen einerseits - unter produktionsästhetischem Gesichtspunkt - die Entstehungsbedingungen von Kunstwerken erörterte und andererseits - unter rezeptionsästhetischem Gesichtspunkt - Urteilsmaßstäbe entwickelte, an denen sich ästhetische Urteile als nicht beliebige Geschmacksurteile zu orientieren hatten. In einer noch ursprünglicheren Bedeutung haben die Griechen das Wort *aisthesis* verwendet, das sich auf die sinnliche Wahrnehmung bezog. Alles, was sich mittels der fünf Sinne erfassen lässt, besitzt sinnliche Qualität. Den Vorgängen des Sehens, Hörens, Riechens, Schmeckens und Tastens ist gemeinsam, dass sie eine Verbindung zur »Außenwelt« herstellen und über diese Kontakte eine »Einverleibung« von Teilen dieser Außenwelt ermöglichen. Dabei wurde häufig übersehen, dass eine solche Aneignung niemals das alleinige Geschäft der Sinne war, sondern immer schon im Licht bestimmter Erfahrungen und Gedankenkonstrukte vollzogen wurde. Um einen dunklen Fleck als einen Schatten wahrnehmen zu können, muss jeweils schon eine, wenn auch noch so vage Vorstellung von Ursache und Wirkung vorhanden sein, die dazu nötigt, den wahrgenommenen Fleck einem Gegenstand zuzuordnen und zwischen Original und Abbild zu unterscheiden. Um Geräusche als Musik wahrnehmen zu können, bedarf es einer vorgängigen Differenzierung zwischen Lärm und einer melodischen Aneinanderreihung von Tönen. Ähnliches gilt für die übrigen Sinne.

Grundsätzlich ergibt sich daraus: Wahrnehmungsakte sind nie ein rein passives Hinnehmen von Gegenständen, die auf die Sinne einwirken; vielmehr wird stets etwas *als etwas Bestimmtes* wahrgenommen, und damit ist die in den menschlichen Sinnesvermögen aktivierte Sinnlichkeit immer auch »geistimprägniert«. Dies wird von den Idealisten, die dem Materiellen einen geringen bis gar keinen Wert zuerkennen wollen, meistens übersehen. Sinnlichkeit erzeugt sich dadurch, dass Körper einander berühren – das Auge tastet spielerisch die Oberfläche eines Gegenstandes ab, das Ohr gleitet verzückt über die vernommenen Laute hinweg, die Nase bemächtigt sich eines Aromas, die Zunge liebkost den köstlichen Wein, die Hand erfühlt wohlig die Weichheit des Stoffes. Natürlich können diese Berührungsvorgänge auch eine Abstoßungsreaktion zur Folge haben, so dass sich die Sinne unerfüllt in sich selbst zurückziehen und damit vor der Außenwelt verschließen. Das Grelle tut dem Auge ebenso weh wie dem Ohr das Schrille; ein beißender Geruch ist für die Nase so unangenehm wie für die Zunge ein versalzenes Gericht und für die Hand ein Dornengestrüpp. Wer nicht masochistisch veranlagt ist, vermeidet die Berührung solcher den Sinnen nicht zuträglichen Gegenstände.

Sinnlichkeit ist überall dort, wo die Berührung von Körpern mit den Sinnen gelingt, mit Genuss verbunden. Dieses Moment des Genusses ist das Gemeinsame der unterschiedlichen Bedeutungen des Ästhetischen. Die ästhetischen Dinge, die unseren Alltag bereichern, genießen wir ebenso wie Kunstwerke. Die im Genuss aktivierte Sinnlichkeit äußert sich als eine Gemütsempfindung, die traditionell als *Lust* bezeichnet wurde. Lust hat hier keinen sexuellen Beiklang wie in den Wörtern *Lustmolch* und *Lustseuche* oder in dem Adjektiv *lüs-*

tern, die die Lustempfindung allesamt auf die Region unterhalb der Gürtellinie reduzieren, sondern meint die reine, den ganzen Körper durchdringende Freude, die sich einstellt, wenn man in einer Sache, die man um ihrer selbst willen tut, aufgeht. So beschreibt zum Beispiel das alte Verb *lustwandeln* das Spaziergehen als eine Weise der Fortbewegung, die man genießt, weil sie ihr Ziel in sich selbst hat. Etwas davon klingt auch heute noch in der Redeweise »Ich habe Lust, dies oder jenes zu tun« nach.

Viele haben *Lust* mit *Glück* gleichgesetzt. Das Streben nach Glück wurde entsprechend als ein Streben nach Lust aufgefasst. Wer sich für eine ästhetische Lebensform entscheidet, wählt demzufolge ein Dasein in den Kategorien der Sinnlichkeit, das auf dem Prinzip des Genusses beruht. Die ersten Befürworter dieses Prinzips waren die Hedonisten. Da das griechische Wort *hedoné* = Lust bereits vielfach in einem reduktiven Sinn verstanden wurde, demgemäß den Anhängern eines Hedonismus unterstellt wurde, sie ließen das Geistige im Menschen verkümmern, gäben einem dumpfen Begehren nach, redeten dem Rausch der Sinne das Wort und erhöben damit das animalische Triebleben zur Norm, mussten sich die Hedonisten von Anfang an gegen den Vorwurf der Sittenverrohung durch ein ausschweifendes Leben zur Wehr setzen. Sie taten dies mit Witz, Ironie und Augenmaß.

Glück als Lust nach Maß

Die beiden Hauptvertreter des Hedonismus in der Antike sind Aristippos aus Kyrene (um 435–350 v.Chr.) und Epikuros aus Athen (342–271 v.Chr.). Von Aristipp sind uns keine Schriften überliefert, sondern nur Berichte und Anekdoten, die einerseits zeigen, wie umstritten seine Lehre und sein Lebensstil waren, andererseits die Unbeirrbarkeit hervorheben, mit welcher er auf alle Angriffe reagierte. Zwar war er ein Schüler des Sokrates, aber er gehörte zu den Ersten – Sophisten genannten –, die für ihre Belehrungen Geld verlangten und dabei sehr erfolgreich waren. Aristipp konnte sich ein angenehmes Leben ohne Entbehrungen leisten, was die Neider als Verschwendungssucht und Luxus anprangerten. Sein Biograf Diogenes Laertios beschreibt ihn als einen Menschen, der »jeder Lage stets die beste Seite abzugewinnen wußte. Denn er genoß die Lust, die der Augenblick bot, ohne ängstlich nach Genüssen zu jagen, die in dunkler Ferne liegen«. Dies ist sicher ein wichtiger Faktor eines Lebens in den Kategorien des Sinnlichen: jedem Augenblick das Beste abzugewinnen, ohne das Glück auf die lange Bank zu schieben, in der Hoffnung, dass es dadurch an Intensität gewinnen werde.

Wer es versteht, den Augenblick zu genießen, wird jeder Situation gerecht, auch einer unangenehmen. Als Aristipp einmal von dem Tyrannen Dionysios angespuckt wurde, reagierte er völlig gelassen und antwortete auf die Frage, warum er diese Beleidigung einfach hinnehme: »Wie, sollen denn die Fischer es sich gefallen lassen, vom Meerwasser überspritzt zu werden, um einen Gründling zu fangen, und ich soll es nicht über mich ergehen lassen, mit Speichel bespritzt zu werden, um ein Fischgericht zu bekommen?« Aristipp lässt sich die Lust auf ein schmackhaftes Essen im Haus des Dionysios nicht verderben, zumal er das Angespucktwerden als Preis für die Mahlzeit auch deshalb gleichmütig akzeptiert, weil er den Spucker durch den Vergleich mit dem Meer auf ein Naturwesen reduziert, das seine Tätigkeiten nicht beherrscht und somit außer Stande ist, sich anders zu verhalten. Aristipp kann sich also gar nicht gedemütigt fühlen durch einen Mann, der außer Stande ist, sich im Umgang mit den Mitmenschen an die Regeln der Höflichkeit und des Anstands zu halten. So macht es ihm auch gar nichts aus, sich vor Dionysios niederzuwerfen, um seiner Bitte um Hilfe für einen Freund Nachdruck zu verleihen: »Nicht ich trage die Schuld daran, sondern Dionysios, der seine Ohren in den Füßen hat.«

Auch sonst ist er nicht auf den Mund gefallen. Einem Angeber, der damit prahlt, er könne Unmengen trinken, ohne betrunken zu werden, entgegnet er, das könne ein Maultier auch. Was ein Tier ohne weiteres von selbst kann, stellt beim Menschen keine Leistung dar. Die menschliche Kunst besteht darin, Maß zu halten und das Übermaß zu vermeiden. Dem etwas heiklen Vorwurf, dass er mit einer Dirne zusammenlebe, begegnet er mit dem frivolen Argument: »Macht es denn etwa einen Unterschied, ob ein Haus, das ich bekomme, viele Bewohner gehabt hat oder keinen? – Nein! – Und ob das Schiff, auf dem ich fahre, schon Tausende von Passagieren in sich gehabt hat oder keinen einzigen? – Durchaus nicht! – Also macht es auch keinen Unterschied, ob ein Weib, mit dem ich zusammenlebe, schon viele Liebhaber gehabt hat oder keinen.« Dagegen könnte man allerdings vorbringen, dass gewisse Abnutzungserscheinungen an Häusern und Schiffen diese durchaus in ihrem Wert mindern, aber möglicherweise gewinnt eine Frau ja durch die Anzahl ihrer Liebhaber, so dass Aristipp dadurch einen Lustgewinn für sich verbuchen kann, der größer ist als die Vorzüge einer unerfahrenen Frau.

Aristipp scheint überhaupt den Umgang mit Freudenmädchen geschätzt zu haben, wohl nicht zuletzt auch deshalb, weil er sich um mögliche Folgen nicht zu sorgen brauchte. Es wird berichtet, dass er einer Dirne, die ihm mitteilte, sie sei schwanger von ihm, geantwortet habe: »Das kannst du unmöglich erkennen; ebensogut könntest du sagen, du wärst bei einem Gang durch dichtes Binsengestrüpp von dieser bestimmten Binse gestochen worden.«

Die Beispiele erwecken möglicherweise den Anschein, Aristipp habe nichts anderes im Sinn gehabt als Sex und die ästhetische Lebensform nur deshalb bevorzugt, weil sie ihm die Befriedigung des Geschlechtstriebs als der für ihn höchsten

Lustart ermöglichte. Da Anekdoten jedoch stets übertreiben und tendenziös sind, ist anzunehmen, dass die Überlieferung eine Karikatur von ihm aus der Sicht der Neider zeichnet. Festzustehen scheint, dass er überzeugter Hedonist war und das Glück des Lebens im Genuss suchte. Worauf es Aristipp dabei jedoch ankommt, ist das Maß, durch das man der Lust Grenzen setzt, um nicht von ihr beherrscht zu werden: »Ich bin ihr Herr und nicht ihr Knecht; denn zu gebieten über die Lust und ihr nicht zu unterliegen, das ist wahrhaft preiswürdig, nicht sie sich zu versagen.«

Aristipp setzt sich also ausdrücklich von seinem Lehrer Sokrates ab, der hinsichtlich der Lust weitgehend Enthaltsamkeit empfahl, weil der Umgang mit dem Leib und die Sinnenlust die Seele von ihrer eigentlichen Aufgabe, der Ideenerkenntnis, ablenke. Demgegenüber weist Aristipp der Seele die Funktion zu, das Streben nach Lust an einem Maß auszurichten, das durch An- und Abspannung der Triebkräfte jeweils die richtige Mitte zwischen einem Zuviel und einem Zuwenig festsetzt. So habe er auch seine Tochter Arete »durch strenge Erziehung an Verachtung des Übermaßes« gewöhnt.

Wie stark Aristipps Lehren gewirkt haben, lässt sich an den Grundsätzen seiner Schüler ablesen, die in Anlehnung an seine Geburtsstadt *Kyrenaiker* genannt wurden. Sie unterschieden zwei Seelenzustände, von denen der eine – die Lust – durch eine sanfte Bewegung hervorgerufen werde, während der andere – der Schmerz – das Resultat einer heftigen Bewegung sei. Zwischen beiden gebe es einen mittleren Zustand der Lust- und Schmerzlosigkeit, in welchem keine Bewegung stattfinde und entsprechend keine Empfindung anzutreffen sei. Erstrebenswert sei jedoch allein die Lust, wobei die Kyrenaiker keine bestimmte Lust auszeichnen, sondern jede körperliche Lust als ein natürliches Gut erachten, das um seiner selbst willen begehrenswert ist. Lust und Glück sind jedoch für die Kyrenaiker nicht dasselbe, denn erstrebt werden kann immer nur die einzelne Lust, wohingegen das Glück als die Gesamtsumme aller Lust immer nur annäherungsweise, nie vollständig erreichbar ist. Das Glück ist mehr als die Summe von Lustmengen.

Aristipps Hedonismus erweist sich entgegen dem ersten Anschein als eine ausgewogene Glückslehre, die dem natürlichen Streben des Menschen nach Lust Rechnung trägt. Als ein Wesen, das mit einem Körper ausgestattet ist und mittels seiner Sinne Kontakte zu anderen materiellen Dingen unterhält, um seine Bedürfnisse zu befriedigen, hat der Mensch gar nicht die Wahl, sich dem Lustprinzip zu entziehen. Die hedonistische Lebenskunst besteht daher darin, dieses Prinzip als naturgegebenes zu akzeptieren, sich ihm jedoch nicht zu unterwerfen, sondern es durch eigene Bestimmungen des individuell zuträglichen Maßes so zu regulieren, dass der Schmerz, der sowohl durch ein Zuviel als auch durch ein Zuwenig an Lust entsteht, vermieden wird. Die ästhetische Lebensform in ihrer kyrenaikisch-hedonistischen Spielart könnte demnach auf die Kurzformel gebracht werden: Suche dein Glück im Streben nach Lust unter Vermeidung oder Umgehung der Schmerzgrenzen.

Rund hundert Jahre später hat Epikur die hedonistische Position dahingehend präzisiert, dass er in den von ihm überlieferten Texten für eine Lebensform plädiert, die das Glück in jener Seelenruhe findet, die sich einstellt, wenn ein Mensch frei von Schmerz ist und diesen Zustand lustvoll genießt. Auch Epikur geht davon aus, dass das Streben nach Lust etwas Natürliches, da Angeborenes ist. Lust ist für ihn »Anfang und Ende des glückseligen Lebens«, doch sieht er darin keine Determination, denn wir können uns entscheiden, welche Lust wir vorziehen, ja, wir können sogar den Schmerz wählen, um einen größeren Lustgewinn zu erzielen. Anders als Aristipp hält er den Seelenschmerz für größer als körperliche Schmerzen, und entsprechend erkennt er geistigen Freuden eine höhere Qualität zu als der Sinnenlust, die er jedoch keineswegs gering schätzt. Noch wichtiger ist ihm jedoch die Weisheit, die auf das Lustprinzip eine der Natur des Menschen angemessene Lebensführung gründet.

> Wenn wir also die Lust als das Endziel hinstellen, so meinen wir damit nicht die Lüste der Schlemmer und solche, die in nichts als dem Genusse selbst bestehen, wie manche Unkundige und manche Gegner oder auch absichtlich Mißverstehende meinen, sondern das Freisein von körperlichem Schmerz und von Störung der Seelenruhe. Denn nicht Trinkgelage mit daran sich anschließenden tollen Umzügen machen das lustvolle Leben aus, auch nicht der Umgang mit schönen Knaben und Weibern, auch nicht der Genuß von Fischen und sonstigen Herrlichkeiten, die eine prunkvolle Tafel bietet, sondern eine nüchterne Verständigkeit, die sorgfältig den Gründen für Wählen und Meiden in jedem Falle nachgeht und mit allen Wahnvorstellungen bricht, die den Hauptgrund zur Störung der Seelenruhe abgeben. (Epikuros, 284)

Augenmaß und Urteilskraft sind es also nach Epikur, die den Lebenskünstler befähigen, die Lust gleichsam zu domestizieren und anstelle eines exzessiven, ausschweifenden Lebens (orgiastisches Essen, Trinken, Sex) jenes Gleichmaß zu genießen, das in der ausgewogenen Befriedigung der Bedürfnisse eine andere Art von Lust bewirkt. Epikur will durch seine Lehre die Menschen aufklären, indem er sie von »Wahnvorstellungen« befreit, das sind eben die Vorurteile, von denen sie sich fälschlicherweise in ihrem Leben leiten lassen. Das größte Vorurteil besteht in der Annahme, man müsse so viel Lust wie möglich erstreben, um glücklich zu sein. Dagegen macht Epikur geltend, nicht die Quantität, sondern die Qualität der Lust sei entscheidend für das Glück. Denn die Qualität der Lustempfindung wird durch den Menschen selber bestimmt, der sich von seinen Begierden nicht vereinnahmen lässt, sondern sie so weit befriedigt, dass sie keinen Schmerz mehr verursachen. Wenn die elementaren Bedürfnisse wie Hunger und Durst gestillt sind und der Geschlechtstrieb abreagiert ist, findet der Mensch Ruhe, und diese Ruhe macht ihn nicht empfindungslos, sondern erfüllt ihn mit einem Glück, das Sinnlichkeit und Geist in einem umfassenden Genuss miteinander vereint.

Nach Epikur genügt ein einfaches, bescheidenes und gesundes Leben, um dem Lustprinzip zu seinem Recht zu verhelfen. Das schließt jedoch keineswegs aus, dass man sich hin und wieder erlesene Speisen und Getränke sowie andere Köstlichkeiten gönnt, was die frohe Laune hebe, weil sie als etwas Besonderes empfunden und als solches genossen werden. Epikur hat hier nicht den Quartalssäufer im Blick, der sich durch regelmäßiges Über-die-Stränge-Schlagen für die Durststrecken seiner alkohollosen Zeit entschädigt, sondern den kontrollierten Genießer, der durchaus kein Kostverächter ist, aber auch dann im Stande ist, Maß zu halten, wenn er sich opulente Sinnenfreuden genehmigt, und aus seiner Fähigkeit zum Maßhalten eine Freude anderer Art gewinnt. Maß zu halten, ohne sich zu kasteien und ohne unter dem selbst verordneten Lustverzicht zu leiden, ist eine Kunst, die im Umgang mit den eigenen Bedürfnissen erlernt werden muss, damit eine richtige Vorstellung vom Angemessenen entsteht und das Unterscheidungsvermögen sich herausbildet, demgemäß die Qualität und nicht die Quantität der Lust den Ausschlag gibt.

Eine Lust, die der Kontrolle entgleitet, mündet in Suchtverhalten, das den Menschen von seinen Leidenschaften und Begierden abhängig macht und ihn letzten Endes ins Unglück führt, wie die Sage von König Midas veranschaulicht. Dessen Gier nach Gold wurde ihm zum Verhängnis, als der Gott Dionysos ihm die Bitte erfüllte, alles, was Midas berühre, möge zu Gold werden. Der unglückliche König hatte in seiner Maßlosigkeit nicht bedacht, dass auch die Speisen und Getränke, die er zu sich nehmen wollte, zu Gold erstarrten, so dass er trotz unermesslichen Reichtums hungers hätte sterben müssen, wenn er sich nicht durch ein Bad im Fluss Paktalos, der seitdem Gold mit sich führte, von den Folgen seines unbedachten Wunsches hätte befreien können.

Epikur zieht ein gleichmäßiges, in seinen Höhen und Tiefen jederzeit steuerbares Glück einem kurzfristigen, hochschießenden Glücksgefühl vor. Denn dieses versklavt den Menschen, indem es ihn dazu treibt, immer größere Anstrengungen zu unternehmen, um den Genuss zu steigern – bis entweder der ultimative Höhepunkt erreicht ist oder der Absturz in unerträglichen Schmerz erfolgt. Das wahre Glück hingegen, das Glück der Götter, ist nicht steigerungsfähig, es kennt überhaupt kein Mehr und Weniger. Doch nur dem Weisen gelingt es, sich diesem Ideal göttlichen Glücks anzunähern, wenn er seine ganze Kraft aufwendet, um in allen Lebenssituationen das ihm Zuträgliche zu ermitteln und sein Leben von Augenblick zu Augenblick als ein erfülltes zu gestalten.

Den Saufgelagen und Orgien, in welche die griechischen Symposien häufig ausarteten, ist Epikur abgeneigt. Zwar ist diese Form männlicher Geselligkeit, die heute in der Stammtischkultur ihren Nachhall findet, durchaus ein Forum für das Ausleben kollektiver Lustgefühle, aber die Gefahr, sich gegenseitig zum Überschreiten des Maßes zu animieren, ist nicht von der Hand zu weisen. Epikur hätte sich allerdings kaum vorstellen können, was in dem Film *Das große Fressen* vorgeführt wird: eine Gruppe von Menschen, die des Lebens überdrüssig sind und beschließen, sich durch gezielte Übersättigung zu Tode zu bringen, um das Lustprinzip durch exzessive Übersteigerung des Genusses außer Kraft zu setzen. Zwar lehnt Epikur den Selbstmord nicht grundsätzlich ab, aber Lebensüberdruss aus Langeweile ist für ihn ein Anzeichen dafür, dass das Maß verloren gegangen ist, und anstatt gleichsam die Lustlosigkeit durch Übersteigerung der Lust auf die Spitze zu treiben, wäre es aus seiner Sicht angebrachter, sich auf jene qualitativ andere Lust zu besinnen, die sich gerade durch die Bemühung des Maßhaltens und der Selbstbeherrschung einstellt: die Lust an der sich selbst bestimmenden Freiheit.

Was das Verhältnis zum Tod anbelangt, so will Epikur auch hier im Zusammenhang mit der Todesfurcht mit einer »Wahnidee« aufräumen: dass die Angst vor dem Sterben die Lust am Leben beeinträchtige und der Glaube an die Unsterblichkeit der Seele diese Angst kompensiere. Für ihn verhält es sich genau umgekehrt:

> Gewöhne dich [...] an den Gedanken, daß es mit dem Tode für uns nichts auf sich hat. Denn alles Gute und Schlimme beruht auf Empfindung; der Tod aber ist die Aufhebung der Empfindung. Daher macht die rechte Erkenntnis von der Bedeutungslosigkeit des Todes für uns die Sterblichkeit des Lebens erst zu einer Quelle der Lust, indem sie uns nicht eine endlose Zeit als künftige Fortsetzung in Aussicht stellt, sondern dem Verlangen nach Unsterblichkeit ein Ende macht. [...] Das angeblich schaurigste aller Übel also, der Tod, hat für uns keine Bedeutung; denn solange wir noch da sind, ist der Tod nicht da; stellt sich aber der Tod ein, so sind wir nicht mehr da. Er hat also weder für die Lebenden Bedeutung noch für die Abgeschiedenen. (Epikuros, 281)

Epikurs Argument läuft darauf hinaus, dass die Einsicht in die Bedeutungslosigkeit des Todes in doppelter Hinsicht einen Lustgewinn mit sich bringt. Erstens können wir die Kraft, die wir im Streben nach einer Unsterblichkeit vergeuden, die es für Sinnenwesen gar nicht gibt, dazu einsetzen, das Leben desto intensiver zu genießen. Zweitens wird die Angst vor dem Tod gegenstandslos, wenn wir begreifen, dass der Tod uns nichts anhaben kann – weder, solange wir Lust empfinden, denn dann leben wir, noch, wenn wir nicht mehr leben, denn dann empfinden wir nichts mehr. Diese Einstellung zum Tod erzeugt eine Gelassenheit, die den Hedonisten auf das Leben als eine ganz dem Hier und Jetzt zugehörende Angelegenheit verpflichtet. Lust und Genuss sind körpergebunden; sie haben daher ihre Grundlage in der Sinnlichkeit, die in der ästhetischen Lebensform einem Maß unterstellt wird. Dieses Maß ermöglicht, ohne der Natur Zwang anzutun, ein selbstbestimmtes Dasein, dessen Glück in der Ausgewogenheit und Selbstsicherheit eines Menschen besteht, dem es gelingt, sein Leben lang gleichzeitig in und über den Dingen zu stehen. Im Genuss genießt er stets zugleich sich selbst.

Epikurs nüchterne Einschätzung des Todes als ein zu vernachlässigendes Faktum, das dem Lustprinzip in keiner Weise abträglich ist, liegt in der Konsequenz der ästhetischen Lebensform, die ein Jenseits leugnet und damit auch dessen Gegenbegriff, nämlich das Diesseits, aufhebt. Übrig bleibt eine rein menschliche Welt, in welcher allein das Glück gesucht und gefunden werden muss. Was Epikur allerdings nicht bedenkt, ist dies: dass mit dem Tod zwar eine endgültige Befreiung von Schmerz erfolgt, aber eben auch – das Ende aller Lust. So ist es immerhin verständlich, dass manch einer, der sein Glück der Befolgung des Lustprinzips verdankt, Bedauern empfindet beim Gedanken an den Tod. Er wird nie wieder sich mit allen Sinnen dem Leben verschreiben und daraus unendliche Befriedigung schöpfen können. Das ist ohne Zweifel ein Grund zur Trauer, und so haben spätere Hedonisten ihre Konzepte einer ästhetischen Lebensform zwar weit gehend auf der Folie des antiken Verständnisses entwickelt, jedoch mit dem Unterschied, dass sie den Tod als Skandal betrachteten. Obwohl auch sie ein Jenseits ablehnen, versuchen sie, den Mangel an Ewigkeit kompensatorisch auszugleichen, indem sie innerhalb der Welt des Menschen nach etwas Ausschau halten, dem sie zeitlose Gültigkeit zuerkennen können, und aus diesem sie zwar überdauernden, aber an sie erinnernden Ewigen – einem Kunstwerk oder einer zeitlos gültigen Wahrheit etwa – Trost schöpfen.

Das Glück reflektierten Genusses

Der Typus des Ästhetikers, wie ihn Søren Kierkegaard in *Entweder/Oder* und *Stadien auf des Lebens Weg* geschildert hat, vertritt ebenfalls eine hedonistische Position. Kierkegaard selber fühlte sich sein Leben lang von der ästhetischen Lebensform angezogen, schätzte aber die ethische und die christliche Existenzweise ungleich höher ein. Was den Kierkegaardschen Ästhetiker von Aristipp und Epikur unterscheidet, ist die Verlagerung des Genusses aus den Sinnen in den Verstand. Lust ist etwas, das sich in erster Linie im Kopf abspielt und nicht auf der Ebene der Sinnlichkeit. Die Sinne sind nur noch das Medium, mit dem die Lust erzeugt wird, um dann vielfältig kanalisiert im reflektierenden Individuum gebündelt und als Ganze genossen zu werden.

Auch in den *Stadien* wird ein Gastmahl arrangiert, dessen Beschreibung bereits einen gewaltigen Abstand zu Epikurs Beurteilung von Symposien erkennen lässt.

> [...] die Mahlzeit muß darauf berechnet sein, jene namenlose Begier zu wecken und zu erregen, welche jeder würdige Teilnehmer mitbringt. Ich verlange, daß der Erde Fruchtbarkeit uns zu Diensten stehe, als sprieße alles in dem gleichen Augenblick, da die Lust es begehrt. Ich verlange einen üppigeren Überfluß von Wein als wenn Mephistopheles in Auerbachs Keller nur nötig hat, in den Tisch zu bohren. Ich verlange eine Beleuchtung, wollüstiger als die der Trolle, wenn sie den Berg auf Säulen heben und in einem Flammenmeer tanzen. Ich verlange, was da die Sinne am stärksten erhitzt, ich verlange jene liebliche Erquickung des Wohlgeruchs, herrlicher als Tausendundeinenacht sie bietet. Ich verlange eine Kühle, welche die Begierde wollüstig entflammt,

und der befriedigten Begierde zufächelt. Ich verlange unab-
lässig Erheiterung durch einen Springbrunnen. [...] Ich verlange eine Dienerschaft, erlesen und schön, gleich als säße
ich an der Götter Tisch, ich verlange Tafelmusik, kraftvoll
und gedämpft [...]. (Stadien, 25)

Diese ästhetischen Forderungen, die alles übertreffen sollen,
was in der Literatur an vergleichbaren Sinnesreizen je beschrieben wurde, haben nur das eine Ziel: ein unüberbietbares
Glück zu erleben. Die Inszenierung des Gastmahls gleicht einer Ouvertüre, die jeden der fünf Sinne voll befriedigt, so dass
die daran Beteiligten in eine Stimmung versetzt werden, in
welcher kein Wunsch mehr offen ist. Die Gaumenfreuden
werden durch Musik, vorzüglich durch Kompositionen von
Mozart, akustisch untermalt. Optische und olfaktorische Reize
runden das Feuerwerk der Sinne ab. Die Beteiligten versagen
sich lediglich die Gesellschaft von Frauen, denn »Weiber sind
allein im griechischen Stil zu brauchen, als Chor von Tänze-
rinnen. Da es bei einem Gastmahl wesentlich darauf ankommt,
daß gegessen und getrunken wird, darf das Weib nicht mit dabei sein; denn sie kann nicht das Nötige leisten.« Dennoch
kommt die Erotik nicht zu kurz, da Eros nach griechischem
Vorbild der Gegenstand der Unterhaltung ist. Die Gäste sind
in die Genüsse verliebt, die sie miteinander teilen, und zugleich sind sie narzisstisch in sich selbst verliebt.
Mehrmals ist von Wollust als »Wesen des glücklichsten Augenblicks« die Rede; die Teilnehmer hätten ihre »Seele flott
gemacht für den Genuß, der da geboten ward bis zum Über-
fluß, und in dem die Seele – auf des Genusses unendlichem
Meer – überfloß«. Es versteht sich, dass hier keineswegs ein
Besäufnis oder ein »großes Fressen« stattfindet. Obwohl der
Überfluss des Angebots betont wird, ist es nicht die Situation
des Schlaraffenlandes, die dargestellt wird, denn im Schlaraffenland handelt es sich um einen Überfluss der schieren
Quantität, bei dem alles, was überhaupt essbar ist, unter-

schiedslos in nicht verzehrbaren Mengen vorhanden ist. Die
beim Gastmahl der Ästhetiker in großer Auswahl servierten
Speisen und Getränke hingegen sind auf den erlesenen Geschmack von Gourmets zugeschnitten, die nicht essen und
trinken, um satt zu werden bzw. um ihren Durst zu stillen,
sondern um sich mittels genau kalkulierter Genüsse in einen
Zustand höchster Selbstempfindung zu versetzen, der den
Geist dazu anregt, ebenfalls überzufließen und sich in Reden
zu ergießen, die das eigentliche Ziel des Gastmahls sind. Um
des lustvollen Genusses geistreicher Reden willen wird der
ganze Aufwand des festlichen Mahls betrieben, das gewissermaßen als Vorspiel für und zur Einstimmung auf die rhetori-
schen Ergüsse der Teilnehmer dient.
Was Kierkegaards Ausführungen wieder mit denjenigen Epikurs verbindet, ist der Gedanke des Maßes. Der in Befolgung
des Lustprinzips beabsichtigte Genuss erhält dadurch seine
qualitative Weihe, dass er nicht einfach um der Befriedigung
der sinnlichen Bedürfnisse willen herbeigeführt wird, sondern
um der Erfüllung jenes Maßes willen, das dem an sich selber
maßlosen Begehren der Sinne Grenzen setzt und dadurch ein
Gleichmaß erzeugt, welches den Menschen als geglücktes Experiment seiner selbst zur Erscheinung bringt. Kierkegaard
steht bezüglich des lustvollen Auskostens dieses Experiments
im Selbstgenuss wohl Aristipp näher als Epikur, insofern Epikur das einfache Leben auf der Basis einer gemäßigten Natur
vorzog, wohingegen Kierkegaards Typus des Ästhetikers ständig auf der Suche nach immer raffinierteren Genüssen und
gesteigerten Lustempfindungen ist.
Eine solche Steigerung der Lust durch Vervielfältigung des
Genusses führt Kierkegaard an der Figur des Verführers Johannes vor, der in seinem Tagebuch die Verführung eines jungen Mädchens namens Cordelia minuziös protokolliert. Das
aus seiner Sicht geglückte Unternehmen durchläuft drei Phasen des Genusses. Die erste besteht in der Ausarbeitung des

Plans, der jeden Schritt im Voraus strategisch festlegt. Die eigentliche Kunst besteht darin, das Mädchen so zu manipulieren, dass es sich gerade nicht als Marionette gewahrt, sondern als eigenständig handelnde Person wähnt, die den Faden der erotischen Entwicklung fest in der Hand hält und sich in der Rolle der Verführerin sieht. Johannes hingegen genießt derweil in der Vorfreude auf das Ziel seine Rolle als Drahtzieher, dessen Begehren sich mit jeder erfolgreich zurückgelegten Etappe steigert, ohne in Gier umzuschlagen.

> Die meisten genießen ein junges Mädchen, wie sie ein Glas Champagner genießen, in einem schäumenden Augenblick. […] Dieser Augenblicksgenuß ist zwar nicht in äußerlichem, wohl aber in geistigem Sinne Notzucht, und in einer Vergewaltigung liegt lediglich ein eingebildeter Genuß, sie ist, ebenso wie ein gestohlener Kuß, etwas, das keine Art hat. Nein, wenn man es dahin bringen kann, daß ein Mädchen für seine Freiheit nur eine einzige Aufgabe sieht, nämlich die, sich hinzugeben, daß sie ihre ganze Seligkeit darin findet und empfindet, daß sie sich diese Hingabe nahezu erbettelt und dennoch frei ist, dann erst ist da Genuß, dazu aber gehört stets geistiger Einfluß. (Entweder/Oder I, 368)

Der geistige Einfluss ist es, der Johannes den Verführer von einem anderen Typus des Verführers, wie ihn Don Juan verkörpert, unterscheidet. Don Juan verführt kraft seiner sinnlichen Genialität, die sich in seinem Begehren unmittelbar äußert. »Don Juan ist […] die Inkarnation des Fleisches oder die Begeistung des Fleisches aus des Fleisches eigenem Geist. […] Er begehrt sinnlich, er verführt mit der dämonischen Gewalt der Sinnlichkeit.« Gemeint ist hier keine animalische Triebhaftigkeit, sondern eine natürliche Anziehungskraft, die aus sich heraus erotisch wirkt und im Grunde keiner Verführungskünste bedarf, um ihr Ziel zu erreichen. Don Juan »begehrt in jeder Frau das Weibliche insgesamt«, sein Begehren ist das Verführerische, dem sich die Frauen nicht entziehen können. Das Genialische seiner Sinnlichkeit ist wie beim künstlerischen Genie die überwältigende Kreativität, die vom Begehrenden auf die Begehrten überspringt und sie in den Sog der Lust hineinzieht. Don Juan liebt jede Frau ganz und ausschließlich. Er geht in seinem Begehren vollständig auf – so lange, bis er eine andere begehrt, für die er wiederum entbrennt, ohne doch je in den einzelnen Exemplaren des Weiblichen insgesamt habhaft zu werden. Die Befriedigung, die er im sexuellen Genuss vieler Frauen findet, ist daher letztlich eine Form der Selbstbefriedigung. Er begehrt nurmehr das Begehren um seiner selbst willen, und das Begehrte hat keine weitere Bedeutung als die des Anstoßes für die Eigenerotik.

Johannes der Verführer ist mehr dem faustischen Verführertyp zuzurechnen. Er verführt nicht unmittelbar, sondern auf Grund seiner geistigen Genialität. Was den »geistigen« Verführer fasziniert, ist einerseits die erfolgreiche Umsetzung seines »Schlachtplans«, dessen Manöver erst in der Fantasie in allen denkbaren Varianten durchgespielt, dann in der Wirklichkeit als Etappensiege gefeiert werden, und andererseits die Selbstkontrolle, durch die er seine Lust in jedem Augenblick beherrscht, wodurch sie nicht ab-, sondern im Gegenteil zunimmt. Die antike Vorstellung des Maßes ist auch für Johannes die Voraussetzung wahrer Lust: »Man muß sich begrenzen, dies ist eine Hauptbedingung alles Genusses.« Die Selbstbeschränkung ermöglicht im Genuss den Selbstgenuss, auf den es dem Verführer, der alles andere als ein Sinnlichkeitsfanatiker ist, eigentlich ankommt: »Ich bin ein Ästhetiker, ein Erotiker, welcher das Wesen der Liebe, die Pointe daran begriffen hat, welcher an die Liebe glaubt und sie von Grund auf kennt, und behalte mir lediglich die private Meinung vor, daß jede Liebesgeschichte höchstens ein halbes Jahr währt, daß jedes Verhältnis beendet ist, sobald man das Letzte genossen hat.«

Die zweite Phase des Genusses ist mit dem endgültigen Sieg,

der wirklichen Verführung erreicht. Nun beginnt Johannes unverzüglich »seine Aktien aus dem Geschäft« zu ziehen und Ausschau nach einer neuen Beute zu halten. Dazwischen liegt die dritte Phase des Genusses, in welcher er in der Erinnerung noch einmal die einzelnen Schachzüge seines Eroberungsfeldzuges durchgeht und die erlebte Lust in der Rückschau erneut genießt. Dabei ist er keineswegs der Meinung, dem Mädchen Unrecht getan zu haben, im Gegenteil: Er hat sie ja ihrer Unschuld nicht beraubt, sondern sein Netz so raffiniert gesponnen, dass sie von sich aus nichts mehr begehrte als den Verlust ihrer Jungfräulichkeit. Den Verführer interessiert sie jetzt zwar nicht mehr, weil das, was ihn reizte, nicht mehr vorhanden ist, aber er ist der festen Überzeugung, sie hinsichtlich ihrer erotischen Wünsche bestens aufgeklärt und damit gut für eine Ehe vorbereitet zu haben.

Für den Ästhetiker kommt eine Ehe nicht in Frage, weil eine feste Bindung unweigerlich Langeweile mit sich bringt, die den Tod aller Lust zur Folge hat. Um dem Prinzip des Genusses, das die Grundlage der ästhetischen Lebensform bildet, jederzeit die bestmöglichen Bedingungen zu bieten, rät der Ästhetiker zur Methode der Wechselwirtschaft: »Das Verfahren, das ich vorschlage, liegt [...] im Wechsel des Anbauverfahrens und der Samenarten.« Wie der kluge Bauer dem Boden dadurch die Fruchtbarkeit erhält, dass er nie mehrmals hintereinander das Gleiche anpflanzt, so bewahrt sich der in den Kategorien des Sinnlichen Lebende seine Genussfähigkeit durch unterschiedliche Weisen der Lustbefriedigung. Auch hier gilt es, Maß zu halten, denn zu häufiger Wechsel laugt die Sinne ebenso aus, wie das stets Gleiche sie erlahmen lässt. Daher empfiehlt es sich, hin und wieder eine Brache einzuschieben, um die Lust wieder zu beleben.

Spürt man daher, daß der Genuß oder sonst ein Lebensmoment einen zu stark hinreißt, so halte man einen Augenblick inne und erinnere sich. Es gibt kein Mittel, das es einem sicherer unschmackhaft macht, zu lange fortzufahren. Man hält von Anfang an das Steuer des Genusses fest in der Hand [...]. Es ist ein eigenartiges Empfinden, wenn man mitten im Genuß auf ihn blickt, um sich zu erinnern. (Entweder/ Oder I, 313)

Wahrer Genuss geht demzufolge im schlichten Genießen nicht auf, sondern ist reflektierter Genuss, wobei die Reflexion als Lustverstärker wirksam wird. Im Genuss zu wissen, dass ich genieße und durch Spiegelung des Vollzugs meinen Genuss intensiviere, verdoppelt das Lustempfinden. Zugleich filtert dieses Moment der Reflexion im Genuss aus dem Lustvollzug jene Erlebnisqualitäten heraus, die es wert sind, in der Erinnerung aufbewahrt zu werden. »In der Erinnerung zieht der Mensch einen Wechsel auf das Ewige«, heißt es in den *Stadien;* er abstrahiert vom Flüchtigen des Augenblicks und behält nur das Glücksgefühl: »Die Abfüllung der Erinnerung muß den Duft des Erlebten in sich geborgen haben, bevor man sie versiegelt.« Dieser kostbare Wein wird im Keller der Erinnerung gelagert, und je mehr Flaschen sich dort ansammeln, desto erfüllter ist der in der ästhetischen Lebensform sich wohl Fühlende: »Wer sich erinnert, ist in gesegneten Umständen.« Er geht gleichsam ununterbrochen schwanger mit seinem aus der Erinnerung gespeisten Glück, und anders als der Weingenießer braucht er die Flaschen aus den exzellenten Jahrgängen nicht zu öffnen, um sie zu probieren – ihm genügt ein Blick auf das Etikett, um die einst genossene Lust wieder zu beleben.
Dieses Bild des schwangeren Genießers, der durch Wechselwirtschaft seine Lust kultiviert, ist aufschlussreich für die ästhetische Lebensform. Der Ästhetiker hält sich für gänzlich autonom; er bestellt seinen Acker selbstständig und erzeugt

die daraus wachsenden Früchte aus dem Nährboden seiner Fantasie. In diesem geschlossenen Kreis, den er mit Hilfe des Lustprinzips um sich zieht, ist er der genießende Mittelpunkt. Was allein zählt, ist die in den Kreis eingeschlossene Sinnlichkeit, und alles, was für diese kein Stimulans ist oder sie beeinträchtigt, wird nach außen, jenseits der Peripherie, verdrängt und dem Vergessen anheim gegeben.

Das Erotische ist die treibende Kraft im Zirkel der Sinnlichkeit, der durch den Rückgriff auf die Erinnerung und den erfinderischen Vorgriff auf neue Genüsse an keiner Stelle durchbrochen wird. Erinnerte und antizipierte Lust greifen in jedem Augenblick in der Person des ästhetisch Genießenden ineinander, der sich in diesem von ihm kunstvoll inszenierten Wechselspiel – gleichsam homoerotisch – selbst genießt. Der in sich selbst verliebte Ästhetiker ist kein Philosoph. Seine Vorliebe für eine bildhafte Sprache macht deutlich, dass er die Vieldeutigkeit von Vergleichen und Analogien der Schärfe und Eindeutigkeit des Begriffs vorzieht. Er versteht sich als Künstler oder Dichter, der zwar durchaus in sich reflektiert ist, das durch die Reflexion klar und deutlich Erfasste aber nicht als eine Begriffswelt konstruiert, sondern für seine Sinnlichkeit so aufbereitet, dass es zum Gegenstand des Genusses wird. Der Verstand wird im Dienst der Sinnlichkeit instrumentalisiert, die ihn zum Strategen der Lustbeschaffung ernennt und seine rationalen Fähigkeiten für die Planung immer neuer Freuden einsetzt. Johannes der Verführer fasst den Sinn seines Lebens und seine Handlungsmaxime kurz und bündig folgendermaßen zusammen: »Ich will genießen. [...] Wer im Alter von zwanzig Jahren nicht begreift, daß es einen kategorischen Imperativ gibt, der da ›genieße‹ heißt, ist ein Narr, und wer nicht zugreift, bleibt ein Tölpel.«

Das Glück der gesteigerten Empfindung

Friedrich Nietzsche hat ähnlich wie Kierkegaards Ästhetiker die Lust am Leben mittels einer bildhaften, das Sinnliche verherrlichenden Sprache zum Ausdruck gebracht und sich dabei insbesondere der Form des Aphorismus, aber auch des Gedichts bedient, um die kaleidoskopartig fragmentarisierte Wirklichkeit in ihrer gebrochenen Schönheit einzufangen. Die ästhetische Lebensweise verbindet sich in Nietzsches Vorstellung mit bestimmten Orten: Das Glück lässt sich gleichsam geographisch, vorzugsweise im Süden, lokalisieren, wie seine Venedig-Gedichte zeigen, von denen zwei hier vorgestellt werden. Das erste, aus den *Liedern des Prinzen Vogelfrei*, drückt eine Hochstimmung aus, mit welcher der nach Venedig Zurückgekehrte seine Umgebung überzieht.

Mein Glück!

Die Tauben von San Marco seh ich wieder:
Still ist der Platz, Vormittag ruht darauf.
In sanfter Kühle schick' ich müssig Lieder
Gleich Taubenschwärmen in das Blau hinauf –
   Und locke sie zurück,
Noch einen Reim zu hängen in's Gefieder
– mein Glück! Mein Glück!

Du stilles Himmels-Dach, blau-licht, von Seide,
Wie schwebst du schirmend ob des bunten Bau's,
Den ich – was sag ich? – liebe, fürchte, n e i d e …
Die Seele wahrlich tränk' ich gern ihm aus!
   Gäb' ich sie je zurück –
Nein, still davon, du Augenwunderweide!
– mein Glück! Mein Glück!

Du strenger Thurm, mit welchem Löwendrange
Stiegst du empor hier, siegreich, sonder Müh'!
Du überklingst den Platz mit tiefem Klange –:
Französisch, wärst du sein accent aigu?

Blieb ich gleich dir zurück,
Ich wüsste, aus welch seidenweichem Zwange …
– mein Glück! Mein Glück!

Fort, fort, Musik! Lass erst die Schatten dunkeln
Und wachsen bis zur braunen lauen Nacht!
Zum Tone ist's zu früh am Tag, noch funkeln
Die Gold-Zieraten nicht in Rosen-Pracht,
Noch blieb viel Tag zurück,
Viel Tag für Dichten, Schleichen, Einsam-Munkeln
– mein Glück! Mein Glück!

(KSA 3, 648)

Das von seinem Glück kündende Ich begrüßt die Stadt nicht
mit überschäumender Freude, sondern passt sich in die vor-
mittägliche Stille und Ruhe ein, lässt in müßiger Betrachtung
der Tauben seine Fantasie spielen und singt Lieder, die es zurückholt, um ihnen refrainartig sein Glück anzuhängen. Wie
die Tauben sich durch Körner anlocken lassen, so kehren die
Liedstrophen zum Sänger zurück, um sich mit dessen Glück
zu erfüllen. Das Glück ist ganz diesseitig, nicht in einem uner-
reichbaren transzendenten Jenseits.
Wird in der ersten Strophe eine Bewegung von unten nach
oben und von dort wieder zurück beschrieben, so vollzieht die
zweite Strophe eine Bewegung von oben nach unten. Das
schweifende Auge erfreut sich am seidig-weichen Azur des
Himmels, der sich wie eine schützende Decke über dem Mar-
kusdom ausbreitet und dessen bunte Vielfalt in Abhebung von
der lichten Bläue klar hervortreten lässt. Der Dichter hat ein
zwiespältiges Verhältnis zu diesem Gotteshaus. Liebe, Furcht
und Neid halten sich die Waage: Liebe zu dem herrlichen
Gebäude, Furcht vor dem, dessen Wohnstätte es ist, Neid auf
die bodenständige Seinsweise des Doms, für den das über ihm
schwebende Firmament keine drückende Last, sondern wie
ein Gewölbe ist, das er ebenso trägt, wie es ihn abschirmt. Die

Seele, um die der Dichter den Dom beneidet, ist nichts Abstrakt-Geistiges, sondern ein sinnliches Wesen; sie hat geradezu etwas Süffiges, so dass er sie mit den Augen austrinken möchte – die wundergleiche Augenweide –, um sie sich selbst auf ewig einzuverleiben. Das im Gedächtnis bewahrte Bild behält jedoch nur den Abglanz jenes Glücks, das der Dichter beim Anblick des Doms empfindet, den er schauend buchstäblich in sich hineinsaugt und dabei die Distanz zwischen Schauendem und Geschautem aufhebt.

Die dritte Strophe fokussiert den Blick des Betrachters auf den Glockenturm und nimmt mit dessen Emporragen die Bewegung von unten nach oben wieder auf. Es ist eine stolze, siegreiche Gebärde, die der Dichter in der Art und Weise sieht, wie der Turm sich mühelos in die Höhe erhebt. Doch auch hier verliert sich die Bewegung nicht in einer nach oben ins Unendliche verlaufenden, vertikalen Transzendenz, sondern kehrt zu ihrem Ausgangspunkt zurück. Der tiefe Ton der Glocken breitet sich wie ein Klangteppich über dem Platz aus und übernimmt damit die Schutzfunktion, die in der zweiten Strophe der Himmel für den Dom ausübte. Eigentlich müsste man sagen, der Klang stehe wie ein Accent circonflexe, wie ein ^ über dem Platz, doch des Reimes wegen reichte es nur zu einem vom Dichter mit einem Fragezeichen versehenen Accent aigu. Hatte er sich in der zweiten Strophe das Wesen – »wesen« hier aktivisch als eine Tätigkeit, nicht als statisches Wesensprädikat verstanden – des Doms angeeignet, so vergleicht er nun sein Dichten mit der Tätigkeit des Campanile, der seine Glocken mit »seidenweichem Zwang« zum Verkünden seines alles überragenden Glücks nötigt. Auch die Lieder des Dichters sollen das Glück besingen, das über der lauteren Heiterkeit und Freude den Zwang vergessen lässt, den die Form des Gedichts ihm antut.

In der vierten Strophe verbietet sich der Dichter den Gesang, der so früh am Morgen noch nicht angebracht ist. So hat er den noch vor ihm liegenden Tag über Zeit, der aufsteigenden Bewegung der Sonne zu folgen und umherschlendernd oder zurückgezogen sein Glück in Reime zu fassen. Erst beim Untergang der Sonne, wenn das Abendrot alles mit einer sanften, die Farben intensivierenden Schattierung überzieht – wieder ein Bild für die schützende, ja liebende Bedeckung der Dinge –, ist es an der Zeit für Musik und Gesang, durch die sich das Tagewerk vollendet. Das verinnerlichte Glück wird nun freigegeben, damit alles daran teilhaben kann, was zu diesem Glück das seine beigetragen hat.

Nietzsche schildert in dem Gedicht »Mein Glück!« ein in sich geschlossenes Glück, das in einer kreisförmigen Bewegung eingefangen wird. Die aufsteigende Bewegung kehrt in ihren Ursprung zurück und umschließt auf diese Weise das Weltall, inklusive die vom Menschen hervorgebrachten Gegenstände. Die in den Kreis eingeschlossene Fülle steht für ein Glück, das voll und ganz hier in unserer Welt, im Horizont des Menschlichen zu Hause ist. In diesen integriert ist auch der Dom mitsamt seinem Turm – sonst Sinnbilder für eine vertikale Transzendenz, die sich im Verweis nach oben auf einen außerirdischen Gott erschöpft. Nietzsche biegt sie um in eine horizontale Transzendenz, die den Gott in den Bereich des Menschen zurückholt und ihm seinen Platz im Glück zuweist, das in allem »west«, was in der ihm eigenen Tätigkeit sein Maß erfüllt: im Bedecken, Emporragen, Dichten, Singen … Der Mensch hat diese Kunstwerke geschaffen, um seinem Streben über sich hinaus nach Höherem eine sinnliche Gestalt zu verleihen derart, dass die Bewegung in die Höhe bodenständig bleibt, sich nicht ablöst von ihrem Ausgangspunkt. Darin deutet sich das von Nietzsche mit dem Ausdruck *Übermensch* Gemeinte an. Der Mensch strebt stets über sich hinaus, versucht sich höher zu entwickeln. Aber dabei bleibt er Mensch, fest verhaftet auf der Erde als seinem natürlichen Standort, an dem das Glück seine zugleich übersinnliche und sinnliche Qualität entfaltet.

Die in der vierten Strophe des Gedichts »Mein Glück!« nur anklingende Seligkeit des Abends setzt sich fort in einem anderen Gedicht Nietzsches, im so genannten »Gondellied«:

> An der Brücke stand
> jüngst ich in brauner Nacht.
> Fernher kam Gesang:
> goldener Tropfen quoll's
> über die zitternde Fläche weg.
> Gondeln, Lichter, Musik –
> trunken schwamm's in die Dämmrung hinaus ...
>
> Meine Seele, ein Saitenspiel,
> sang sich, unsichtbar berührt,
> heimlich ein Gondellied dazu,
> zitternd vor bunter Seligkeit.
> – Hörte jemand ihr zu? ...
>
> (KSA 6, 291)

Die »braune Nacht« kam schon in der Schlussstrophe von »Mein Glück!« vor. Die noch nicht vollständig untergegangene Sonne bestrahlt die heraufsteigende Schwärze und färbt sie goldbraun. Dieser warme Ton umhüllt den Dichter, der von einer Brücke auf das Wasser blickt, dessen goldglitzernde Wellen sich mit den Tönen eines von weit her klingenden Liedes vermischen, so dass er den Eindruck einer synästhetischen Verschmelzung seiner Sinne hat; das akustisch Vernommene setzt sich optisch um: Die Töne quellen wie Tropfen aus der beweglichen Wasseroberfläche hervor und über sie hinweg. In der Dämmerung verschwinden die Grenzen zwischen den auf unterschiedliche Weise wahrgenommenen Gegenständen, und dadurch werden auch die Sinne des Menschen entgrenzt. Er vermag das Gehörte zu sehen und das Gesehene zu hören. Die Gondeln – wonnetrunken von diesem Ineinander aus Licht und Musik – gleiten dahin, lösen sich darin auf und verlieren sich in der zunehmenden Dunkelheit, die dem Auge des Betrachters das Sichtbare entzieht.

Der Dichter ist kein unbeteiligter Zuschauer, sondern in das Geschehen hineingezogen, ein williger Mitspieler, der seine Seele als Instrument darbietet, auf welchem von unsichtbarer Hand die Saiten gezupft werden. Die dadurch hervorgelockte Melodie weckt in der Seele – die traditionell als Sitz der Vernunft, des Denkvermögens, betrachtet wurde – Empfindungen, die sie selber aktiv werden lassen: Sie beginnt zu singen, und wie die Gondeln über die »zitternde Fläche« des im bewegten Wasser sich brechenden Lichts selig dahingleiten, geht die Seele »zitternd vor bunter Seligkeit« in ihrem Singen auf. Dieses Singen ist das Resultat jener Stimmung, die aus der Berührung der Dinge mit den Augen und Ohren einerseits, dem Sich-berühren-Lassen durch das Gesehene und Gehörte andererseits hervorgegangen ist. Die vielfarbige, durch Entgrenzung der Sinne geweckte Stimmung bekommt eine Stimme, durch welche die Seele ihr überströmendes Glück singend mitteilt – nicht wissend, ob da jemand ist, der sie vernimmt, denn zu hören vermag sie nur derjenige, der sich in der gleichen entrückten Stimmung befindet, in welcher die sinnlichen Wahrnehmungen ineinander übergehen und das sinnlich entgrenzte Ich in seiner Individualität auflösen.

Die von Nietzsche poetisch eingefangene Stimmung ruft die Erinnerung an ein Wohlbefinden herauf, das vor allem im Urlaub sich einstellt. Das Wort *Urlaub* leitet sich von *Erlaubnis* ab und bedeutete ursprünglich, dass dem Dienstboten von Seiten der Herrschaft die Genehmigung erteilt wurde, sich zu entfernen. Wir nachgeborenen Dienstboten dürfen uns etwas weiter als gerade aus den Räumen des Dienstherrn entfernen und unser Domizil anderswo aufschlagen. Das Verlangen nach einem Ort, an dem nicht der Beruf den Takt vorgibt, sondern Lust und Laune vorherrschen, kann mittlerweile an fast jedem Punkt der Erde befriedigt werden. Der massenweise Aufbruch in den Süden ist ein Zeichen für den Sog, den das Mittelmeer auf die sonnenhungrigen Nordmenschen ausübt. Dabei sind es beträchtliche Entbehrungen, die man auf sich nimmt, nur um am Ende einer durch Staus und quengelnde Kinder vermiesten Autofahrt den komfortablen Platz in der eigenen Wohnung gegen die beengenden Verhältnisse eines schmalen Zimmers und eines handtuchgroßen Fleckchens Strand einzutauschen, das für die schönsten Wochen des Jahres zur stressfreien Insel der Seligkeit erkoren wird. Es ist jedes Jahr die gleiche Tortur, und doch setzt man sich ihr immer wieder aus. Allein die Vorstellung eines singenden Gondoliere, das Bild eines von Palmen gesäumten Ufers oder Namen wie Malibu, Alicante, Côte d'Azur wecken Sehnsüchte, die in den geregelten Zeitabläufen der Alltagswelt unterdrückt werden müssen. All die verlockenden Traumparadiese, die von den Reiseunternehmen bildlich in Szene gesetzt werden, versprechen die Wiederbelebung eines Glücks, das die Sinne betört und uns unser Dasein lustvoll spüren lässt.

Nietzsche hat die Lust am Dasein verschiedentlich als dionysisches Glück beschrieben, das vor allem durch Musik erzeugt wird. Die Musik erschließt das geheime Wesen der Dinge, das sich dem Begriff entzieht, und die dionysische Kunst »will uns von der ewigen Lust des Daseins überzeugen«. Dem jungen Nietzsche der *Geburt der Tragödie* scheint das Dasein und die Welt nur als ein ästhetisches Phänomen gerechtfertigt, denn nur in der gegenläufigen Bewegung einer spielerischen Konstruktion und Auflösung von Welt wird jene ästhetische Urlust befriedigt, die im Menschen als »Streben in's Unendliche«, als »der Flügelschlag der Sehnsucht« nach Entgrenzung spürbar wird: »Verstehen wir doch jetzt, was es heissen will, [...] zugleich schauen zu wollen und sich über dieses Schauen hinaus zu sehnen [...], dass wir hören wollen und über das Hören uns zugleich hinaussehnen [...], dass wir in beiden Zuständen ein dionysisches Phänomen zu erkennen haben, das uns immer von Neuem wieder das spielende Aufbauen und Zertrümmern der Individualwelt als den Ausfluss einer Urlust offenbart.« Nietzsche begreift die ästhetische Lust als »ein künstlerisches Spiel [...], welches der Wille, in der ewigen Fülle seiner Lust, mit sich selbst spielt«. Er genießt gleichsam seine unerschöpfliche Kreativität, indem er die von der Wirklichkeit abgezogenen Versatzstücke der Welt immer wieder anders zu einem neuen Kunstwerk zusammensetzt, so wie dem Mythos zufolge Dionysos einst von den Titanen zerrissen und von seinem Vater Zeus wieder neu zusammengefügt wurde. Unermessliche Lust und zerreißender Schmerz gehören als die beiden einander bedingenden Momente dionysischen Glücks untrennbar zusammen.

Ein weiteres dionysisches Element ist der Tanz, in welchem Musik und Gesang sich in rhythmische Bewegung umsetzen. Im Tanz entfesselt sich das Leben, und so begegnet Zarathustra in *Das andere Tanzlied*, als er dem Leben ins Auge blickt, schierer Wollust, die seinen Herzschlag zum Stillstand bringt, weil sie so stark ist, dass er hineingerissen wird in den Sog dieser pulsierenden Kraft, nach deren Takt er sich zum Tanzen genötigt sieht.

> Nach meinem Fusse, dem tanzwüthigen, warfst du einen Blick, einen lachenden fragenden schmelzenden Schaukel-Blick: / Zwei Mal nur regtest du deine Klapper mit kleinen Händen – da schaukelte schon mein Fuss vor Tanz-Wuth. – / Meine Fersen bäumten sich, meine Zehen horchten, dich zu verstehen: trägt doch der Tänzer sein Ohr – in seinen Zehen! (KSA 4, 282).

Wenn der Körper die Musik in sich aufnimmt, beginnt er zu tanzen. Tanzend gerät der Mensch außer sich und ist doch ganz bei sich selbst, denn all seine Sinne sind an dieser ausgelassenen Bewegung beteiligt, die ihr Maß in sich selbst hat. Das Leben schlägt den Takt, fast wie ein Metronom, das der Melodie ihren Halt gibt. Dieser Takt schwingt auch in der

Glocke mit, die in der Mitternacht daran erinnert, dass im Leben Glück und Schmerz einander bedingen.

                                          Eins!
Oh Mensch! Gieb Acht!

                                          Zwei!
Was spricht die tiefe Mitternacht?

                                          Drei!
»Ich schlief, ich schlief –,

                                          Vier!
»Aus tiefem Traum bin ich erwacht: –

                                          Fünf!
»Die Welt ist tief,

                                          Sechs!
»Und tiefer als der Tag gedacht.

                                          Sieben!
»Tief ist ihr Weh –,

                                          Acht!
»Lust – tiefer noch als Herzeleid:

                                          Neun!
»Weh spricht: Vergeh!

                                          Zehn!
»Doch alle Lust will Ewigkeit –,

                                          Elf!
»– will tiefe, tiefe Ewigkeit!

                                          Zwölf!
                                            *
                                         *   *

(KSA 4, 285 f.)

Die Mitternacht ist der Antipode des »großen Mittags«, der für jenen glücklichen Augenblick steht, in welchem die Sonne senkrecht am Himmel steht und die Dinge keine Schatten werfen. Dies ist der Moment ununterscheidbarer, in sich gegensatzloser Einheit, einer Identität, die vollkommene Erfüllung beinhaltet.

> Oh Glück! Oh Glück! Willst du wohl singen, oh meine Seele? Du liegst im Grase. Aber das ist die heimliche feierliche Stunde, wo kein Hirt seine Flöte bläst. / Scheue dich! Heisser Mittag schläft auf den Fluren. Singe nicht! Still! Die Welt ist vollkommen. / Singe nicht, du Gras-Geflügel, oh meine Seele! Flüstere nicht einmal! Sieh doch – still! der alte Mittag schläft, er bewegt den Mund: trinkt er nicht eben einen Tropfen Glücks – / – einen alten braunen Tropfen goldenen Glücks, goldenen Weins? Es huscht über ihn hin, sein Glück lacht. So lacht – ein Gott. Still! – (KSA 4, 343).

High Noon, die Stunde des Pan, in der seine Flöte schweigt, während der Hirtengott träumend Siesta hält, ist die durch das Kennzeichen der Höhe charakterisierte Mittagsstunde des Lebens, die mit der Mitternacht und deren Tiefe kontrastiert. Diese erzählt von einem anderen Glück, dem Glück des Sterbens. Wenn die Sonne und mit ihr das Lebensprinzip in die Tiefe verschwunden ist, geht auch der Mensch unter. Die Welt hat nicht nur eine Tag-, sondern auch eine Nachtseite, ein Oben und ein Unten. Das »Mitternachts-Sterbeglück« erweist sich daher – bezogen auf das Glück des großen Mittags – als dessen Gegenteil: als Weh. Der Schmerz angesichts des zur Neige gehenden Lebens wird fühlbar als die Abwesenheit des Mittagsglücks, das dem Menschen in seinem Zenit zuteil wird. Glück und Weh bedingen einander wie Tag und Nacht, und so ist jenes Herzeleid, von dem die Mitternacht spricht, in ihrem Innersten bereits Lust – Lust am Leben, das mit der aufgehenden Sonne wieder in seinem Element sein wird. Doch während das Weh darauf drängt, vorüberzugehen, um für das Glück Platz zu machen, möchte die Lust verharren; der Zustand des Glücks soll gerade nicht zu Ende gehen, sondern unendlich dauern. Aber eine Lust, die unendlich dauert und nie vergeht, wäre keine Lust mehr. Lust ist sie nur im Gegensatz zum Weh, dessen Verschwinden ihre Heraufkunft ermöglicht – so wie die Sonne nur aufgehen kann, nachdem sie untergegangen ist.

Wenn die Glocke mit ihrem elften Schlag betont, dass die Lust nicht Ewigkeit im Sinne einer unendlichen Dauer, sondern »tiefe, tiefe« Ewigkeit begehrt, dann wird durch den Wechsel von der horizontalen in die vertikale Dimension der Tiefe, die sich mit jedem Glockenschlag weiter nach unten verlagert, ein qualitatives Verständnis von Lust signalisiert. Das Verlangen nach Ewigkeit verwandelt sich in die Bejahung einer ewigen Wiederkehr des Gleichen, deren Gesetz der Wider-Spruch ist. Die Lust erzeugt aus sich heraus ihr Weh, wie umgekehrt das Weh neue Lust freisetzt und so fort ins Unendliche. In diesem ständigen Kreislauf des Werdens und Auseinanderentstehens von Gegensätzen gibt es keinen Stillstand, keinen Dauerzustand; Ewigkeit ist der Name für die unaufhörliche Bewegung alles Lebendigen, das in jedem Augenblick seinen Tod durch-leben muss, um sich im Leben zu behaupten.

> Sagtet ihr Jemals Ja zu Einer Lust? Oh, meine Freunde, so sagtet ihr Ja auch zu *allem* Wehe. Alle Dinge sind verkettet, verfädelt, verliebt, – / – wolltet ihr jemals Ein Mal Zwei Mal, spracht ihr jemals »du gefällst mir, Glück! Husch! Augenblick!« so wolltet ihr *Alles* zurück! / – Alles von neuem, Alles ewig, Alles verkettet, verfädelt, verliebt, oh so *liebtet* ihr die Welt, –/ ihr Ewigen, liebt sie ewig und allezeit: und auch zum Weh sprecht ihr: vergeh, aber komm zurück! (KSA 4,402)

Die Lust wird um ihrer selbst willen begehrt, und jedes Mal ganz. Ihre Tiefe – als Sinnbild der Unerschöpflichkeit – weist darauf hin, dass sie nicht als ein gleichmäßiger, sich horizontal in die Breite erstreckender Zustand erstrebt wird, sondern den Augenblick des Glücks voll und ganz auskosten will, wohl darum wissend, dass darauf die Unlust, das Weh folgen muss, damit sich der Augenblick des Glücks wiederholen kann. Diese Verkettung von gelebten Augenblicken durchzieht alles mit einer grenzenlosen Liebe zum Leben, die auch den physischen Tod am Ende mit einbezieht. Ein solches Leben hat sich gelohnt, und wenn es zur Neige geht, ist dies kein Anlass zur Furcht, denn das Band der Liebe, das schon all die geglückten Augenblicke ineinander verwoben hat, wird ein letztes Mal auch die Dimension der Tiefe in voller Intensität in die Geschichte des Individuums mit einbinden, allerdings ohne dass der antizipierte Gegenpol in der Dimension der Höhe noch einmal erreicht wird. Der Tod ist ein glücklicher Tod – aber er ist endgültig und besiegelt das Ende jenes Glücks, das sich einem gesteigerten Lebensgefühl verdankt.

Nietzsche war einer der Ersten, der einer sexuellen Befreiung das Wort redete. Er wollte die in der abendländisch-christlichen Metaphysik unterdrückte Sinnlichkeit aus den Fesseln einer autoritären praktischen Vernunft befreien, die im Namen eines allmächtigen Gottes den Verzicht auf jegliche Lustbefriedigung predigte, um den Geist rein zu erhalten. Nietzsche sah hinter diesem asketischen Ideal einen Willen am Werk, der klammheimlich seine autoritäre Verneinung der Lust genoss und sich damit unter dem Deckmantel der Moral doch einen Lustgewinn verschaffte. Zarathustra bemerkt boshaft:

> Diese enthalten sich wohl: aber die Hündin Sinnlichkeit blickt mit Neid aus allem, was sie thun. / Noch in die Höhen ihrer Tugend und bis in den kalten Geist hinein folgt ihnen diess Gethier und sein Unfrieden. / Und wie artig weiss die Hündin Sinnlichkeit um ein Stück Geist zu betteln, wenn ihr ein Stück Fleisch versagt wird! [...] Hat sich nicht eure Wollust nur verkleidet ...? (KSA 4, 69f.)

Die Unterdrückung der Lust gelingt nur, weil sie selber als etwas Lustvolles empfunden wird, und Nietzsche entlarvt die Heuchelei der »Verächter des Leibes«, die scheinheilig so tun, als seien alle Lustempfindungen etwas Schmutziges, das mit aller Macht bekämpft werden müsste, als Vergewaltiger: Sie tun ihrer Sinnlichkeit Gewalt an, indem sie sie mit Genuss unterdrücken. Nietzsche hingegen möchte das sinnliche Glück rehabilitieren, indem er dem asketischen Willen zur Selbstbeherrschung entgegenhält, dass alles Wollen in sich selbst lustvoll ist, ganz gleich, was leidenschaftlich begehrt wird: ob ein Stückchen Fleisch oder ein Stückchen Geist. Auch ein sublimiertes Glück speist sich aus den Wurzeln der dem Willen immanenten Lust und ist deshalb von vornherein mit Sinnlichkeit ›infiziert‹, ob der Geist dies wahrhaben möchte oder nicht.

Nietzsche unterzieht daher in seinen moralphilosophischen Schriften die Lustfeindlichkeit der herkömmlichen Moral einer massiven Kritik, deren Prinzip der Askese er »mit *Lust* verneint«. Er möchte das alte, dualistische Menschenbild überwinden und dem Körper seine eigene Würde zurückerstatten. So ermahnt Zarathustra einen verzweifelten jungen Mann: »In die freie Höhe willst du, nach Sternen dürstet deine Seele. Aber auch deine schlimmen Triebe dürsten nach Freiheit. / Deine wilden Hunde wollen in die Freiheit; sie bellen vor Lust in ihrem Keller, wenn dein Geist alle Gefängnisse zu lösen trachtet.« Der Name »Übermensch« steht für ein neues Selbstverständnis des Menschen, der die alte Moral *über*wunden hat und damit seinen Geist vom Zwang des Unterdrückenmüssens, seinen Körper vom Druck des Geistes befreit hat. Das Glück des Übermenschen ist ein irdisches, sinnlich verhaftetes und damit ein durch und durch menschliches Glück.

Die in den Venedig-Gedichten und in Zarathustras Reden sich darstellende ästhetische Lebensform beruht auf dem

Prinzip des Genusses. Die Lust, das Glück, das sich im Genuss einstellt, trifft den Menschen jedoch nicht überfallartig in Momenten einer günstigen Konstellation, weil er zufällig morgens auf dem Markusplatz oder abends auf der Rialtobrücke steht. Das Glück kommt überhaupt nicht von selbst. Vielmehr muss das Individuum sich darum bemühen, die Vorbedingungen zu schaffen, unter denen ihm der Genuss durch das Zusammenspiel seiner Sinne als aktive Partizipation am jeweiligen Geschehen gelingt. Durch sein Sicheinlassen auf die Dinge, mit deren Einwirkung auf seine Sinne es spielerisch umgeht, entsteht eine neue Konstellation des Gegebenen, aus dessen Versatzstücken das Ich eine zweite Welt komponiert, an welcher es sich delektiert. Dabei genießt es einerseits sich selbst in seiner Schöpferrolle und andererseits das geschaffene Kunstwerk als ein schönes, gelungenes Ganzes. Aber immer ist das Glück ein gefährdetes, weil man nicht wissen kann, ob es nach dem »Weh« wiederkommt. Entsprechend hält Nietzsche in *Ecce homo* fest: »Wenn ich ein andres Wort für Musik suche, so finde ich immer nur das Wort Venedig. Ich weiss keinen Unterschied zwischen Thränen und Musik zu machen, ich weiss das Glück, den *Süden* nicht ohne Schauder von Furchtsamkeit zu denken.«

Das kosmische Glück

Albert Camus hat wie kein anderer unter den modernen Existenzphilosophen die absurde Befindlichkeit des heutigen Menschen beschrieben. Die Sinnlosigkeiten, mit denen wir tagtäglich in den Berichten der Medien über Gräueltaten, Hunger, Naturkatastrophen, Unfälle, Seuchen und so fort konfrontiert werden, lässt daran zweifeln, ob wir wirklich in der besten aller Welten leben, wie Leibniz meinte. Viel eher liegt der Verdacht nahe, dass die Menschheit auf ihren Untergang zusteuert, an dessen beschleunigter Herbeiführung sie tatkräftig mitwirkt. Camus verschärfte diesen Eindruck noch durch seine Annahme, dass der Mensch auf sich selbst gestellt ist und ohne einen das Heil der Welt verbürgenden Gott aus eigener Kraft dafür Sorge tragen muss, dass sein Leben nicht umsonst ist. Eine Welt ohne Gott hat keinen Sinngaranten, und da der Mensch als endliches, sterbliches Wesen außer Stande ist, die vakant gewordene Stelle Gottes einzunehmen, folgt daraus, dass die Welt ohne einen ihr vorgegebenen, immer schon vorhandenen, unverlierbaren Sinn ist. Camus radikalisiert diesen Befund noch, indem er nicht nur einen Mangel an Sinn insgesamt konstatiert, sondern das Verhältnis des Menschen zur Welt als *wider*sinnig behauptet. Wäre die Welt nur von sich selbst her ohne Sinn, dann könnte der Mensch ihr durch wertschöpferische Akte wenn schon keinen universalen Sinn, so doch wenigstens partielle Sinnkonturen verleihen. Die von Camus vertretene These des Absurden, das alles und jedes mit seinem Widersinn infiziert, beinhaltet jedoch, dass nicht einmal dies möglich ist, weil sich das Universum jeglichem Versuch, es mit Sinn zu überziehen, verweigert. In der Folge tritt die Natur dem Menschen als etwas Fremdes entgegen, als ein harter Kern gleichsam, der sich auf Grund seiner Irrationalität nicht mehr reflexiv auflösen lässt. Die Natur widersetzt sich geradezu jeglicher Vereinnahmung durch den Menschen und erscheint ihm, der sich zu ihr in ein Verhältnis setzen möchte, deshalb als etwas Feindseliges, Bedrohliches. Er findet sich in einer entfremdeten Welt situiert, zu der er keine Beziehung aufbauen kann.

Umso mehr erstaunt es, dass Camus trotz seines pessimistisch anmutenden Ausgangspunktes bei der Erfahrung des Absurden als dem Inbegriff von Widersinn dem Glück ein so großes Gewicht beigemessen hat. Camus spricht allenthalben vom Glück; man könnte fast sagen, dass gerade das maßlose

Unglück, in das sich der Mensch auf Grund seiner verzweifelten und ausweglos scheinenden Lage gestürzt sieht, Camus zum Fürsprecher des Glücks werden ließ. Die ständige Erfahrung von Entzweiung und Zerrissenheit weckt im Menschen die Sehnsucht nach Einheit und Ganzheit, die sich jedoch nicht von selbst herstellen, sondern nur entstehen, wenn sie aus einer Liebesbeziehung hervorgehen. Glück und Liebe bedingen sich für Camus wechselseitig, und ausgerechnet die Liebe zur Natur, die den Menschen doch gerade abweist, wird von Camus als die ursprünglichste und beständigste Form von Hingabe nahezu hymnisch besungen. Der zurückgestoßene Liebhaber der Natur findet dennoch in dieser seine Erfüllung, weil nur er im Stande ist, ihre zerstreute Vielfalt zur Einheit zu versammeln – wenn auch bloß augenblicksweise. Wie Nietzsche geht es Camus in der sinnlichen Beziehung, die der Mensch zur Welt unterhält, nicht nur um die erotische Komponente, sondern auch und wesentlich um Kunst. Liebe und Kunst sind einander verschwistert derart, dass das in der Vereinigung mit der Natur erlebte Glück künstlerisch umgesetzt und damit ästhetisch wiederholt wird.

> Ich werde nichts anderes ausdrücken als meine Liebe zum Leben. [...] Andere schreiben verdrängter Versuchungen wegen. Und jede Enttäuschung ihres Lebens schenkt ihnen ein Kunstwerk, eine aus den Lügen ihres Lebens gesponnene Lüge. Meine Werke aber werden aus meinem Glück entstehen. (Tagebuch 1, 13)

Wie für Nietzsche Venedig ein Ort des Glücks war, so für Camus Tipasa, eine Ruinenstadt aus der Römerzeit in der Nähe von Algier: »Im Frühling wohnen in Tipasa die Götter.« Es sind irdische Götter, die er hier anspricht, die Naturelemente, denen er analoge Prädikate zuspricht, wie sie sonst nur dem übernatürlichen Gott zuerkannt werden: Unsterblichkeit und Allmacht. Die Sonne, das Meer, der Himmel, die

Erde – sie bezeugen durch ihre periodische Wiederkehr eine durch alle Veränderungen sich gleich bleibende Energie, aus der heraus die Natur sich ständig erneuert. Die Macht der Natur zeigt sich dem Menschen in der überwältigenden Wirkung, die Licht, Farben, Düfte, die Komposition einer Landschaft auf die Sinne ausüben. Diese Götter sind keine geistigen Gebilde, keine spekulativen Begriffskonstrukte, die bloß den Verstand befriedigen, sondern natürliche, sinnliche, materielle Dinge, die sich unmittelbar auch nur den Sinnen mitteilen und sie ganz und gar erfüllen – bis an die Schmerzgrenze, ja bis zur Gefühllosigkeit. Der von der Natur sich auf vielfältige Weise angesprochen fühlende Mensch ist es, der eben diese Natur wie ein handelndes Subjekt beschreibt, das durch seine Tätigkeiten massiv auf Augen, Ohren, Nase, Zunge und Tastsinn einwirkt.

> Nackt muß ich sein und muß dann, mit allen Gerüchen der Erde behaftet, ins Meer tauchen, mich reinigen in seinen Salzwassern und auf meiner Haut die Umarmung von Meer und Erde empfinden, nach der beide so lange schon verlangen. Und dann der Schock im Wasser, das Steigen der dunkelkalten klebrigen Flut; das Untertauchen und das Sausen in den Ohren, die strömende Nase und der bittere Mund; das Schwimmen, die wasserglitzernden Arme, die auftauchend sich in der Sonne bräunen und mit einer Drehung aller Muskeln wieder eintauchen ins Meer; das über meinen Leib hinströmende Wasser, der schäumende Tumult, den meine Füße entfesseln – und der verschwundene Horizont. Zurückgekehrt an den Strand, werfe ich mich in den Sand, gebe mich der Erde hin, fühle aufs neue das Gewicht meines Fleisches und meiner Knochen und wage, betäubt von der Sonne, in langen Pausen einen Blick nach meinen Armen, wo aus der tröpfelnden Nässe trockene Hautstellen auftauchen mit Salzstaub und blondem Haarflaum.« (Essays, 79 f.)

Wer das Meer liebt – auch wenn es nur eine Ferienliebe ist –, dem sind die Glücksgefühle unmittelbar vertraut, die Camus hier so eindrücklich wiederbelebt. Unmittelbar vor dieser Stelle hatte Camus festgestellt, »daß ich nie nahe genug an die Dinge der Welt herankommen werde«, und doch tut der Erzähler etwas für die Natur, was sie für sich selbst nicht tun kann: Er bringt ihre voneinander getrennten und sich bekämpfenden Elemente zusammen und vereinigt sie miteinander. Sein Körper führt dem Wasser die Düfte der Erde zu, die von seinen Streifzügen durch die Wermutbüsche und wilden Kräuter an seiner Haut haften; und er benetzt die Erde mit dem Salz und der Nässe des Wassers. Die durch seine Bewegungen gestiftete Vermittlung ermöglicht die »Umarmung« von Wasser und Erde, Land und Meer, deren Getrenntheit durch ihn als bewegliches Bindeglied aufgehoben wird. Aber die Vereinigung hat nicht nur eine horizontale, sondern auch eine vertikale Ausrichtung: Das Verschwinden des Horizonts deutet darauf hin, dass auch die beiden anderen Naturelemente – Luft und Feuer – in die durch den Menschen hergestellte kosmische Einheit einbezogen sind. Der Mensch agiert gleichsam im Fadenkreuz der vier Elemente. Die Liebesbeziehung, die er zwischen ihnen herstellt, lässt ihn nicht unberührt, denn er muss dazu seine gesamten Körperkräfte mobilisieren und alle seine Sinne im Verbund einsetzen, so dass auch sein Leib zu einer Ganzheit zusammenschießt, in welcher sich die kosmische Liebe der Elemente als Selbstliebe reflektiert.

> Hier begreife ich den höchsten Ruhm der Erde: das Recht zu unermeßlicher Liebe. Es gibt nur diese eine, einzige Liebe in der Welt. Wer einen Frauenleib umarmt, preßt auch ein Stück jener unbegreiflichen Freude an sich, die vom Himmel aufs Meer niederströmt. (Essays, 80)

Es ist anstrengend, dem Ansturm der Elemente auf den Körper Widerstand zu leisten. Jedes von ihnen will ihn total vereinnahmen, die Sonne, die ihn durch ihre Glut blendet und erhitzt, das Wasser, das ihn zu ersticken droht, die Erde, die ihm durch ihre Anziehungskraft seine Erdenschwere fühlbar macht, die Luft, die ihm den Atem nimmt. Das Zuviel dieser vierfachen Überfülle ist tödlich. Die ganze menschliche Kunst besteht darin, die Kräfte umzulenken auf die anderen Elemente und durch Erzeugung einer gegenstrebigen Spannung für sich selbst das richtige Maß zu finden, das es dem Menschen erlaubt, die Natur zu genießen: »Ich lernte atmen, ich ordnete mich ein und erfüllte das eigene Maß.« Der Erzähler bringt einerseits, indem er die Küstenlandschaft durchstreift, im Wasser schwimmt, sich auf dem Sand ausstreckt, durch seine Bewegung in die Natur ein Maß – eben dadurch, dass er sie durch*misst;* andererseits entdeckt er in den Pausen, in welchen er sich, erschöpft von dieser Tätigkeit, ausruht, *sein* Maß, das es ihm ermöglicht, sich als er selbst zu behaupten. Sein eigenes Glück findet er in der Natur widergespiegelt: »Unter der Morgensonne wiegt sich ein großes Glück im Raume.« Noch der Camus der fünfziger Jahre kommt immer wieder auf das erotische Verhältnis von Mensch und Natur zurück, aus welchem beide erneuert hervorgehen. So hält er im Tagebuch anlässlich eines Besuchs der Akropolis fest:

> Auf die Tempel und die Steine, die der Wind offensichtlich bis auf die Knochen abgescheuert hat, fällt prall das Licht von elf Uhr, springt auf und zerbirst in Tausende von weißen und sengenden Schwertern. Das Licht wühlt in den Augen, läßt sie tränen, dringt mit schmerzender Raschheit in den Körper ein, leert ihn, öffnet ihn in einer Art ganz physischer Vergewaltigung und reinigt ihn gleichzeitig.« (Tagebuch 2, 192)

Diese brutale Katharsis, welcher der Körper durch das Licht unterzogen wird, führt jedoch keineswegs zur Blindheit, sondern im Gegenteil dazu, dass der Körper ganz Auge wird. Der geklärte Blick fällt auf die Landschaft und erfasst sie nun in ihrer vollen Schönheit. Damit schließt sich gleichsam der ästhetische Zirkel: Die Natur öffnet dem Menschen ursprünglich und elementar die Sinne, welche nun ihrerseits die Natur als ein sinnliches Gebilde wahr-nehmen, dessen künstlerische Qualität sich dem erotischen Verhältnis von Mensch und Natur verdankt, das ein produktives, schaffendes Verhältnis ist. Die Natur macht den Menschen zum Künstler, und der Künstler bringt die Natur als etwas Schönes, Liebenswertes hervor, denn seine von der Natur geöffneten Augen sehen anders, sie schauen. Dieses Schauen macht aus der im ersten Sehen rezeptiv aufgenommenen ungeordneten Vielfalt der Eindrücke eine kompositorische Gesamtschau, in welcher sich die Natur als ein geglücktes Ganzes präsentiert. Und der schauende Mensch ist nicht ein unbeteiligter Zuschauer, sondern nimmt infolge seiner künstlerischen Erzeugung des Kosmos als eines schönen Ganzen teil an dessen Glück.

Der Beweggrund, aus dem der junge Camus die Ruinen von Tipasa aufsucht, ist ein rein sinnlicher – der des Genusses. Dieser Ort weckt auf Grund seiner starken Sinnesreize in ihm Lust und Liebe, keine auf die Vergangenheit bezogenen, historischen Interessen, wie sie vielleicht andere – touristische – Besucher von Tipasa bewegen, die aus den Trümmern etwas über frühere Generationen in Erfahrung bringen wollen und beim Anblick der Ruinen Trauer über die Vergänglichkeit menschlicher Erzeugnisse empfinden. Wer jedoch wie Camus die Natur in den Vordergrund rückt, ihre über das von Menschen Gemachte achtlos hinweggehende Freizügigkeit, der nimmt das Eingehen der Ruinen in die Natur wie eine Vermählung wahr, nicht als einen Akt der Zerstörung. Er sieht im Untergang des Menschlichen zugleich die Schönheit dieses Prozesses und fasst das Geschehen als eine Rückkehr in den Ursprung auf, eine Heimkehr zu den Wurzeln, die von der Natur gefeiert wird, indem sie all ihre Pracht aufbietet, um die Heimgekehrten zu begrüßen.

Die ausgegrabenen Sarkophage, in denen Blumen wachsen,

weisen noch einmal auf den Triumph der Natur hin, die alles Vergängliche überdauert, nicht nur das steinerne Menschenwerk, sondern erst recht die Menschen aus Fleisch und Blut, die längst verwest und wieder ganz in die Natur zurückgekehrt sind. Heidnischer Tempel und christliche Kirche – Sinnbilder für andere Götter – sind in die Landschaft integriert: Der Tempel steht jetzt im Dienst eines neuen Gottes, der Sonne, deren Bahn er misst; die Basilika hat sich zur Welt hin geöffnet; sie lässt den Wind und das Rauschen des Meeres in sich hineinströmen, erfüllt sich also mit ebendem Glück, das auch die Sinne des Erzählers vollständig ausfüllt.

Der Mensch muss der Natur etwas entgegensetzen, muss seine Kräfte mit ihr messen, um vor ihr und sich selbst zu bestehen. Daraus resultiert sein Stolz, der Stolz, ein Mensch zu sein, der ein Teil dieser Natur ist und doch zugleich ihre Fülle aushält, damit zu einer Art Partner wird, von ihr anerkannt als ein natürliches Gegenüber, das gelernt hat, sich im Leben zu behaupten. Die stolze Selbstbehauptung macht das Selbst zu etwas Schönem, Geglücktem. Und von jenem überwältigenden Glück will der Schriftsteller Camus erzählen, indem er es am Ende des Tages in Worte zu fassen sucht. Camus beschreibt seinen Zustand als den des Gesättigtseins. Körper und Geist sind ermattet, und es ist nun ein anderes Glück, das ihn erfüllt, nicht mehr der Rausch der Sinne, in welchem er den betäubenden Duft der Wermutbüsche, das Blut der roten Geranien, die klebrige Bitterkeit der Flut, die Hitze des Sandes bis an die Grenze zum Überdruss genießt, sondern es ist eine stille Freude, eine Art Genugtuung und Zufriedenheit, die sich einstellt, wenn man sein Tagewerk vollbracht, sich dabei völlig verausgabt hat und nachträglich findet: Es war gut. Am Ende des Tages, am Übergang vom Tag zur Nacht, zählt jedoch weder der Mensch noch die Natur je für sich: »Nur die schweigsame Einsamkeit unserer Liebe galt.« Es ist eine Liebe, in welcher jeder den anderen Partner in seiner Eigenart gelten lässt, ihn in einer Art stillschweigender Übereinkunft um seiner selbst willen anerkennt und an dem teilhaben lässt, was er ist.

Eine andere Stadt, ebenfalls wie Tipasa zerstört, die Ruinen der Wüstenstadt Djemila, vermittelt den Eindruck von Öde und Trostlosigkeit, der etwas Lastendes anhaftet. Dennoch hat das Gewicht der Steine, die tote Stadt, eine Bedeutung für den Menschen, insofern sie ihm zugleich eine Vorstellung von Maß und Identität vermittelt. Durch alles Flüchtige und Vergängliche hält sich etwas Dauerhaftes, ein unzerstörbarer Kern, der ein Gegengewicht zu dem Flüchtigen, sich in alle Winde Zerstreuenden bildet. Den Häusern von Djemila, blank gefegten, vom Fleisch befreiten Skeletten gleichend, eignet nach Camus trotz der Todesmetapher etwas höchst Lebendiges, Dynamisches, da sie sich gegen die falschen Deutungen zur Wehr setzen, mit denen die Menschen in nostalgischer Verklärung und Bewunderung oder aus sentimentalen Gründen die tote Stadt aufsuchen. Nicht dadurch wird sie lebendig, dass man seine eigenen Sehnsüchte und Träume in sie hineinprojiziert, sondern indem man sie einfach sie selbst sein lässt: als ein Teil der lebendigen Natur, die ihre Elemente eingesetzt hat, um das vom Menschen Gemachte auf *ihr* Maß zurechtzuschleifen.

Der Wind ist es, dessen Stärke das Ich am eigenen Leib verspürt und seine Haut gefühllos macht, so dass die Grenze zwischen Mensch und Natur verschwindet. Der Erzähler erlebt das Einwirken des Windes auf seinen Körper wie eine Vergewaltigung, der er sich bis aufs Äußerste widersetzt, um am Ende, von der Natur vollständig vereinnahmt, selber zu einem Stück Natur zu werden. Entschädigt für seine Ent-Selbstung wird er jedoch dadurch, dass er auf diese Weise in das Geheimnis des Universums eindringt und »bis ans klopfende Herz der Welt« gelangt.

Ich flatterte wie ein Segel im Wind. Mein Magen zog sich zusammen; meine Augen brannten, meine Lippen sprangen auf und meine Haut trocknete aus, bis ich sie kaum noch als meine empfand. Durch sie hatte ich sonst die Schrift der Welt, die Zeichen ihrer Zärtlichkeit oder ihres Zorns, entziffert, wenn ihr sommerlicher Atem sie erwärmte oder der Reif seine frostigen Zähne in sie schlug. Jetzt aber, stundenlang vom Wind gepeitscht und geschüttelt, erschöpft vom Widerstand, ging mir das Wissen um die Signaturen, die in meinen Körper eingeschrieben waren, verloren. Der Wind hatte mich geschliffen wie Flut und Ebbe einen Kiesel und hatte mich bis zur nackten Seele verbraucht. Ich war nur noch ein Teil von jener Kraft, die mit mir tat, was sie wollte, und mich immer entschiedener in Besitz nahm, bis ich ihr schließlich ganz gehörte, so daß mein Blut im gleichen Rhythmus pulsierte und dröhnte wie das mächtige, allgegenwärtige Herz der Natur. Der Wind verwandelte sich in ein Zubehör meiner kahlen und verdorrten Umgebung; seine flüchtige Umarmung versteinerte mich, bis ich, Stein unter Steinen, einsam wie eine Säule oder ein Ölbaum unter dem Sommerhimmel stand. (Essays, 87)

Gewaltsam in den Atemrhythmus der Natur hineingezwungen, existiert das Ich nicht mehr nach seinen Wünschen, sondern nach den Regeln der Natur. Seines größten Sinnesorgans, der Haut, beraubt, ist die Schranke, die es von der Natur trennt, aber auch vor ihr schützt, eingerissen. Die Natur kann nun in es eindringen und es zum Erstarren bringen, indem sie es in ein Stück anorganischer Materie verwandelt und damit dauerhaft, ja bis zu einem gewissen Grad »unverweslich« und seinen Tod damit erträglich macht. Doch gleichwohl ist das Ich – anders als der Stein – sich dieses Vorgangs seiner Selbstauflösung im Prozess der Versteinerung bewusst und bildet im unauslöschlichen Bewusstsein seiner selbst einen Widerstand, den es genießt und der es vor der gänzlichen Auflösung seines Selbst bewahrt – so wie auch die tote Stadt sich nicht völlig von den Naturelementen vereinnahmen ließ. Doch der versteinerte Mensch wird geschichtslos. Er kennt nur noch eine ewige Gegenwart, keine Vergangenheit und keine Zukunft. Das Glück der Steine ist nur erträglich im Wissen darum, dass das Ich sich den Naturgewalten freiwillig ausgesetzt hat und sich diesen auch widersetzen kann. Es weiß um das andere Glück, das es in seiner Vermittlerrolle zwischen den Elementen erfahren hat, als es eine Liebesbeziehung zwischen ihnen stiftete und dabei seine Haut gewissermaßen als Projektionsfläche für das Liebesspiel von Erde, Wasser, Luft und Feuer zur Verfügung stellte – keineswegs selbstlos, sondern weil es sich dabei in seiner Haut und vermöge seiner Haut durch und durch wohl fühlte und diesen Selbstgenuss vollständig auszukosten wusste. Wer sich hingegen der Natur überlässt in der Meinung, dadurch unabhängig von seinem Begehren zu werden, dem ergeht es wie dem Weisen Cakia-Mouni in der Wüste.

Er harrte dort lange Jahre, niedergekauert, unbeweglich, die Augen zum Himmel erhoben. Die Götter selbst neideten ihm diese Weisheit und das Los des Steins. In seinen ausgestreckten steifen Händen nisteten die Schwalben. Doch eines Tages flogen sie fort und folgten dem Ruf ferner Länder. Und er, der in sich Begehren und Wollen, Ruhm und Schmerz abgetötet hatte, er weinte. (Essays, 148)

Cakia-Mouni, der sich bis zur Selbstaufgabe in Leidenschaftslosigkeit eingeübt hatte, wird unglücklich, weil sein Glaube, dass der Verzicht auf Befriedigung der Sinnlichkeit ein ungleich größeres Glück bedeutet als der körperliche Genuss, erschüttert wird. Er muss erfahren, dass er seine Versteinerung nur ertrug, weil es etwas Lebendiges gab, an das er sein Herz hängte und das seinem Leben einen Sinn gab. Ohne Liebe zu etwas Lebendigem ist das Ideal des Glücks der Steine unerträglich.
Camus konstatiert: »Ich lerne, daß es kein übermenschliches

Glück gibt und keine Ewigkeit außer dem Hinfließen der Tage. [...] Ich behaupte nicht, daß man zum Tier werden soll, sondern nur, daß ich am Glück der Engel keinen Geschmack finde.« Er verwirft wie Epikur alle Heilslehren, die die Menschen von der Vorstellung entlasten, dass mit dem Tod alles aus und vorbei ist. Er will im Gegenteil wie Nietzsche diese Last auf sich nehmen, weil das Wissen um den Tod als einen endgültigen Abschluss auch das Leben verändert, das das Bewusstsein des Todes in den Lebensvollzug integrieren will. Man muss die Nachtseite der Dinge mit ins Auge fassen, und wem dies gelingt, der zieht nicht erst am Ende seines Lebens eine Bilanz, um herauszufinden, ob das Leben sich gelohnt hat, ob die Ideen, von denen er sich für sein Handeln einen Sinn erhofft hat, wirklich etwas taugen. Vielmehr wird er, wie Camus angesichts der toten Stadt Djemila, schon in jungen Jahren sich daran gewöhnen, den Tod als die natürliche Kehrseite des Lebens aufzufassen. Er lernt mit dem Gedanken an den Tod zu leben, ohne Selbstmitleid und ohne Verdrängung. Der Tod wird, so verstanden, zu etwas, das einem nicht gegen den eigenen Willen als ein schreckliches Unglück widerfährt, sondern er wird zu einem Ereignis, an dem man mitwirkt, das man geradezu inszeniert als ein mit Bewusstsein *durch*lebtes Ende.

Der junge Camus will klar sehen, der Wahrheit, die die Natur ihm eröffnet, ins Gesicht sehen. Er begreift: Je mehr er sich an das Leben klammert und die lebendigen Menschen um ihre Lebenskraft beneidet, desto weiter entfernt er sich von der Natur, und seine Todesangst wächst. Erst die Einsicht, die ihm die Natur vermittelt, dass er sich gegen die Vergänglichkeit nicht auflehnen soll, sondern seine Sterblichkeit als zum Leben hinzugehörig akzeptieren muss, macht den Gedanken des Todes erträglicher. Zwar werden die hinreißenden Bilder der Welt endgültig verloren gehen, und mit ihnen wird alles an das Vitale gebundene Glück dahin sein, aber wenn es ein erfülltes Leben ist, ein in jedem seiner Momente geglücktes Leben, dann steht an seinem Ende nicht das große Bedauern über verpasste Chancen, sondern nur noch ein Bedauern darüber, dass sich die Reihe der glücklichen Augenblicke nicht mehr fortsetzen lässt. Aber es ist dieselbe Natur, aus der sich das Glück des Menschen gespeist hat und in die er schließlich zurückkehrt, ohne wieder aufzuerstehen.

Der Mensch findet zu sich selbst, wenn er sich auf die Natur als großen, lebendigen Organismus einlässt, in welchem der Einzelne seine Endlichkeit zugleich fühlt und überwindet, wenn auch nur jetzt, in einer gelebten Gegenwart, die aus lauter erfüllten, gleichsam *erliebten* Augenblicken besteht und damit eine Glückserfahrung beinhaltet, die ihr Prinzip und damit ihr Maß in sich selbst hat: »Was ist das Glück anderes als jener einfache Einklang eines Wesens mit seiner Existenz?« Dieses Glück erlebt auch Janine, die Hauptperson der Erzählung *Die Ehebrecherin*, als sie ihren Mann mit der Natur betrügt. Im Verlauf einer guten, aber durchschnittlichen Ehe ohne Höhen und Tiefen ist ihr die Erinnerung an jenes Glück, das sie in jungen Jahren gekannt hat, abhanden gekommen. Sie hat sich mit Gewohnheit und Langeweile in einem behaglich-behäbigen Leben eingerichtet, dessen Hauptfreude im Genuss schmackhafter Mahlzeiten liegt, was sich an ihrer und ihres Mannes Leibesfülle ablesen lässt. Dass ihr etwas fehlt, beginnt sie während einer Reise durch die wüstenähnlichen Hochebenen Nordafrikas zu ahnen, die sie mit ihrem Mann unternimmt, der seine Stoffe und Tücher in den Dörfern direkt an die Händler verkaufen möchte. Die schlanken, sehnigen Nomaden mit ihren mageren, vom Wetter gegerbten Gesichtern und ihrem stolzen Gebaren repräsentieren eine andere Lebensform; ihre leichtfüßige Beweglichkeit kontrastiert heftig mit Janines an Sesshaftigkeit gewöhnten, schweren Beinen. Von der erhöhten Terrasse eines Forts aus eröffnet sich ihr ein weiter Blick über die Stadt hinweg in die Wüste.

Dort drüben, noch weiter südlich, wo Himmel und Erde in einer reinen Linie ineinander übergingen, dort drüben, so schien ihr auf einmal, wartete etwas auf sie, das sie bis zu diesem Tag nicht gekannt und das ihr doch seit jeher gefehlt hatte. (Erzählungen, 119)

Voller Trauer begreift sie, dass ihr etwas verheißen war, das doch nie in ihren Besitz gelangen würde: »Sie war nicht glücklich, in Wahrheit würde sie sterben, ohne erlöst worden zu sein. [...] Sie wollte erlöst werden.« Als sie am Abend noch einmal zu dem Fort zurückkehrt, wird ihr die ersehnte Erlösung zuteil: Sie gibt sich dem Universum hin, das ihr in diesem kosmischen »Seitensprung« die Erfüllung schenkt, nach der sie in ihrem bisherigen Leben stets verlangt hat, ohne es zu wissen. Die Vereinigung mit der Welt gleicht einem sexuellen Akt, doch das Glück, das Janine findet, ist mehr als nur eine geschlechtliche Befriedigung, es durchdringt ihr ganzes Wesen.

Die Sterne vor ihren Augen fielen einer nach dem anderen herab und erloschen dann inmitten der Steine der Wüste, und jedesmal erschloß Janine sich ein bißchen weiter der Nacht. Sie atmete frei, sie vergaß die Kälte, die menschliche Schwere, das wahngepeitschte oder erstarrte Dasein, die lange Bangigkeit des Lebens und des Sterbens. Nachdem sie so viele Jahre lang, vor der Angst fliehend, blindlings und ziellos dahingestürmt war, hielt sie nun endlich inne. Gleichzeitig hatte sie das Gefühl, zu ihren Wurzeln zurückzufinden, der Saft stieg wieder in ihren jetzt nicht mehr zitternden Körper empor. Den Leib fest an die Brüstung pressend, wartete sie, daß ihr noch immer aufgewühltes Herz ebenfalls Ruhe finde und es still werde in ihr. Die letzten Sterne ließen ihre Trauben tiefer unten über dem Horizont der Wüste fallen und verhielten unbeweglich. Da begann mit unerträglicher Milde das Wasser der Nacht Janine zu erfüllen, es begrub die Kälte unter sich, von dem geheimen Mittelpunkt ihres Wesens stieg es nach und nach empor und drang in ununterbrochener Flut bis in ihren von Stöhnen übergehenden Mund. Im nächsten Augenblick breitete der ganze Himmel sich über ihr, die rücklings auf der kalten Erde lag. (Erzählungen, 125)

Janine ist keine Ehebrecherin, auch wenn der Titel der Erzählung dies unterstellt. Sie hat ihren Mann zwar betrogen, doch nicht mit einem menschlichen Wesen, sondern mit der Natur, die alle ihre Sinne und ihr erstarrtes Herz wieder belebt hat. Sie vermag wieder Lust zu empfinden. Und so kehrt sie zu Marcel zurück, von nun an wissend um ein Glück, das sich nicht von selbst einfindet, sondern für das sie sich öffnen muss. Die Bereitschaft zur völligen Hingabe ist die Voraussetzung, unter der jener geheime Ort erreicht wird, an welchem die Lust zu leben entspringt. Eine der Frauen in Camus' frühem Roman *Der glückliche Tod* erlebt diese Heimkehr zum Ursprung ihrer Existenz wie einen Rück-Fall in sich selbst: »Der Himmel drückt von oben her mit seiner ganzen Last aus Sonne und Farben nach unten. Mit geschlossenen Lidern vollzieht Catherine in sich den langen tiefen Sturz nach, der sie wieder in ihr Innerstes führt, wo sich weich jenes Tier regt, das atmet wie ein Gott.« Diese merkwürdige Charakterisierung des Lebens, das mit einem animalischen, atmenden Gott verglichen wird, deutet auf die unbegrenzte Erneuerungs- und Regenerationskraft hin, die allem Lebendigen innewohnt und sich in der Liebe verströmt. Der Mensch lebt aus der Liebe und schlägt in der Liebe den Bogen zurück zu den Wurzeln seines Seins. In diesem Kreis erschöpft sich die ihm mögliche Unsterblichkeit. »Das Glück war menschlich und die Ewigkeit alltäglich« – dies hält Patrice Mersault fest, der für den glücklichen Tod plädiert, nachdem er begriffen hat, dass alles, worauf es im Leben ankommt, »der Wille zum Glück« ist. »Das Glück bestand darin, daß er existierte«, wobei er unter »existieren« den ständigen Agon mit den erregenden Widerständen der lebendigen Natur versteht. Dieser

»liebende Kampf« (Jaspers) kennt weder Sieger noch Besiegte. Auch Patrice erlebt das Bad im Meer wie eine Umarmung, für die er sich bedankt: »Jedesmal, wenn er den Arm hob, ließ er auf das unendlich weite Meer Garben von silbernen Tropfen sprühen, gleichsam als streue er angesichts des stummen lebendigen Himmels die gleißende Saat für eine Ernte des Glücks aus.« Indem er das »aus Salz und Wasser bestehende Herz« des Meeres erobert und den Himmel, der als interessierter Beobachter das Geschehen verfolgt, an seinem Glück teilnehmen lässt, hebt er die Grenzen zwischen sich und der Natur auf. Die Natur lebt in ihm, während er in der Natur lebt. Und sein Tod vollzieht sich am Ende wie der Übergang in einen anderen Aggregatzustand. Er erlebt sein Sterben als das allmähliche Heraufsteigen eines Kiesels in seiner Kehle, das mit einer sich steigernden Freude verbunden ist.

> Er schaute auf Luciennes geschwellte Lippen und, hinter ihr, auf das Lächeln der Erde. Er umfaßte beide mit dem gleichen Blick und mit dem gleichen Verlangen. »In einer Minute, einer Sekunde«, dachte er. Das Steigen hielt inne. Und ein Stein unter Steinen, ging er in der Freude seines Herzens wieder in die Wahrheit der unbeweglichen Welten ein. (Der glückliche Tod, 136)

Das Glück dieses bei klarem Bewusstsein er-fahrenen Sterbens besteht darin, dass das Begehren, die Lust, die Liebe zum Leben noch den letzten Augenblick voll und ganz ausfüllen und der Sterbende das Leben schließlich in der Gewissheit loslässt, dass er im Tod Teil jener Natur sein wird, der er sich zeit seines Lebens hingegeben hat, nur dass sie ihn jetzt vollständig und endgültig in ihren Besitz nimmt. Die von ihm bereits erprobte Seinsweise eines Steins unter Steinen wird er nicht mehr bewusst erleben und genießen, er wird vielmehr nur noch objektives Inventar eines großen Organismus sein, der ihn überlebt, ihm aber einen Anflug von Ewigkeit verleiht.

In den von Camus geschilderten Weisen einer ekstatischen Selbsterfahrung des Menschen, der die Natur als ihm überlegen, ja als übermächtig erlebt, gleichwohl aber sowohl ihre sinnliche Fülle als auch ihre Gewalt im Zuge einer gesteigerten Selbstempfindung unendlich zu genießen vermag, wird das Absurde der *conditio humana* zwar bereits unterschwellig spürbar, aber noch nicht zur vollen und bewussten Klarheit gebracht. Dies ändert sich bei jenem Menschentypus, den Camus in seinen theoretischen Schriften als absurd charakterisiert. Der absurde Mensch begreift sich als aus der Natur, ja aus dem Kosmos insgesamt herausgefallen, und es gelingt ihm nicht mehr, sich in diesen zu reintegrieren, weil ihm aufgegangen ist, dass er noch andere als sinnliche Bedürfnisse hat, insofern er als rationales Wesen auch geistige Ansprüche erhebt, die in der berauschenden, aber auch betäubenden Erfahrung der Natur keine Befriedigung finden. Der Geist verlangt nach einer unüberbietbaren Erfüllung, nach einem bleibenden Sinn, der sich im körperlichen Genuss nur vorübergehend einstellt.

So betrachtet ist die Erfahrung sinnlichen Glücks bereits eine Grenzerfahrung, die nur unter Ausschluss des Geistes aus der Hingabe an die Natur gelang. »Wir gewöhnen uns ans Leben, bevor wir uns ans Denken gewöhnen.« Die Natur erweist sich für den Geist als das schlechthin Fremdartige, ja Feindselige, das umso schmerzlicher empfunden wird, als die Antinomie auch die *menschliche* Natur durchzieht und im Individuum selbst eine unüberbrückbare Kluft zwischen Vernunftanspruch und der Unmöglichkeit seiner Erfüllung aufreißt. Der Mensch fühlt sich aus sich selbst verstoßen.

[...] die Verfremdung ergreift uns: die Wahrnehmung, daß die Welt »dicht« ist, die Ahnung, wie sehr ein Stein fremd ist, undurchdringbar für uns, und mit welcher Intensität die Natur oder eine Landschaft uns verneint. […] Die primitive Feindseligkeit der Welt, die durch die Jahrtausende besteht, erhebt sich wieder gegen uns. Eine Sekunde lang verstehen wir die Welt nicht mehr: Jahrhundertelang haben wir in ihr nur die Bilder und Gestalten gesehen, die wir zuvor in sie hineingelegt hatten, und nun verfügen wir nicht mehr über die Kraft, von diesem Kunstgriff Gebrauch zu machen. Die Welt entgleitet uns: Sie wird wieder sie selbst. (Mythos, 17 f.)

Dieses den seiner selbst bewussten Menschen zerreißende Unglück des Geistes, dessen Verlangen nach Sinn unerfüllt bleibt, ist die Kehrseite des sinnlichen Glücks, das sich im Genuss nur deshalb einstellen konnte, weil wir uns selbst und die Natur als belebte Materie wahrgenommen haben, so dass der menschliche Körper im Auslangen nach dem ihm begehrenswert Erscheinenden mittels seiner Sinne auf etwas stieß, das ihm Lust verschaffte. Der Geist hingegen hat keinen direkten Berührungspunkt mit der Materie, so dass sein Begehren leer in sich zurückschlägt. Dies ist für ihn absurd, so wie es im Bereich der Sinne absurd wäre, wenn wir zwar Augen hätten, um zu sehen, es aber nichts Sichtbares gäbe oder die sichtbaren Dinge sich zurückzögen, sobald sie angeblickt würden.

Entwertet das Unglück des Geistes das Glück der Sinne so radikal, dass mit der Vernichtung des Körpers auch diesem Glück die Grundlage entzogen werden soll? Oder gibt es einen Wert, der den Geist und den Körper gleichermaßen befriedigt, so dass sich aus ihm ein Grund zum Leben ableiten lässt? Camus will weder auf die Vernunft und ihren berechtigten Sinnanspruch verzichten noch die absurde Befindlichkeit des Menschen in einer Welt, an der seine Sinnforderungen unerfüllt abprallen, leugnen. Nach Sinn kann nur im Bereich der menschlichen Erfahrung gesucht werden und nicht in einem transzendenten Bereich: »Was bedeutet mir ein Sinn, der außerhalb meiner Situation liegt? Ich kann nur innerhalb menschlicher Grenzen etwas begreifen. Was ich berühre, was mir Widerstand leistet – das begreife ich.«

Die Vernunft befindet sich in einer verzweifelten Lage, denn das vergängliche sinnliche Glück des Körpers genügt ihrem Sinnverlangen nicht; und die Logik verbietet es ihr, die Augen vor der Antinomie des Absurden zu verschließen und sich in einem eigenen, transzendenten Sinnkonstrukt zu beruhigen. Der Ausweg, den Camus am Beispiel des unverzagt und unermüdlich seinen Stein wälzenden Sisyphos beschreibt, besteht darin, den Kampf gegen das Absurde aufzunehmen und dem Widersinn der antinomischen Struktur der *conditio humana* das Recht auf einen umfassenden Sinn entgegenzuhalten: »Der absurde Mensch [...] erkennt den Kampf an, verachtet keineswegs die Vernunft und gibt das Irrationale zu. Er beachtet also alle Erfahrungstatsachen und [...] weiß nur, daß in dieser aufmerksamen Bewußtheit für die Hoffnung kein Platz mehr ist.« Camus spricht jetzt von einer absurden Erfahrung, die die einzig vernünftige Konsequenz aus der Erkenntnis der Unaufhebbarkeit der Absurdität des Daseins zieht und Resignation und Selbstmord als unerlaubte Handlungen verwirft, da durch diese der als berechtigt eingesehene Sinnanspruch und damit auch die Vernunft mitsamt ihrem Glücksanspruch preisgegeben wird.

Sisyphos ist der Prototyp des absurden Menschen. Infolge seiner Verachtung der Götter hat er eine neue Form von Liebe entdeckt, die sowohl seinen Sinnen als auch seiner Vernunft Befriedigung verschafft. Nachdem die Götter, in der Absicht, ihn für seine frevelhafte Liebe zu den Menschen, denen er Unsterblichkeit verschaffen wollte, zu bestrafen, zuerst ihn selbst, dann auch seine Umwelt mit dem Verdikt des schlechterdings nicht Liebenswerten versehen haben, gelingt es ihm, diesen Makel auszulöschen, indem er die Götter durch Verachtung aus seinem Wertbewusstsein ausblendet und seine Umwelt ganz neu wahrzunehmen beginnt. An Stelle der öden

Wildnis, die als tote Kulisse seiner erfolglosen Bemühungen des Steinewälzens vorgesehen war und damit nur seine eigene innere Öde widerspiegelte, entdeckt er plötzlich eine lebendige Welt.

> Im Universum [...] werden die tausend kleinen, höchst verwunderten Stimmen der Erde laut. [...] Dieses Universum, das nun keinen Herrn mehr kennt, kommt ihm weder unfruchtbar noch wertlos vor. Jedes Gran dieses Steins, jeder Splitter dieses durchnächtigten Berges bedeutet allein für ihn eine ganze Welt. Der Kampf gegen Gipfel vermag ein Menschenherz auszufüllen.« (Mythos, 101)

Kein Zweifel, Sisyphos liebt diese Natur, in der er sein Werk vollbringt. Er eignet sie sich an als seine Welt und stattet sie mit einem Wert aus, den sie von sich aus nicht hat, nachdem die Götter sie entwertet hatten. Am Stein arbeitet er sich ab. Er vermag ihn zwar nicht zu besiegen, aber der Stein trägt auch nicht über ihn den Sieg davon. Es ist wahrlich eine groteske Liebesbeziehung, die Sisyphos sich erkämpft hat. War der Stein für ihn ursprünglich ein Hassobjekt, insofern er ihm die Sinnlosigkeit seines zu ewigem Scheitern verurteilten Tuns vor Augen führte, hat dieser unförmige Felsklotz sich nun in einen Partner verwandelt, mit dem er sich in einer gemeinsamen Schinderei vereint, ohne dessen radikale Differenz zu negieren.

> So sehen wir [...], wie ein angespannter Körper sich anstrengt, den gewaltigen Stein fortzubewegen, ihn hinaufzuwälzen und mit ihm wieder und wieder einen Abhang zu erklimmen; wir sehen das verzerrte Gesicht, die Wange, die sich an den Stein schmiegt, sehen, wie eine Schulter sich gegen den erdbedeckten Koloß legt, wie ein Fuß ihn stemmt und der Arm die Bewegung aufnimmt, wir erleben die ganz menschliche Selbstsicherheit zweier erdbeschmutzter Hände. (Mythos, 99)

Camus schildert hier in der Tat eine merkwürdige, höchst intensive Liebesumarmung, eine Vereinigung von Mensch und Stein, aus welcher beide verändert hervorgehen. Die geglückte Liebesbeziehung hat ihnen Wert verliehen. Sisyphos ist autonom geworden, ein Wertschöpfer, der sein Schicksal selbst bestimmt. Und der Stein wird wertvoll durch den Sinn, den Sisyphos mit Hilfe des Steins seinem Tun abringt. Der Kampf *gegen* den Stein ist zu einem Kampf *mit* dem Stein gegen die absurde Befindlichkeit des Menschen geworden, und aus dem moralischen Recht, das Sisyphos sich zuschreibt, dem Recht auf eine Welt, in der alles mit Sinn erfüllt und für das Absurde kein Platz ist, entspringt das Glück des Sisyphos. Camus beschließt seinen Essay mit den Worten: »Wir müssen uns Sisyphos als einen glücklichen Menschen vorstellen.«

Dieses hart errungene und jederzeit gefährdete Glück hat eine ebenso sinnliche wie geistige Qualität und vermag deshalb die durch das Absurde aufgerissene Kluft zwischen dem Glück des Körpers, der in das Geheimnis der Natur eindringt, indem er sich im Genuss verausgabt, und dem Unglück des Geistes, vor dessen Vernunftkonstrukten sich die Natur verschließt, zu überwinden. In der Liebesbeziehung von Mensch und Stein ist der Geist nicht ausgeschlossen, im Gegenteil: Er stiftet mit seinem Sinnanspruch die Anziehungskraft zwischen den ungleichen Partnern, die sich zusammentun, um diesem Sinnanspruch Geltung zu verschaffen. Auch wenn das Faktum des Absurden seinen Widersinn dagegensetzt, vermag Sisyphos es dadurch zu überlisten, dass er das geglückte Verhältnis zwischen Körper und Natur in den Dienst des nach Sinn verlangenden Geistes stellt und damit dessen Protest gegen das faktische Ausbleiben der Erfüllung seiner Ansprüche unterstützt. Auf diese Weise hat der Geist teil am Glück des Körpers, der seinerseits die Projektion einer gelingenden geistigen Beziehung zur Natur in seinen Genuss mit einbezieht und ihr damit eine sinnliche Qualität verschafft.

»Das größte Unglück besteht nicht darin, nicht geliebt zu werden, sondern nicht zu lieben.« Dies notierte Camus im November 1953 in seinem Tagebuch. Liebe als »vom Herzen erleuchtete Intelligenz« ist das Bindeglied zwischen sinnlichem Begehren und geistigem Verlangen. Insofern ist Liebe die Bedingung des Glücks. Dies konnten nicht einmal die Götter verhindern, die Sisyphos in alle Ewigkeit unglücklich sehen wollten. Wer liebt, bringt einen Sinn in die Welt und trägt aktiv zu seinem Glück bei, so dass er es verschmerzen kann, wenn er keine Gegenliebe findet. Dieses Unglück zu vermeiden liegt nicht in seiner Hand, sehr wohl aber die Möglichkeit, durch liebende Zuwendung zu den Menschen und den Dingen der Absurdität des Daseins ein menschliches Antlitz zu zeigen. Für Camus persönlich scheint die Liebe zur Natur die Liebe zu den Menschen häufig überwogen zu haben, denn diese hat ihn immer unglücklicher gemacht, so dass er in seinem letzten Tagebucheintrag die Befürchtung äußert, »unfähig zu sein, jemand zu lieben«. Die Liebe zur Natur zu feiern, wurde er hingegen nicht müde. Vor allem das Meer hat er immer wieder in den Essays beschrieben: »Die Tage auf dem Meer gleichen alle den Tagen des Glücks. [...] Ich vermähle mich dem Meer. [...] Ich hatte immer das Gefühl, auf hohem Meer zu leben, bedroht, im Herzen eines königlichen Glücks.« Eine Schiffsreise durch die Ägäis vermittelt noch einmal einen Eindruck von der großen Faszinationskraft, die das Mittelmeer auf ihn ausübte.

Die Sonne geht unter, während wir uns beinahe im Mittelpunkt eines Inselkreises befinden, dessen Farben sich zu verändern beginnen. Das erloschene Gold, das Zyklam, ein Malvengrün, dann werden die Farben dunkler, und über dem noch leuchtenden Meer werden die Blöcke der Inseln dunkelblau. Nun senkt sich eine eigenartige und umfassende Beschwichtigung auf das Meer. Endlich Glück, ein den Tränen nahestehendes Glück. Denn ich möchte diese unausssprechliche Freude festhalten, an mich drücken, auch wenn ich weiß, daß sie verschwinden muß. (Tagebuch 2, 210)

Nicht der Kopf, das Herz ist Mitte und Maß aller Dinge für Camus, der die ästhetische Lebensform als die einzige dem Menschen angemessene Existenzweise herausgestellt hat, weil sie dem Bedürfnis des Menschen nach einem Glück, das sowohl das sinnliche Begehren nach körperlicher Erfüllung als auch das geistige Verlangen nach einem alles umfassenden Sinn befriedigt, gerecht wird. Seine hinreißenden Naturbeschreibungen, die im Leser alle Sinne aktivieren und Sehnsüchte nach fernen Gestaden wecken, sind das Resultat einer Liebe zur Welt, in welcher der Mensch als Genießender auf höchste Weise tätig ist, ein Mitgestalter des Kosmos, dessen Schönheit er mit geistigen Mitteln, mit den Mitteln der Sprache zur Erscheinung bringt.

Dies wäre Camus' Argument gegen den heute nicht nur von Defätisten und Pessimisten vorgebrachten Einwand, dass es unanständig sei, die Augen vor den katastrophalen Zuständen in der Welt zu verschließen und glücklich sein zu wollen. Die absurde Grundbefindlichkeit des Menschen wird durch die Schreckensmeldungen, denen wir Tag für Tag ausgesetzt sind, immer wieder von neuem bestätigt. Vor allem die Grausamkeiten, die die Menschen einander zufügen, um sich an den Qualen der anderen zu weiden, wecken den Verdacht, dass es keinen Grund gäbe, der das Streben nach Glück rechtfertigen könnte, und deshalb ein radikaler Glücksverzicht angemessen wäre. Die Pragmatiker würden dagegenhalten, dass man essen muss, auch wenn man weiß, dass anderswo Hungersnöte herrschen. Desgleichen würde eine Drosselung des eigenen Glücksstrebens das Leid in der Welt nicht verringern, sondern sogar noch vergrößern, weil man dann selber unter Glücksentzug leidet. Camus war sich der Provokation bewusst, die seine Forderung nach Glück angesichts der Absurdität des Daseins beinhaltete. Seine Rechtfertigung war die, dass menschliche Kreativität dazu da ist, die Lebenswelt schonungslos so abzubilden, wie sie ist, und zugleich eine »Korrektur der Schöpfung« vorzunehmen. Es wird gleichsam eine »Ersatzwelt« geschaffen, in welcher das Schreckliche zwar vorhanden ist, aber ausgeblendet wird, damit das Schöne und das Glück als eine Möglichkeit sichtbar werden, wie ein menschenwürdiges Leben geführt werden kann.

> Der Mensch kann sich erlauben, die völlige Ungerechtigkeit der Welt anzuprangern und eine totale Gerechtigkeit zu fordern, die er allein erschaffen wird, aber er kann der Welt nicht völlige Häßlichkeit zusprechen. Um die Schönheit zu schaffen, muß er das Wirkliche zurückweisen und gleichzeitig einige ihrer Seiten verherrlichen. [...] Der Roman fertigt Schicksal nach Maß an. So macht er der Schöpfung Konkurrenz. [...] Die Elemente der Wirklichkeit ohne jede Auswahl wiedergeben, hieße, wenn dies Unternehmen denkbar wäre, die Schöpfung unfruchtbar wiederholen. Kann man ewig die Ungerechtigkeit zurückweisen, ohne aufzuhören, die Natur des Menschen und die Schönheit der Welt zu grüßen? Unsere Antwort ist: ja. (Revolte, 209–225)

Kritik der ästhetischen Lebensform

Das Charakteristische der ästhetischen Lebensform besteht darin, dass sie ohne einen Gottesbegriff auskommt. Die Welt wird als eine durch und durch menschliche aufgefasst. Der Mensch benötigt keinen Gott, um diese seine Welt, soweit sie ihm zugänglich ist, zu begreifen, zu gestalten, zu genießen. Von Transzendenz kann deshalb nur innerhalb der Immanenz des Horizonts die Rede sein, dessen Grenzen der Mensch gezogen hat, um sich im Universum einzurichten und sich einen eigenen Raum zu schaffen, in welchem das Gesetz seines Willens gilt. Alle Vertreter einer ästhetischen Lebensform –

angefangen von den antiken Hedonisten, über Kierkegaards Ästhetiker bis hin zu Nietzsche und Camus – sind sich darin einig, dass menschliches Streben, sobald es sich über das selbst gesetzte Maß hinaus auf ein Ziel richtet, das nur vom Geist erreicht werden kann, unter Preisgabe des Körpers, sinnlos ist, weil es den Menschen zerreißt, indem es seine materiellen Wurzeln verleugnet. Das vom Geist bestimmte Maß darf nicht für sich gesetzt und verabsolutiert werden, sondern muss immer auf die Tätigkeit der Sinne zurückbezogen bleiben, für die es Maßstabfunktion hat. Die Grenzen des Menschlichen sind beweglich, sie können hinausgeschoben und erweitert werden, doch ihre Bodenhaftung durch die Sinnlichkeit muss jederzeit gewährleistet sein, andernfalls verrennt sich der Mensch in einem abstrakten Ideal, dessen prinzipielle Unerreichbarkeit seinen Selbstverlust zur Folge hat.

Die Kritiker der ästhetischen Lebensform haben geltend gemacht, dass der Geist, sofern er nur der Lustbeschaffung dient, ohne eigene Ziele verfolgen zu können, in einer bloß instrumentellen Funktion nicht auf seine Kosten kommt. So hat John Stuart Mill das Schweineglück ungleich niedriger bewertet als das Glück eines zwar unzufriedenen, dafür aber mit Weisheit gesegneten Sokrates.

> Es ist besser, ein unzufriedener Mensch zu sein als ein zufriedengestelltes Schwein; besser ein unzufriedener Sokrates als ein zufriedener Narr. Und wenn der Narr oder das Schwein anderer Ansicht sind, dann deshalb, weil sie nur die eine Seite der Angelegenheit kennen. (Utilitarismus, 18)

Das Schweineglück steht für einen Genuss, der die Lust um der Lust willen begehrt und sich in der Befriedigung materieller Bedürfnisse erschöpft, während das philosophische Glück sich dem Genuss geistiger Anstrengungen verdankt, unter Verzicht auf das Schweineglück. Niemand unter den ernst zu nehmenden Philosophen, die für eine ästhetische Lebensform plädieren, hat jedoch jemals zur Lebensmaxime erhoben, was die Saufkumpane in Goethes *Faust* grölen: »Uns ist ganz kannibalisch wohl als wie fünfhundert Säuen.« Es hat sich im Gegenteil gezeigt, dass ein Leben in den Kategorien der Sinnlichkeit gerade nicht im puren Luststreben aufgeht, sondern das Prinzip des Genusses an das Prinzip des Maßes koppelt. Dieses Maß entwickelt die Vernunft im Hinblick auf das dem Menschen Zuträgliche, wobei die zwischen Genuss und Maß erzielte Übereinstimmung in einem geglückten Augenblick nicht nur körperliches Wohlbehagen, sondern auch geistiges Vergnügen hervorruft. Trotzdem kann man der Ansicht sein, dass das geistig-vernünftige Vermögen zu wenig ausgelastet ist, wenn man es auf seine Maßstabfunktion reduziert und ihm keine Gelegenheit gibt, sich stärker zu entfalten.

Gewichtiger ist der Einwand, den Kierkegaard in *Entweder/ Oder II* gegen die ästhetische Lebensform aus ethischer Perspektive vorbringt. Dass der Ästhetiker hinsichtlich des Genusses ein Maß befolgt und daher in der Lage ist, sein Begehren nach Lust durch die Vernunft zu kontrollieren, räumt der Ethiker ein. Insofern dieses Maß jedoch nicht um der Vernunft, sondern um der Lust willen gesetzt wird, die unendlich verlängert, verfeinert und gesteigert werden soll, kreist das Leben des Ästhetikers um nichts anderes als den Lustgewinn. Dabei verliert er ein anderes Maß aus den Augen, das ihn zur Solidarität gegenüber den Mitmenschen verpflichtet. Eine Gesellschaft von Ästhetikern, deren Mitglieder sich gegenseitig nur als potenzielle Genussmittel betrachten, ist menschenverachtend, da verantwortungslos und unsozial. So wirft der Ethiker dem Ästhetiker vor: »Du lebst wirklich vom Raub. Du schleichst unbemerkt die Leute an, stiehlst ihnen ihren glücklichen Augenblick und steckst dieses Schattenbild in deine Tasche [...] und holst es hervor, wann du magst.« Leid und Unglück anderer interessieren den Ästhetiker nicht, der zwar seinem Genuss ein Maß setzt, sich jedoch in seinem maßlosen

Egoismus aus dem, was um ihn herum geschieht, nur das herauspickt, was seine Genusssucht befriedigt, sich aber um alles drückt, was mit Unlust und Schmerz verbunden ist. Er scheut persönliche Bindungen und soziales Engagement, weil diese aus seiner Sicht mit einem Lustverzicht einhergehen; er fühlt sich nicht mehr frei, zu tun und zu lassen, was ihm beliebt, und das würde eine Glückseinbuße bedeuten, die auf sich zu nehmen er nicht bereit ist. Am weitesten entfernt ist er jedoch von jenem Glück, das in einem religiösen Glauben als ewige Seligkeit erfahren wird, denn dieses Glück sprengt die Immanenz eines nur auf das Menschliche setzenden Daseins in der alles überschreitenden Beziehung zu einem transzendenten Gott.

Dass der reflektierte Genuss als Prinzip der ästhetischen Lebensform dem Glücksverlangen des Menschen letztlich nicht zu genügen vermag, wird nicht nur aus der Außenperspektive des Ethikers, sondern schon aus der Binnenperspektive des Ästhetikers selber ersichtlich. »Ach«, so klagt der Verfasser der *Diapsalmata* (= aphoristische Ergüsse) in *Entweder/Oder I*, »die Tür zum Glück geht nicht nach innen auf, so daß man, indem man auf sie zustürmt, sie aufdrücken kann; sondern sie geht nach außen auf, und man vermag daher nichts zu tun.« Selbstverständlich kann man etwas tun, nämlich vor der Tür Halt machen und sie in der richtigen Richtung öffnen, anstatt ungestüm mit ihr ins Haus fallen zu wollen. Doch das wiederum befriedigt den Ästhetiker nicht, der keine Geduld hat mit Widerständen, die ihn zwingen, seinem Temperament Einhalt zu gebieten, da er dies als Beschneidung seiner Freiheit empfindet. Insofern ihm jedoch der direkte Zugang zum Glück verwehrt ist und er gleichwohl nicht bereit ist, sich diesem auf andere Weise zu nähern, bleibt das Glück außerhalb seiner Reichweite. Als vom Glück Ausgeschlossener wird er unglücklich, was sich in seiner trüben Stimmung ausdrückt, die er als Schwermut, Kummer, Verzweiflung, Überdruss, Traurigkeit, Angst vor der Sinnlosigkeit charakterisiert. Er resümiert: »Zur Erkenntnis der Wahrheit bin ich vielleicht gelangt, doch wahrlich nicht zur Seligkeit.« Ein Leben für den Genuss macht einsam, weil das Individuum sich in einer Art selbst gewähltem Autismus in sich selbst einschließt und dem anderen Individuum den Zutritt verweigert, weil es die Nähe menschlicher Beziehungen scheut.

Auch Camus hat das Problem gesehen, dass der einsam seine Kreise um sich ziehende Sisyphos über der Konzentration auf sein persönliches Glück das Schicksal der Mitmenschen aus den Augen verlieren könnte. Deshalb hat er ihm Prometheus beigesellt, den Wohltäter der Menschen, dessen Unglück nicht minder schrecklich war als das des Sisyphos: An einen Felsen gekettet, musste er Tag für Tag einen Geier erdulden, der an seiner stets nachwachsenden Leber fraß. Dies war die Strafe dafür, dass Prometheus das Glück der Menschen stets höher bewertete als das der Götter, die er mit verschiedenen Tricks zu Gunsten der Menschen zu täuschen vermochte. Prometheus steht für einen Menschentypus, der das Unglück der unter den absurden Verhältnissen leidenden Menschen dadurch zu verringern trachtet, dass er sie zu einer Solidargemeinschaft verbindet, die in der Revolte, in der gemeinsamen Auflehnung gegen die Absurdität eines sinnentleerten Daseins ein Glück postuliert, das sich jenem Maß verdankt, welches die Menschen in Anerkennung der Grenze, die ihre Freiheit an der Freiheit der anderen hat, sich selbst setzen.

Auf der Mittagshöhe des Denkens lehnt der Revoltierende so die Göttlichkeit ab, um die gemeinsamen Kämpfe und das gemeinsame Schicksal zu teilen. Wir entscheiden uns für Ithaka, die treue Erde, das kühne und nüchterne Denken, die klare Tat, die Großzügigkeit des wissenden Menschen. Im Lichte bleibt die Welt unsere erste und letzte Liebe. Unsere Brüder atmen unter dem gleichen Himmel wie wir. Dann erwacht die sonderbare Freude, die zu leben und zu sterben

hilft und die auf später zu verschieben wir uns fortan wei-
gern. Auf der schmerzensreichen Erde ist sie die bittere
Nahrung, der rauhe Meerwind, das alte und das neue Mor-
genrot. (Revolte, 248)

Obwohl die Bilder dieser Passage an Nietzsche erinnern, enthält Nietzsches »Artistenmetaphysik«, der zufolge »nur als
aesthetisches Phänomen [...] das Dasein und die Welt ewig *gerechtfertigt*« ist, keine Soziallehre. Im Gegenteil, für Nietzsche
ist »>die allgemeine Wohlfahrt< kein Ideal, kein Ziel [...], sondern nur ein Brechmittel«, weil dadurch das bloße Mittelmaß
gefördert werde. Zarathustra schart zwar Jünger um sich, doch
was er sie lehrt, ist die Einsamkeit, in welcher jeder für sich
selbst und auf sich allein gestellt an seinem Glück arbeiten
muss. Der Übermensch, den es als Kunstwerk aus den gesteigerten Möglichkeiten der eigenen Natur zu schaffen gilt, ist ein
individuelles und kein kollektives Gebilde. Die Gesellschaft
mag ruhig auch weiterhin ihr Herdenglück genießen; doch der
zu Höherem sich berufen Fühlende muss abseits von der Masse
den Herdentrieb in sich überwinden, um ganz und gar er selbst
zu werden, indem er seinen Leib als »große Vernunft« ausbil-
det, in welcher Sinnlichkeit und Geist sich in einer beweglichen
Einheit wechselseitig durchdringen.

In den nun folgenden Kapiteln werden Lebensformen geschildert, die hinsichtlich der Glücksproduktion der *praktischen* Vernunft größere Eigenständigkeit zumessen. Und doch
wird sich zeigen, dass es deren Vertretern nicht gelingt, das
Ästhetische zurückzudrängen, denn die Sinnlichkeit ist das
ursprünglichste Medium, mittels dessen Menschen sich die
Welt erschließen. Bis in die geistigsten und sublimsten Hö-
henflüge schleppt die Vernunft empirischen Ballast mit. Am
verräterischsten ist dabei die Sprache. Auch wenn zum Beispiel Augustinus in seinen *Bekenntnissen* noch so sehr die sexuellen Ausschweifungen seiner Jugend beklagt und seinem
Abscheu gegenüber den Begierden des Fleisches das Wort re-

det, fällt es ihm schwer, die einstmals genossene Lust aus seinem Gedächtnis zu verbannen. Die Erinnerung daran ist vielmehr so stark, dass er gar nicht anders kann, als das nach seiner Bekehrung zum Christentum entwickelte Gottesverhältnis in einer sexuell geprägten Sprache zu beschreiben: »Gott, Licht meines Herzens und Brot meiner Seele, du männliche Kraft, die meinen Geist befruchtet und den Schoß meines Denkens [...], du wahre und einzige Lust [...], süßer als alle Wollust, freilich nicht für Fleisch und Blut.« Dieser »Genuß Gottes« trägt Früchte, nämlich »viele Söhne, gezeugt unter Freuden mit dir, Herr, ihrem Gatten«. Augustinus stellt sich demnach die Vereinigung mit Gott in Analogie zum menschlichen Liebesakt vor, und seine Beteuerung, dass es sich um einen über- oder außersinnlichen Vollzug handle, vermag nicht darüber hinwegzutäuschen, dass die ästhetische Beziehung zur Welt die ursprünglichste ist und die Grundlage für alle geistigen Selbstentwürfe abgibt.

Im religiösen Bereich wird dies an den Ritualen, mit denen zum Beispiel eine katholische Messe gefeiert wird, besonders sinnfällig: Weihrauch für die Nase, farbenprächtige Gewänder der Priester für die Augen, majestätische Orgelmusik für die Ohren, Brot und Wein für die Zunge. Den Sinnen wird somit gerade von den Verächtern des Prinzips der Sinnlichkeit etwas geboten, das die Seele stimulieren soll, damit sie sich Gott zuwendet. Einzig der Tastsinn wird bestraft: Das Knien auf harten Bänken dient der Einübung des gefallenen Menschen in Demut und Ehrfurcht.

Wie sehr der Mensch jederzeit das elementarste Glück im Ästhetischen sucht und findet, mag abschließend eine Stelle aus Gustave Flauberts Roman *Die Versuchung des heiligen Antonius* bezeugen, die ein pralles Selbstgefühl schildert:

Oh! Glück! Glück! Ich habe die Geburt des Lebens, die Anfänge der Bewegung gesehen. Das Blut pocht zum Zerspringen in meinen Adern. Ich möchte fliegen, schwimmen, bellen, blöken, brüllen, hätte gern Flügel, einen Rückenschild, eine Rinde, möchte Rauch schnauben, einen Rüssel tragen, meinen Körper winden, mich teilen und in alles eingehen, mich in Gerüchen verströmen, mich entfalten wie die Pflanzen, fließen wie Wasser, schwingen wie Ton, schimmern wie das Licht, jede Form annehmen, in jedes Atom eindringen, mich in den Grund der Materie senken – die Materie sein! (Versuchung, 189)

Auf einen kurzen Nenner gebracht: Das Ich will die gesamte Evolution durchleben – gleichsam in den Prozess der Ausdifferenzierung des Universums hineinkriechen und in sich nachvollziehen, was es heißt, als Materie, als Element, als Pflanze und Tier mit deren unterschiedlichen Wesenseigenschaften ganz und gar sinnlich zu existieren. Das Glück besteht darin, alles zu sein und zugleich das viele Einzelne, aus dem sich das Ganze zusammensetzt, in seiner jeweiligen Besonderheit auszuleben.

Die ökonomische Lebensform:
das kalkulierte Glück

*D*ie ästhetische Lebensform ist in erster Linie eine individuelle, keine kollektive Existenzweise. Da die Menschen jedoch kein Robinson-Dasein führen, das es ihnen erlauben würde, ohne Rücksicht auf andere nach Glück zu streben, muss darüber nachgedacht werden, wie die unterschiedlichen individuellen Glücksbegehrungen so miteinander koordiniert werden können, dass sie verträglich sind und niemand in unzulässiger Weise bevorzugt oder benachteiligt wird. Von daher wird verständlich, wie sich das Ideal des größten Glücks der größten Zahl herausbilden konnte und damit der qualitative Glücksbegriff der ästhetischen Lebensform in einen quantitativen überführt wurde. Die Frage war nur, ob das individuelle Maß kontrollierten Genusses so konzipiert werden konnte, dass es als für alle Menschen verbindlicher Maßstab wirksam würde. Der Utilitarismus hat diesen Versuch einer Ökonomisierung des Glücks unternommen, indem er das mit Glück Gemeinte in die Sprache des Nutzens übersetzte, gemäß der einfachen Regel: Was mir (und den anderen) nützt, macht mich (uns) glücklich; was mir schadet, macht mich unglücklich.

Der Utilitarismus (das Wort ist abgeleitet von lat. *utilis* = nützlich) versteht sich als eine Nutzentheorie. Entstanden ist diese Lehre im 18. Jahrhundert in England, und auch heute ist sie in den angelsächsischen Ländern, soweit sie in der Praxis einem Pragmatismus huldigen, die führende Theorie der Ethik. Von dort hat sie inzwischen auf ökonomische Theorien in der ganzen Welt übergegriffen, da Nutzenerwägungen in Industrie und Wirtschaft eine große Rolle spielen. Dennoch mag es erstaunen, dass sich Glücksvorstellungen umstandslos in einen Nutzenkalkül überführen lassen sollen, erachten wir doch im Alltag das Nützliche nicht unbedingt als etwas, das uns glücklich macht. Um den Zusammenhang zwischen Nutzen und Glück zu verstehen, ist ein Blick auf die Herkunft des Wortes *Nutzen* hilfreich. *Nutzen* leitet sich von gotisch *niutan*, althochdeutsch *niozan*, mittelhochdeutsch *niezen* her. *Nutzen* hat demnach ursprünglich die Bedeutung von *genießen* im Sinn von: in den Genuss des Ertrags einer Sache gelangen.

Augustinus hatte noch zwischen dem sittlich Guten und dem Nützlichen eine scharfe Trennung gezogen, indem er zwischen zwei Tätigkeiten unterschied: *uti* (= gebrauchen) und *frui* (= genießen). Gebrauchsgegenstände sind die von Gott geschaffenen Dinge, während die dem Schöpfergott zugeschriebenen Eigenschaften der Allmacht, des Allwissens, der Güte und so fort Gegenstände des Genusses sind. Infolgedessen wertete Augustinus das Nützliche, insofern es nur gut zu etwas, nicht aber in sich selbst gut ist, massiv ab, wohingegen er den Genuss auf etwas bezog, das um seiner selbst willen begehrenswert und damit ein Zweck an sich selbst ist. Dieser Unterschied zwischen *uti* und *frui* verschwand im 15. Jahrhundert wieder, doch auch heute noch ist uns das Wort *Nutznießer* geläufig, das wir zum Beispiel verwenden, wenn jemand eine Erbschaft gemacht hat. In dem Verb nutznießen werden *uti* und *frui* wieder miteinander verbunden: Man genießt etwas, indem man von ihm Gebrauch macht und dabei seinen Nutzen daraus zieht. So wurde im 15. Jahrhundert der Jahresertrag eines Feldes in Nutzen bemessen; ein fruchtbarer Acker erbrachte drei Nutz. Oder im Landrecht von 1616 heißt es: Wer seines Nachbars Vieh bei sich unterstellt, darf keinen Nutz von ihm nehmen, es also nicht melken und die Milch für sich verwenden. In unserem heutigen Sprachgebrauch ist der

Ausdruck *sich etwas bzw. einen Umstand zu Nutze machen* geläufig, womit gemeint ist, dass man sich einer Sache oder Gelegenheit so bedient, dass einem daraus ein Vorteil erwächst oder ein erstrebtes Ziel erreichbar wird. Einer, der zu nichts nutze ist, wird als Nichtsnutz bezeichnet: Er taugt überhaupt nicht, man kann ihn zu nichts gebrauchen.

Nach dem Verständnis der meisten ist der Nutzen in der Regel kein Ziel, sondern Mittel zur Erreichung eines Ziels. Wenn man etwa sagt, es sei nützlich, für sein Alter etwas auf die hohe Kante zu legen, so geht man von der Annahme aus, dass man auch nach der Pensionierung noch ein angenehmes Leben führen möchte. In der Ethik wird das Nutzenprinzip von den meisten Philosophen dem Prinzip der Moralität untergeordnet: Höchster Zweck ist das moralisch Gute – der gute Charakter oder das vorbildliche Verhalten –, demgegenüber das Nützliche als das Wohl des Einzelnen oder der Gesellschaft als zweitrangig gilt. Diese Rangordnung hat der Utilitarismus auf den Kopf gestellt, indem er den Nutzen nicht nur als höchsten Zweck behauptet, sondern überdies das Nutzenprinzip als Moralprinzip ausgegeben hat. Dabei trat mit der utilitaristischen Lesart des Nutzens neben der Bedeutung des Gebrauchs auch wieder die des Genießens in das Blickfeld, und über diese hedonistische Komponente kommt das Glück ins Spiel. Nutzenmaximierung heißt Glücksvermehrung, wobei unter Glück im weitesten Sinn alles das verstanden wird, was Lust, Freude, Vergnügen bereitet.

Glück als berechenbarer Nutzen

Der englische Philosoph Jeremy Bentham hat in seinem 1780 publizierten Werk *An Introduction to the Principles of Morals and Legislation* (Eine Einführung in die Prinzipien der Moral und der Gesetzgebung) vorgeschlagen, menschliches Handeln nicht an irgendwelchen weltfremden Idealen auszurichten, sondern an Normen und Wertvorstellungen, die die menschliche Natur als wesentlichen Faktor mit einbeziehen. Was wir sollen, hängt davon ab, was wir können, und was wir können, hängt davon ab, wer wir sind.

> Die Natur hat die Menschheit unter die Herrschaft zweier souveräner Gebieter – Leid und Freude (pain and pleasure) – gestellt. Es ist an ihnen allein aufzuzeigen, was wir tun sollen, wie auch zu bestimmen, was wir tun werden. Sowohl der Maßstab für Richtig und Falsch als auch die Kette der Ursachen und Wirkungen sind an ihrem Thron festgemacht. Sie beherrschen uns in allem, was wir tun, was wir sagen, was wir denken: jegliche Anstrengung, die wir auf uns nehmen können, um unser Joch von uns zu schütteln, wird lediglich dazu dienen, es zu beweisen und zu bestätigen. Jemand mag zwar mit Worten vorgeben, ihre Herrschaft zu leugnen, aber in Wirklichkeit wird er ihnen ständig unterworfen bleiben. Das Prinzip der Nützlichkeit erkennt dieses Joch an und übernimmt es für die Grundlegung jenes Systems, dessen Ziel es ist, das Gebäude der Glückseligkeit (felicity) durch Vernunft und Recht zu errichten. (Prinzipien, 35)

Die beiden Herrscher, von denen Bentham spricht, scheinen Tyrannen zu sein, die uns völlig versklaven. Ausgestattet mit einer Allmachtsfunktion, determinieren sie jede menschliche Tätigkeit, indem sie sowohl über den Bereich des Seins als auch den des Sollens gebieten, mithin ursächlich und normativ bestimmend sind. Was immer wir tun, tun wir um der Lust, der Freude willen bzw. um Unlust/Schmerz zu vermeiden. Wir erfahren uns immer schon als dem Diktat von Lust und Unlust Unterworfene, denn die Natur hat die Menschheit insgesamt durch diese anthropologischen Konstanten in unserem Sein festgelegt, so dass wir – ob wir wollen oder nicht – nach Lust streben und Unlust zu vermeiden suchen. Sofern wir etwas erstreben, erstreben wir es um der Lust willen bzw. weil es einen Zuwachs an Glück verspricht.

Wenn dies zutrifft, dann muss jedes ethische System, das die Prinzipien menschlicher Praxis zu ergründen sucht, dem Faktor Lust/Unlust Rechnung tragen. Die natürliche Determiniertheit menschlichen Wollens muss daher zur Basis allen Nachdenkens über das System der Regeln gemacht werden, die menschliches Handeln leiten sollen. Die Regel aller Regeln, von welcher Bentham den Ausgang seiner Überlegungen nimmt, ist das Nutzenprinzip. Dieses Prinzip bezieht er von vornherein auf das mit der menschlichen Natur vorgegebene Glücksstreben. Das Glück ist jenes höchste und letzte Ziel, das *mit Hilfe von Vernunft und Recht* erreicht werden soll. Daraus folgt, dass nicht jedes naturwüchsige Begehren als naturales Streben nach Lust legitim ist. Das natürliche Verlangen hat seinen Maßstab nicht in sich selber, sondern in der Vernunft, die die Willkür menschlichen Wollens nach Maßgabe des Rechts einschränkt. Andernfalls müsste man zum Beispiel auch dem Sadisten ein Recht auf Grausamkeit einräumen, wenn allein die Natur das Maß des Handelns abgäbe. Wäre jede Handlung, durch die einer glaubt, sein Glück zu erlangen, von vornherein durch die Natur des Handelnden gerechtfertigt, ergäbe sich der von Thomas Hobbes beschriebene Kriegszustand, in dem jeder gegen jeden stünde und der Stärkste seine Glücksansprüche auf Kosten der Schwächeren durchsetzen würde.

Die Erfüllung der individuellen Glücksansprüche darf also nicht der Willkür der Einzelnen überlassen bleiben, sondern muss durch Moral und Recht geregelt werden, die ihrerseits dem Nutzenprinzip verpflichtet sind.

> Unter dem Prinzip der Nützlichkeit ist jenes Prinzip zu verstehen, das schlechthin jede Handlung in dem Maß billigt oder mißbilligt, wie ihr die Tendenz innezuwohnen scheint, das Glück der Gruppe, deren Interesse in Frage steht, zu vermehren oder zu vermindern, oder – das gleiche mit anderen Worten gesagt – dieses Glück zu befördern oder zu ver-

hindern. Ich sagte: schlechthin jede Handlung, also nicht nur jede Handlung einer Privatperson, sondern auch jede Maßnahme der Regierung. (Prinzipien, 35 f.)

Eine Handlung ist demnach Bentham zufolge dann gerechtfertigt, wenn sie unter Bezugnahme auf das Nutzenprinzip gutgeheißen werden kann. Und sie wird gutgeheißen, wenn sich an ihr eine bestimmte Ausrichtung, nämlich die Tendenz auf das Glück der von der Handlung Betroffenen, aufweisen lässt. Demnach muss gezeigt werden, dass die Handlung erstens auf das Glück überhaupt abzielt und zweitens das erstrebte Glück in maximaler Größe herbeiführen möchte. Dies gilt sowohl für individuelle als auch für politische Handlungen. Den Begriff des Nutzens definiert Bentham folgendermaßen:

Unter Nützlichkeit ist jene Eigenschaft an einem Objekt zu verstehen, durch die es dazu neigt, Gewinn, Vorteil, Freude, Gutes oder Glück hervorzubringen [...] oder [...] die Gruppe, deren Interesse erwogen wird, vor Unheil, Leid, Bösem oder Unglück zu bewahren; sofern es sich bei dieser Gruppe um die Gemeinschaft im allgemeinen handelt, geht es um das Glück der Gemeinschaft; sofern es sich um ein bestimmtes Individuum handelt, geht es um das Glück dieses Individuums. (Prinzipien, 38)

Was Bentham hier ausführt, beruht auf der Überlegung, dass eine Handlung nur dann am Nutzenprinzip überprüft werden kann, wenn ihr auf der Objektseite etwas entspricht, dem das Prädikat »nützlich« zugesprochen werden kann. Da man nie direkt Freude, Lust oder Glück anstrebt, sondern immer ein bestimmtes Objekt begehrt, von dem man erwartet, dass es lustbringend ist, Freude bereitet oder glücklich macht, müssen alle diese Objekte – Reichtum, Macht, Ruhm, Frauen, Religiosität, Kunst, Musik, Männer, Delikatessen usf. – eine Eigenschaft besitzen, die glücksfördernd (bzw. leidvermindernd) und deshalb nützlich ist. Ob ein Gegenstand diese Eigenschaft besitzt, lässt sich nach Bentham daran abmessen, ob er das Interesse, das jemand an ihm hat, tatsächlich befriedigt oder nicht.

> Man sagt von einer Sache, sie sei dem Interesse förderlich oder zugunsten des Interesses eines Individuums, wenn sie dazu neigt, zur Gesamtsumme seiner Freuden beizutragen: oder, was auf das gleiche hinausläuft, die Gesamtsumme seiner Leiden zu vermindern. [...] Man kann also von einer Handlung sagen, sie entspreche dem Prinzip der Nützlichkeit [...], wenn die ihr innewohnende Tendenz, das Glück der Gemeinschaft zu vermehren, größer ist als irgendwelche andere ihr innewohnende Tendenz, es zu vermindern. (Prinzipien, 36)

Der Nutzen bemisst sich am Glück, das als solches jedoch noch aussteht, denn es soll durch die Handlung ja erst hervorgebracht werden. Die Überlegung vor dem Handeln kann sich daher nur auf die hypothetisch unterstellte Glück erzeugende Tendenz der erstrebten Sache stützen, was ein gewisses Wagnis in sich schließt, denn es gibt keine Garantie dafür, dass man nach vollzogener Handlung wirklich glücklich ist – wie hoch auch immer man den Nutzen der begehrten Sache eingeschätzt haben mag.

Eine weitere Schwierigkeit, die Bentham mittels eines Nutzenkalküls zu lösen versucht, besteht darin, dass sich zwar der Nutzen, nicht aber das Glück *(felicity, happiness)* quantifizieren lässt. Jedenfalls verstehen wir unter Glück normalerweise etwas Qualitatives, auch wenn die Rede vom großen oder kleinen Glück quantitative Unterschiede nahe legt. Aber man ist erfahrungsgemäß eigentlich nicht ein bisschen glücklich, sondern entweder ganz oder gar nicht glücklich. Da Bentham jedoch sein Verständnis von Glück an den Nutzenbegriff koppelt und diesen wiederum auf Gegenstände anwendet, die auf Grund ihrer Eigenschaft, Interessen zu befriedigen, zu Glücksgütern avancieren, ist eine Quantifizierung des Glücks und damit eine Berechnung von Glücksquanten möglich. Dies geschieht in einem Nutzenkalkül, mit dessen Hilfe die maximale Glücksmenge, die durch eine bestimmte Handlung erreicht werden kann, ermittelt wird. Es sind sieben Kriterien, die Bentham vorschlägt, um den Nutzen einer Handlung zu berechnen. Man könnte sich den Kalkül als eine Art Punktesystem vorstellen, das auf einer Skala von 0–7 den Nutzen der (vollzogenen oder geplanten) Handlung anhand ihrer Folgen bemisst. Das *erste* Kriterium, das Bentham anführt, ist das der *Intensität:* Wie schwach oder wie stark ist die Intensität der zu erwartenden Lust? Als *zweites* Kriterium nennt Bentham die *Dauer:* Je länger die Freude anhält, desto höher ist ihr Punktwert, wohingegen das kurze Zeit während Glück geringer zu Buche schlägt. Das *dritte* Kriterium ist das der *Gewissheit oder Ungewissheit,* mit welcher man das Sicheinstellen des Glücks erwarten kann. Als *viertes* Kriterium bezeichnet Bentham die *Nähe oder Ferne* des Glücks: Je eher damit zu rechnen ist, dass das erstrebte Glück eintritt, desto höher ist der zu veranschlagende Punktwert. Das *fünfte* Kriterium ist die *Folgenträchtigkeit:* Je mehr Freuden von der gleichen Art im Gefolge des erwarteten Glücks sich voraussichtlich einstellen werden, desto größer ist die Punktzahl. Als *sechstes* Kriterium zählt Bentham die *Reinheit* der Freude auf: Eine Freude, auf die mit größerer Sicherheit nur wieder Freuden und keine Leiden folgen, ist höher einzuschätzen als eine, bei welcher das nicht der Fall ist. Das *siebente* und letzte Kriterium ist das *Ausmaß* des Glücks, worunter Bentham die Anzahl von Personen versteht, die dieses Glücks teilhaftig werden; je mehr Personen davon profitieren, desto mehr Punkte gibt es.

Benthams Kalkül sieht vor, dass man zur Bestimmung des Nutzens einer Handlung die genannten sieben Kriterien durchgeht, und zwar zum einem im Hinblick auf die zu erwartenden Freuden, zum andern im Hinblick auf die zu erwartenden Leiden. Der Punktwert der Freuden gibt die gute Tendenz, der der Leiden die schlechte Tendenz der fraglichen Handlung an. Weiter verfährt man nach Bentham folgendermaßen:

> Man addiere die Zahlen, die den Grad der guten Tendenz ausdrücken, die die Handlung hat – und zwar in bezug auf jedes Individuum, für das die Tendenz insgesamt gut ist; das gleiche tut man in bezug auf jedes Individuum, für das die Tendenz insgesamt schlecht ist. Man ziehe die Bilanz; befindet sich das Übergewicht auf der Seite der Freude, so ergibt sich daraus für die betroffene Gesamtzahl oder Gemeinschaft von Individuen eine allgemein gute Tendenz der Handlung; befindet es sich auf der Seite des Leids, ergibt sich daraus eine allgemein schlechte Tendenz. (Prinzipien, 51)

Um einen solchen Nutzenkalkül einmal an einem einfachen Beispiel durchzuspielen, bietet sich die folgende Alltagssituation an: Eine Familie braucht ein neues Auto. Die Familie besteht aus Vater, Mutter, zwei Kleinkindern und einem großen Hund. Vater hat schon immer von einem schnellen Wagen geträumt und möchte dringend einen Porsche anschaffen. Legen wir zur Beurteilung dieses Sachverhalts Benthams Kriterien und eine Punkteskala von 0–7 zu Grunde. Was die Intensität des väterlichen Wunsches betrifft, so ist hier der höchste Wert anzusetzen: 7 Punkte. Nehmen wir an, der Porsche hat eine Lebensdauer von fünf Jahren, und geben wir für jedes Jahr einen Punkt. Was die Gewissheit angeht, so hat Vater schon in seiner Junggesellenzeit einen frisierten VW gefahren und viele Autorennen besucht. Daher steht zu erwarten, dass der Porsche ihm viel Freude machen wird: 6 Punkte. Hinsichtlich Nähe oder Ferne ist ein Unsicherheitsfaktor zu konstatieren, da das Familienbudget nur den Kauf eines gebrauchten Mittelklassewagens erlaubt, so dass ein zu diesem Preis erworbener Porsche vielleicht nur Schrottwert hat. Andererseits ist Vater selbst ein guter Automechaniker: also 2 Punkte. Mit der Folgenträchtigkeit ist es auch etwas problematisch, insofern zwar für Vater dieses Auto eine Quelle ständiger Freude sein wird, die so leicht nicht versiegt. Aber ob nicht hohe Folgekosten entstehen, ist ungewiss. Zudem muss er weite Wege zurücklegen bis zur Autobahn, auf der er den Wagen auf vollen Touren laufen lassen kann: 3 Punkte. Bezüglich des Kriteriums der Reinheit sieht es ganz schlecht aus, denn es steht außer Zweifel, dass die Frau ewig jammern, ihm Egoismus und mangelnden Familiensinn vorwerfen wird, demgegenüber die schiere Freude des Vaters stark beeinträchtigt wird: 2 Punkte. Am düstersten ist es um das Kriterium des Ausmaßes bestellt, denn außer Vater wird kein weiteres Familienmitglied etwas von dem Porsche haben – allerdings können die Kinder mit dem Prestigeobjekt angeben: »Wir haben einen Porsche«: 1 Punkt. Insgesamt kommen wir so bei Vater auf einen Nutzen von 26 Pluspunkten.

Nun führen wir den gleichen Kalkül für Mutter durch, wobei in ihrem Fall jedoch nicht die Freuden, sondern die Leiden addiert werden. Intensität: Mutter liebt keine schnellen Wagen, zumal sie in einem Porsche kaum ihre Kinder, geschweige denn den Hund und die Einkäufe unterbringen kann. Andererseits ist sie durchaus in der Lage, die Freude ihres Mannes zu verstehen und ihm einen Porsche zu gönnen. Daher veranschlagen wir für sie hinsichtlich Leiden/Unlust nicht das Punktmaximum, sondern 6 Punkte. Dauer: Die Dauer ihres Leidens wird genauso lange währen wie die Freude ihres Mannes, also 5 Punkte. Die Gewissheit, dass der Porsche ihr keine Freude machen wird, ist eindeutig. Sie kann ein solches Auto nicht nur für ihre Zwecke nicht brauchen, sondern sieht auch voraus, dass sie es kaum für sich selbst zur Verfügung haben wird. Außerdem wird der Mann öfter von zu Hause weg sein, um seinen Geschwindigkeitsrausch ausleben zu können: 7 Punkte. Bezüglich Nähe/Ferne ihrer Leiden gilt derselbe Wert wie bei ihrem Mann: 2 Punkte. Folgenträchtigkeit: Die Wahrscheinlichkeit, dass aus den Leiden, die ihr durch die Anschaffung des Porsche erwachsen, weitere Leiden hervorgehen, ist groß. Das Auto verbraucht zu viel Sprit; der Mann wird sich in seiner Freizeit mehr mit dem Auto als mit den Kindern beschäftigen; der Hund kann überhaupt nicht mehr mitgenommen werden, er bleibt zu Hause und heult ununterbrochen, die Nachbarn beschweren sich über den Lärm ...: 6 Punkte. Reinheit: Hier gilt das Gleiche wie bezüglich der Folgenträchtigkeit. Es ist nicht zu erwarten, dass aus dem Kauf des Porsche irgendeine Freude für die Familie resultiert, ihr Oberhaupt ausgenommen: 6 Punkte. Ausmaß: Was die Folgen der negativ Betroffenen anbelangt, so haben Mutter, Kinder und Hund nur Nachteile zu erwarten, auch wenn sie von Vaters guter Laune profitieren: 6 Punkte.

Die Summe der Minuspunkte ergibt bei Mutter die Zahl 38, der Vaters 26 Pluspunkte gegenüberstehen. Führt man den Kalkül noch für die Kinder und den Hund durch, so ist rechnerisch klar erweisbar, dass in dem geschilderten Fall der Kauf eines Porsche eine Handlung ist, deren Tendenz insgesamt negativ ist. Der Vater muss deshalb auf die Ausführung dieser Handlung aus Nutzenerwägungen verzichten, denn die Bilanz, die sich allein aus dem Nutzen für ihn und dem seiner Frau errechnet, ergibt einen Gesamtnutzen von minus 12, was bedeutet, dass dem väterlichen Glück ein ungleich höheres Unglück der Familie gegenübersteht.

Dieses unkomplizierte Beispiel führt vor Augen, wie Benthams Nutzenkalkül zur Anwendung gelangt. Tatsächlich überlegen wir in unseren alltäglichen Belangen anhand bestimmter Kriterien, wie wir uns entscheiden sollen, indem wir die Vor- und Nachteile vorgestellter Handlungen gegeneinander abwägen – allerdings wohl weniger nach einem exakten Punktesystem als gemäß einer Faustregel, mit der wir die Vorzüge und Mängel einer Handlung über den Daumen peilen. Doch auch die bei empirischen Erhebungen eingesetzten Fragebögen sind nach einem ähnlichen Muster konzipiert. Sie dienen zum

Beispiel der Ermittlung von durchschnittlichen Konsum- und Verhaltensweisen, deren Auswertung in einen Nutzenkalkül Eingang findet: etwa in der Werbung oder in der Planung von Wohnsiedlungen. Die entscheidende Bedingung für den gelungenen Nutzenkalkül ist jedoch weniger die mathematisch exakt errechnete Nutzensumme als die Redlichkeit, mit welcher einerseits die Interessen aller Betroffenen in den Kalkül einbezogen und andererseits aus dem Ergebnis die entsprechenden Konsequenzen gezogen werden, damit das größtmögliche Glück für die größtmögliche Anzahl von Menschen gewährleistet ist. Genau diese Bedingungen werden heute oft nicht erfüllt. Wenn zwei Großkonzerne fusionieren, so wird der dadurch erzielte größere Profit ungleich höher für den Gesamtnutzen veranschlagt als das Unglück derer, die durch Rationalisierungsmaßnahmen ihre Arbeit verlieren und dadurch den Staat mit steigenden Sozialkosten belasten. Es wird somit nur der Nutzen der einen Partei gemessen, ohne dass dieser mit dem Minusposten der benachteiligten Partei bilanziert würde.

Das Kriterium des Ausmaßes wird ebenfalls häufig verletzt, wenn nur die Interessen der heute lebenden Personen, nicht aber die der späteren Generationen berücksichtigt werden, deren Lebensqualität durch die enormen Schuldenberge der auf großem Fuß lebenden und die Ressourcen der Erde verprassenden westlichen Länder erheblich beeinträchtigt wird. Im Zusammenhang mit unseren ökologischen Problemen wäre auch zu fragen, ob nicht Benthams Nutzenkalkül über die Ermittlung des Nutzens, die die Dinge für uns haben, hinausgehen müsste auf die Feststellung des Wertes, der den Dingen an sich innewohnt. Wie kann man etwa in so genannten Technikfolgenabschätzungsverfahren über die Beurteilung von Vorteilen und Gefahren für die Menschen hinaus den Nutzen des Waldes, des Meeres, der Natur insgesamt eruieren, nachdem wir diese bisher immer nur als für uns nützliche Objekte ausgebeutet und ihnen unermesslichen Schaden zugefügt haben? Zwar kann man hinsichtlich des Waldes und des Meeres nicht ohne weiteres mit dem Wort *Glück* operieren, um einen erweiterten Nutzenkalkül durchzuführen, der aus der Optik der Natur die Vor- und Nachteile auflistet, die ihr durch die Handlungen der Menschen entstanden sind. Dennoch müssen wir heute so vorgehen, als ob die Natur ein Lebewesen mit Glücksansprüchen wäre, die wir in unserer Praxis mit einzubeziehen haben, auch wenn wir dies vorrangig um unseres eigenen Nutzens oder um des Nutzens der nach uns kommenden Generationen willen tun und weniger um der Natur selber willen.

Obwohl die Natur nicht in einem direkten Dialog über ihre Wünsche Auskunft zu geben vermag, sprechen doch abgestorbene Bäume, ölverpestete Vögel, verschmutzte Luft, vergiftete Fische für sich und den Schaden, den wir der Natur, aber indirekt auch uns selbst zugefügt haben. Daraus folgt, dass wir in den Nutzenkalkül auch die Interessen derer einbeziehen müssen, die von sich aus ihre Glücksansprüche und -erwartungen nicht mitteilen können: Tiere, Pflanzen, Elemente, mithin alles, was die Lebenswelt mit uns teilt.

Nun könnte man dagegen natürlich einwenden, dass es zum Beispiel dem Meer egal ist, ob es verschmutzt ist oder nicht; das Gleiche ließe sich in Bezug auf die Luft sagen. Bei den Bäumen ist es schon schwieriger, weil wir dort eher unterstellen, dass eine Fichte lieber gesunde Nadeln hat als abgestorbene Äste, auch wenn sie dies nicht sprachlich äußern kann. Spätestens bei den Fischen, Vögeln und den übrigen Tieren, die durch Auswirkungen der menschlichen Praxis massenhaft vernichtet und in der Vielfalt ihrer Arten erheblich dezimiert werden, scheint dieser Einwand, der die anthropozentrische Sicht verabsolutiert, zynisch. Man müsste also Benthams Kriterium des Ausmaßes durch eine Erhöhung der Anzahl der Glücksanspruchsberechtigten erweitern, indem alle – mindestens jedoch alle Organismen – gleichsam als Stakeholder der Natur anerkannt werden, sofern sie deren Nutznießer sind. Andernfalls würde sich das Nutzenprinzip in einer zerstörten Umwelt selber aufheben, weil es am Ende auch für den Menschen nichts mehr gäbe, was er in Befolgung des Nutzenmaximierungsprinzips als sein Glück erstreben könnte.

Glück als qualifizierter Nutzen

Die in der Nachfolge Benthams stehenden Utilitaristen haben dessen Ansatz in zwei Hinsichten modifiziert. Zum einen wurde betont, dass es Qualitätsunterschiede zwischen den Arten von Lust und Freude gibt, die im Glücksstreben begehrt werden. Zum anderen wurde das Nutzenprinzip allein als nicht ausreichend erachtet, um den Glücksanspruchsberechtigten ihren Anteil am Glück zuzusichern, und man gesellte dem Nutzenprinzip ein Gerechtigkeitsprinzip bei, das eine gerechte Verteilung des Gesamtnutzens sicherstellen sollte.

Bentham hatte keinen wertenden Unterschied zwischen sinnlichen und geistigen Freuden gemacht. Für ihn zählten im Nutzenkalkül die einen ebenso viel wie die anderen. Er führt ein breites Glücksspektrum an, wobei er die folgenden Freuden besonders hervorhebt: 1. die Sinnesfreuden, 2. die Freuden des Reichtums, 3. die Freuden der Kunstfertigkeit oder Geschicklichkeit, 4. die Freuden der Freundschaft, 5. die Freuden eines guten Rufs, 6. die Freuden der Macht, 7. die Freuden der Frömmigkeit, 8. die Freuden des Wohlwollens, 9. die Freuden des Übelwollens (!), 10. die Freuden der Erinnerung, 11. die Freuden der Fantasie, 12. die Freuden der Erwartung, 13. die gesellschaftlichen Freuden, 14. die Freuden der Entspannung.

Dieses bunte Potpourri enthält zweifellos die gängigen Vorstellungen von Genüssen, aus denen man einen beträchtlichen

Lustgewinn ziehen kann. Allerdings kann die daraus zu errechnende Nutzensumme unter subjektivem und objektivem Gesichtspunkt höchst verschieden ausfallen. Wer zum Beispiel reich, aber geizig ist, hat einen hohen Punktwert an objektivem Nutzen zu verzeichnen, der subjektiv kaum zu Buche schlägt, weil der Betreffende ständig in Sorge ist, seine Aktien könnten fallen, eine Inflation würde alles zunichte machen, die Mitmenschen könnten ihn durch ihre Forderungen bettelarm machen und so fort. Anstatt seinen Reichtum zu genießen, leidet er im Gegenteil darunter (›Dagobert-Duck-Syndrom‹). Was objektiv oder nach Meinung vieler als ein Nutzen gilt, kann für Einzelne durchaus ein Leiden oder einen Schaden bedeuten. Welcher Nutzen aber ist der relevantere? Bei politischen Maßnahmen ist es häufig der rechnerisch ermittelte Durchschnittsnutzen, der als objektiver Wert zu Grunde gelegt wird. Dieser kann jedoch im Hinblick auf die Glücksansprüche der Individuen ungerecht sein, weil er als Mittelwert aus einem positiven und einem negativen Punktwert gewonnen ist, so dass unter Umständen für ein Land ein angemessenes Durchschnittseinkommen pro Kopf der Bevölkerung herauskommt, wobei dieses Ergebnis jedoch verschleiert, dass es die Mitte zwischen wenigen extrem hohen und vielen äußerst geringen Einkommen darstellt.

Diese Probleme hat Bentham nicht gesehen, und wenn man noch die von ihm unbefangen an 9. Stelle aufgeführten Freuden des Übelwollens betrachtet, wird die Frage nach dem Gewicht subjektiver und objektiver Freuden noch dringender. Zwar steht außer Frage, dass Schadenfreude intensiv genossen werden kann, und es ist auch bekannt, dass es Menschen gibt, die sich am Leid und Unglück anderer weiden, aber kann man selbst dem perversesten Genuss, für den Bentham ohne weiteres zugibt, dass er der Böswilligkeit entspringt, einen positiven Punktwert zusprechen, der vielleicht sogar höher ist als der Schaden, den er anrichtet?

John Stuart Mill hielt wie Bentham an der »heimlichen Wirksamkeit« des Nutzenprinzips fest, das er ebenfalls als »Prinzip des größten Glücks« definierte.

> Die Auffassung, für die die Nützlichkeit oder das Prinzip des größten Glücks die Grundlage der Moral ist, besagt, daß Handlungen in dem Maße moralisch richtig sind, als sie die Tendenz haben, Glück zu befördern, und insoweit moralisch falsch, als sie die Tendenz haben, das Gegenteil von Glück zu bewirken. Unter Glück (happiness) ist dabei Lust (pleasure) und das Freisein von Unlust (pain), unter Unglück Unlust und das Fehlen von Lust verstanden. (Utilitarismus, 13)

Wenn die Lust das eigentliche Ziel menschlichen Begehrens ist, dann lassen sich nach Mill alle Güter in solche unterteilen, die an sich selbst lustvoll sind, und in solche, die Mittel zur Lustmaximierung oder zur Unlustminimierung sind. Dem von Thomas Carlyle erhobenen Vorwurf, dass der Utilitarismus eine reine *pig-philosophy* sei, insofern sich der nach Lust strebende Mensch in nichts von den nach Befriedigung ihrer säuischen Bedürfnisse strebenden Schweinen unterscheide, begegnet Mill mit zwei Argumenten. Zum einen will er den Ausdruck *Lust* allein dem menschlichen Genuss vorbehalten wissen, da Tiere sich zu ihrem Begehren nicht verhalten könnten und insofern nur darauf aus seien, zufrieden gestellt zu werden, wohingegen der Mensch sein Streben nach Erfüllung seiner Bedürfnisse analysieren und die Lust um der Lust willen begehren könne. Daraus ergibt sich zum anderen, dass der Mensch im Stande ist, zwischen verschiedenen Arten von Lust zu unterscheiden und diese zu evaluieren. Damit räumt Mill ein, dass »die Lust des Tieres der menschlichen Vorstellung von Glück nicht gerecht wird«. Selbst wenn der Mensch tierischen Gelüsten den Vorzug gibt, tut er dies im Bewusstsein dessen, dass er dieses Glück nicht auf Grund seiner Natur unausweichlich verfolgt, sondern frei wählt.

Im Unterschied zu Bentham erkennt Mill den geistigen Freuden einen höheren Rang zu als den bloß sinnlichen Freuden, weil jene nicht wie diese flüchtig und vorübergehend, sondern dauerhaft und verlässlich seien. Er hierarchisiert die Freuden, indem er zuunterst die sinnlichen Freuden ansiedelt, auf der nächsthöheren Stufe dann die feineren Genüsse, die etwa ein Konzertbesuch oder die Lektüre eines ›guten‹ Buches bereiten. Darüber wiederum könnte man die Freuden der Fantasie und schöpferischer Akte sowie die Freuden rationaler Überlegungen und wissenschaftlicher Forschung ansiedeln und zuoberst schließlich die Freuden moralischer und religiöser Betätigungen. Die Frage, nach welchem Kriterium sich entscheiden lasse, welche von zwei Freuden die höherrangige sei, oder noch allgemeiner: nach welchem Prinzip man überhaupt eine Hierarchie von Freuden aufstellen könne, beantwortet Mill dahin gehend, dass er kein objektives, sehr wohl aber ein intersubjektives Kriterium anbietet:

> [...] von zwei Freuden ist diejenige wünschenswerter, die von allen oder von nahezu allen, die *beide* erfahren haben [...], entschieden bevorzugt wird. Wird die eine von zwei Freuden von denen, die beide kennen und beurteilen können, so weit über die andere gestellt, daß sie sie auch dann noch vorziehen, wenn sie wissen, daß sie größere *Unzufriedenheit* verursacht, und sie gegen noch so viele andere Freuden, die sie erfahren könnten, nicht eintauschen möchten, sind wir berechtigt, jener Freude eine höhere Qualität zuzuschreiben, die die Quantität so weit übertrifft, daß diese im Vergleich nur gering ins Gewicht fällt. (Utilitarismus, 15 f.)

Mill macht demnach den verfeinerten Common Sense zum Kriterium für die Ranghöhe der Lust: Was die Experten, die sich in beiden Domänen der Lust auskennen, über deren jeweilige Qualität sagen, gilt entsprechend als allgemein verbindlich, selbst wenn die Mehrheit der Leute anderer Ansicht ist. Der Lustgewinn auf Seiten des Geistes ist danach ungleich höher einzuschätzen als jener, der sich durch Zufriedenstellung sinnlicher Bedürfnisse einstellt, was jedoch nicht bedeutet, dass geistiger Genuss nur durch Verzicht auf Befriedigung der Sinne zu Stande kommt. Wer an einem Konzert Freude hat, empfindet Musik auch und sehr wesentlich als einen sinnlichen Genuss. Wem Menschenwürde viel bedeutet, empfindet körperliche Genugtuung, wenn einer Person, der Unrecht geschehen ist, Gerechtigkeit widerfährt. Andererseits nehmen wir durchaus körperliche Beeinträchtigungen in Kauf, um in den Genuss eines als höher eingeschätzten Glücks zu gelangen, so zum Beispiel beim Verzicht auf Alkohol- und Tabakkonsum während einer Schwangerschaft (um eines gesunden Kindes willen) oder bei der Erduldung von Misshandlungen und Folterqualen (um der Rettung anderer oder der Ehre willen). Es ist somit das Askeseprinzip, das von Mill aufgewertet wird, ohne dass es dem Nutzenprinzip widerspricht. Man kann auf ein bestimmtes Glück verzichten: um eines für höherrangig gehaltenen Glücks willen. Nur überhaupt auf Glück verzichten können wir nicht, ohne uns selbst aufzugeben.

Mill ist der Ansicht, dass letztlich niemand, der die Wahl hat zwischen sinnlichen und geistigen Genüssen und beide genau kennt, den Ersteren den Vorzug geben würde. Vielleicht unterschätzt er hier jedoch die Macht der Sinnlichkeit, denn wie es das Sprichwort sagt: »Der Geist ist willig, aber das Fleisch ist schwach«, und diese Erfahrung hat gewiss auch jeder Kenner der verschiedenen Lustarten schon einmal gemacht. Allerdings stellt dies seine Kompetenz als Glücksexperte nicht in Frage, weil er die fleischlichen Genüsse im Bewusstsein dessen, dass sie qualitativ minderwertig sind, vorgezogen hat, und nicht deshalb, weil er sie für die besseren hält.

Im Anschluss an Bentham und Mill als den beiden klassischen Utilitaristen wurde weiter darüber nachgedacht, wie sich der Nutzen von Handlungen über die Evaluierung ihrer Folgen ermitteln lässt. Man war sich weit gehend darüber einig, dass Qualität grundsätzlich vor Quantität geht, weil das Kriterium der Lust*menge* zu absurden Konstellationen führen kann, wie George Edward Moore feststellt:

> Wenn die einzige Folge einer Handlung im Genuß eines gewissen Maßes der bestialischsten und idiotischsten Lust und die einzige Folge einer anderen Handlung im Genuß einer wesentlich kultivierteren Lust bestünde, müßten sie [die Vertreter eines quantitativen Nutzenprinzips] behaupten, daß es unter der Voraussetzung, daß die in beiden Fällen genossene reine Menge an Lust die gleiche ist, keinerlei Grund geben würde, die letztere der ersteren vorzuziehen. Und wenn die bestialische Lust auch nur ein Quentchen lustvoller wäre als die andere Lust, dann müßten sie sagen, daß es unsere eindeutige Pflicht wäre, die Handlung auszuführen, die sie bewirkt, und nicht die andere Handlung. (Grundprobleme, 41)

Noch schwieriger wird es, wenn bei der Kosten-Nutzen-Rechnung, die der Utilitarismus seinen Glücksbilanzen zu Grunde legt, quantitative und qualitative Gesichtspunkte ineinander übergehen. Hierfür hat Bernard Williams ein drastisches Beispiel gewählt: Ständige räuberische Überfälle von Indianern auf die südamerikanischen Nachbarn sollen dadurch unterbunden werden, dass an 20 willkürlich herausgegriffenen Indianern ein Exempel statuiert wird. Der Nordamerikaner Jim, der sich zufällig gerade in der Gegend aufhält, bekommt ein Gewehr in die Hand gedrückt mit der Anweisung: Er könne einen der 20 Indianer erschießen; in dem Fall würden die übrigen 19 freigelassen. Mache er von seinem Schussrecht keinen Gebrauch, würden alle 20 erschossen. Wie soll Jim sich entscheiden? Als Utilitarist hat er keine Probleme: Er wird einen Indianer erschießen, um die anderen zu retten. Doch würde nicht auch ein Nichtutilitarist zu dem gleichen Entschluss kommen? Der Unterschied liegt für Williams darin, dass für den Utilitaristen die Handlung auf Grund eines Nutzenkalküls moralisch gerechtfertigt ist: 1 toter Indianer, verrechnet mit 20 toten Indianern, ergibt eine eindeutige

Schadensbilanz. Das Unglück des einen, der dran glauben muss, wird durch das Glück der übrigen 19 mehr als aufgewogen. Aus der Sicht des Nichtutilitaristen hingegen bleibt die Handlung eine unmoralische Tat. Auch wenn Jim 19 Indianern das Leben gerettet hat, hat er doch einen getötet und sich dadurch, freilich in einer Zwangslage, schuldig gemacht. Es kann, und darauf kommt es Williams an, Situationen geben, in welchen keine Handlungsalternative angemessen ist und die utilitaristische Verrechnungstaktik zu einem unmenschlichen Kalkül wird. Wenn der getötete, um sein Lebensglück gebrachte Indianer als bloße Zahl veranschlagt wird, beraubt man ihn seiner Menschenwürde und sich selbst der Humanität.

Dieses Prinzip der Nichtverrechenbarkeit von Menschenwürde greift selbst in Fällen, in welchen das Glück einer Einzelperson auf dem Spiel steht, die großes Unglück über Millionen von Menschen gebracht hat. John Smart konstruiert das absurde Beispiel, dass jemand einem Ertrinkenden zu Hilfe eilt, den er beim Herannahen als Adolf Hitler identifiziert. Als Utilitarist müsste er sofort kehrtmachen und den Mann ertrinken lassen, um die Menschheit vor weiterem Unglück zu bewahren. Da er jedoch der Faustregel vertraut, dass es im Allgemeinen besser ist, Menschenleben zu retten als zu vernichten, bringt er Adolf Hitler sicher ans Ufer, denn – so fügt Smart hinzu –: »Das nächste Mal ist es vielleicht Winston Churchill, den der Mann rettet!« Der Retter macht demnach den Nutzen seiner Handlung nicht am Einzelfall fest, sondern an einer Regel, die im Allgemeinen gute und damit glücksmaximierende Folgen hat, auch wenn es Fälle gibt, in denen dies nicht zutrifft. Er ist kein Handlungsutilitarist, der den Lustgewinn für jede Situation gesondert abwägen will, sondern ein Regelutilitarist, der sich auf die Erfahrung verlässt, in welcher sich bestimmte Regeln bei den meisten Fällen als lusterzeugend erwiesen haben.

John Leslie Mackie dagegen hält es in seiner *Ethik* insgesamt für inakzeptabel, »das Glück einiger Menschen auf Kosten des unverdienten und nicht aufzuwiegenden Unglücks anderer«, sei es handlungs-, sei es regelutilitaristisch, zu verwirklichen. Er findet es überhaupt unsinnig, das Glück in Lustquanten zu bemessen, und versucht sein Argument gegen Nutzenkalküle durch das Beispiel der Lustmaschine zu stützen. Angenommen, man könnte durch ein einfaches Gerät das Lustzentrum im Gehirn direkt stimulieren, so dass es nicht mehr nötig wäre, bestimmten Vergnügungen nachzugehen, um glücklich zu sein. Wir könnten uns jederzeit an die Maschine anschließen und uns so viel Lust verschaffen, wie wir nur wollten. Ein Utilitarist müsste mit Nachdruck fordern, dass dieser Apparat allen Menschen frei zur Verfügung gestellt werden sollte, weil mit dessen Hilfe ein auf keine andere Weise erzielbares Maximum an Lust für jedermann zu jeder Zeit abrufbar wäre. Mackie bezweifelt, dass selbst ein eingefleischter Utilitarist dem zustimmen würde.

Kritik der ökonomischen Lebensform

Es steht außer Zweifel, dass Kosten-Nutzen-Analysen in vielen Handlungsbereichen eine erhebliche Rolle spielen. Unsere von Ressourcenknappheit geprägte Lebenswelt muss haushälterisch und nachhaltig mit Rohstoffen umgehen, die nicht nachwachsen. Auch im privaten Umfeld muss ständig gerechnet werden, damit das Budget nicht überschritten und die vorhandenen Mittel optimal eingesetzt werden. Was dort sinnvoll, ja unerlässlich ist, um ein von finanziellen Sorgen weit gehend befreites Leben führen zu können, erweist sich als sehr restriktiv, wenn man das ökonomische Prinzip einer ganzen Lebensform unterlegt. Eine nur auf Nutzenkalkülen gegründete Existenz mag zwar hinsichtlich materieller Verbesserungen der Lebensbedingungen überaus erfolgreich sein, aber die Beschränkung des für erstrebenswert Gehaltenen auf zähl- und berechenbare Größen bringt eine Verarmung des Menschlichen mit sich.

Nietzsche hat dies in einer Karikatur des »letzten Menschen«, der sich utilitaristisch in der ökonomischen Lebensform eingerichtet hat, veranschaulicht. Zarathustra schildert den Typus des letzten Menschen als verächtliches Gegenstück zum Typus des Übermenschen:

> Wehe! Es kommt die Zeit des verächtlichsten Menschen, der sich selber nicht mehr verachten kann. [...] »Was ist Liebe? Was ist Schöpfung? Was ist Sehnsucht? Was ist Stern?« – so fragt der letzte Mensch und blinzelt. / Die Erde ist dann klein geworden, und auf ihr hüpft der letzte Mensch, der Alles klein macht. Sein Geschlecht ist unaustilgbar, wie der Erdfloh; der letzte Mensch lebt am längsten. / »Wir haben das Glück erfunden« – sagen die letzten Menschen und blinzeln. / Sie haben die Gegenden verlassen, wo es hart war zu leben: denn man braucht Wärme. Man liebt noch den Nachbar und reibt sich an ihm: denn man braucht Wärme. / Krankwerden und Misstrauen-haben gilt ihnen sündhaft: man geht achtsam einher. Ein Thor, der noch über Steine oder Menschen stolpert! / Ein wenig Gift ab und zu: das macht angenehme Träume. Und viel Gift zuletzt, zu einem angenehmen Sterben. / Man arbeitet noch, denn Arbeit ist eine Unterhaltung. Aber man sorgt, dass die Unterhaltung nicht angreife. / Man wird nicht mehr arm und reich: Beides ist zu beschwerlich. Wer will noch regieren? Wer noch gehorchen? Beides ist zu beschwerlich. / Kein Hirt und Eine Heerde! Jeder will das Gleiche, Jeder ist gleich: wer anders fühlt, geht freiwillig in's Irrenhaus. »Ehemals war alle Welt irre« – sagen die Feinsten und blinzeln. / »Man ist klug und weiss Alles, was geschehn ist: so hat man kein Ende zu spotten. Man zankt sich noch, aber man versöhnt sich bald – sonst verdirbt es den Magen. / Man hat sein Lüstchen für den Tag und sein Lüstchen für die Nacht: aber man ehrt die

Gesundheit. / »Wir haben das Glück erfunden« – sagen die letzten Menschen und blinzeln. (KSA 4, 19 f.)

Der letzte Mensch leidet unter der Blinzelkrankheit, der Myopie, wie die Kurzsichtigkeit medizinisch heißt. Er sieht nur noch seine unmittelbare Umgebung scharf, weiter Entferntes wie die Sterne nimmt er bloß verschwommen, wenn überhaupt wahr. Die Welt ist ihm auf das Mittelmaß zusammengeschrumpft, in dem er sich behaglich unter seinesgleichen eingerichtet hat – im Mief sich gegenseitig wärmender Herdentiere, denen es zu anstrengend ist, sich geistig aneinander zu reiben, geschweige denn sich leidenschaftlich aufeinander einzulassen oder sich an hohen Idealen zu messen und künstlerisch hochrangige Werke hervorzubringen. Diese abgeschlafften, alle Höhen und Tiefen, alle überschießenden Geistesflüge und Emotionen meidenden Menschen, die nicht einmal mehr eine rechte Lust zu erzeugen vermögen, sondern gerade noch ein Genüsschen zu Stande bringen – je ein abgezähltes Lüstchen für den Tag und die Nacht –, haben das Glück erfunden: Ihnen ist es gelungen, den utilitaristischen Traum vom größten Glück der größten Zahl zu verwirklichen, indem sie den Durchschnittsnutzen als Messlatte an alles Denken, Fühlen, Wollen und Handeln anlegen. Das Resultat ist aus Zarathustras Sicht »Armuth und Schmutz und ein erbärmliches Behagen«. Weit von jener ästhetischen Lebenform entfernt, die ihr unermessliches Glück aus der Ganzheit einer Leib gewordenen großen Vernunft bezieht, ist die Lebensform des letzten Menschen geistlos (Armut), völlig dem Materiellen verhaftet (Schmutz) und geht in der Zufriedenheit mit dem bestehenden Zustand auf (erbärmliches Behagen).

Zarathustra, der seinen Zuhörern auf dem Markt den letzten Menschen als abschreckende Vision vor Augen halten wollte, muss entsetzt zur Kenntnis nehmen, dass sie hingerissen sind von seiner Schilderung und nichts anderes mehr hören wollen: »An dieser Stelle unterbrach ihn das Geschrei und die Lust der Menge. ›Gieb uns diesen letzten Menschen, oh Zarathustra, – so riefen sie – mache uns zu diesen letzten Menschen! So schenken wir dir den Übermenschen!‹ Und alles Volk jubelte und schnalzte mit der Zunge.« Die Leute finden an diesem Typus des letzten Menschen nicht nur überhaupt nichts auszusetzen, sondern Zarathustras Beschreibung stößt ganz im Gegenteil auf höchste Begeisterung; sie entspricht einem Lebensideal, dessen bloße Vorstellung bei ihnen Lustgefühle hervorruft – fast wie das Ertönen der Klingel dem Pawlowschen Hund die Lefzen triefen lässt, weil er sofort den gefüllten Futternapf assoziiert.

Der letzte Mensch will seine Ruhe haben. Er verzichtet auf einen über das schiere Minimum hinausgehenden Einsatz seiner geistigen und körperlichen Kräfte. Seine Genussfähigkeit ist so weit reduziert, dass er in einem lauen Begehren seine Bedürfnisse befriedigt und zufrieden feststellt, dass er keine Feinde, keine Obrigkeiten, keinerlei Zwang mehr fürchten muss, weil der Mangel an persönlichem Ehrgeiz, Machtstreben und Eigentum jegliche Rivalität ausgeschaltet hat und bestenfalls noch Scheingefechte erlaubt, die der allgemeinen Unterhaltung dienen.

Nietzsche zeichnet im Typus des letzten Menschen freilich eine Karikatur der utilitaristischen als einer sozialistischen Lebensform, in welcher das Gleichheitsprinzip so umgesetzt ist, dass alle das exakt gleiche Glücksquantum zugemessen bekommen. Das Ideal einer friedlich vor sich hin dösenden Herde, die ungestört die von ihren Exemplaren erzeugte Nähe und Wärme genießt, steht für eine degenerierte Gemeinschaft, in welcher alles nivelliert, verflacht, entdynamisiert, gleich-gültig ist, um das Glück aller zu gewährleisten. Nietzsche sieht das Ziel der Menschheit weder im »höchsten Glück« einiger noch in der »Durchschnitts-Glückseligkeit« aller. Weder Lust noch Ehre sind für ihn als solche erstrebenswert: »Vergnügte Säue oder sterbende Fechter – giebt es denn keine andere Wahl?« Seine provokante Frage zielt keinesfalls auf eine Mitte zwischen diesen beiden Extremen, sondern will den Blick darauf lenken, dass die Palette des Glücks nur die Grundfarben enthält; sie mischen und in die Komposition eines Bildes einbringen muss ein jeder selber.

Nietzsche bestreitet insgesamt, dass man mittels moralischer Vorschriften Einfluss nehmen sollte auf die allgemeine Wohlfahrt, »denn das individuelle Glück quillt aus eigenen, Jedermann unbekannten Gesetzen«, so dass alle von außen kommenden Regelungen es eher behindern als fördern. Zudem »giebt es auf allen Stufen der Entwickelung ein besonderes und unvergleichbares, weder höheres noch niederes, sondern eben eigenthümliches Glück zu erlangen«. Daher – so könnte man Nietzsches Argumente zusammenfassen – verbietet sich jegliche verallgemeinernde Quantifizierung und Evaluierung des Glücks, das individuell verschieden als eine einzigartige, unteilbare qualitative Ganzheit erlebt wird.

Vielleicht sind wir ja heute in mancher Hinsicht auf dem besten Weg zu einer ökonomisch ausgerichteten ästhetischen Lebensform, in welcher Hedonismus und Utilitarismus einander die Hand reichen, wenn man einmal rekonstruiert, wie sich in der westlichen Überflussgesellschaft das Menschenbild verändert hat. Die einstmals ganzheitliche Vorstellung des Menschen wurde immer differenzierter, aber auch immer fragmentarischer. Die Ausgrenzung bestimmter Fähigkeiten leistete einer gewissen Einseitigkeit Vorschub, und so ging über deren Verabsolutierung der Blick für das Ganze verloren.

Durch einseitige Betonung des Leistungsprinzips, damit verbunden eine Ideologie unbegrenzten Fortschritts im Bereich des Wissens und Wirtschaftens, ist das Individuum seiner ursprünglichen Ganzheitlichkeit verlustig gegangen. Die in der humanistischen Idee des *homo sapiens* – des weisen Menschen – zusammengefasste Vorstellung von Ganzheitlichkeit beinhaltet, dass die Tätigkeiten von Kopf, Herz und Hand (Pestalozzi) miteinander kooperieren, und zwar derart, dass sie sich gegenseitig zur Entwicklung und kreativen Umsetzung von Idealen anspornen. Aus diesem dem *homo sapiens* immanenten, aufeinander eingespielten Dreierverband von Kopf, Herz und Hand haben sich im Verlauf der Zeit als Erster *homo faber* – der Werkzeuge herstellende und handwerklich tätige Mensch – und als Nächster *homo oeconomicus* – der wirtschaftlich kalkulierende Mensch – abgesetzt und für sich etabliert, indem sie vom Kopf lediglich das zweckrationale Denken und die technische Erfindungsgabe, von der Hand nur die Bedienungsfunktion mitnahmen und das Herz in den Privatbereich verbannten.

In der Folge verstieg sich der Kopf ohne die emotionale Kraft des Herzens in Rationalisierungsprozesse und Nutzenkalküle, die der Steigerung von Macht durch ungebremsten wissenschaftlichen und wirtschaftlichen Fortschritt dienten. Die Hand verlor im Zuge der Technisierung von Arbeitsprozessen über der immer gleichen mechanischen Betätigung und mit der abnehmenden Vielseitigkeit von Handlungen ihre Gelenkigkeit. Und das Herz verstrickte sich ohne den mäßigenden Einfluss des Kopfes in irrationale Gefühligkeit. Das inzwischen vorherrschende Ideal einer instrumentell verkürzten menschlichen Praxis, die auf der Basis von Nutzenkalkülen und Maximierungsstrategien ein maschinell unterstütztes quantitatives Wachstum in Gang setzte, hat dazu geführt, dass die auf diese Weise nicht nur arbeitenden, sondern ihr ganzes Leben organisierenden Menschen ebenso fragmentarisiert und einseitig wurden. Sie betrachteten von nun an den Teil, auf den sie ihr Selbstverständnis reduzierten, als das Ganze, mit dem Resultat, dass der Rest des ursprünglichen Ganzen verkümmerte. Das Glück des Kopfes schließt das des Herzens und der Hand aus, die ihrerseits ihr Glück für sich selbst suchen. Im Endeffekt sind sie jedoch alle drei unglücklich, weil sie nicht mehr miteinander, sondern gegeneinander handeln und die Ganzheit von *homo sapiens*, für die es keinen Anwalt, keine integrierende Kraft mehr gibt, zerstören. In diese Bresche ist die Unterhaltungsindustrie gesprungen.

Das Menschenbild, das uns heute aus der Werbung entgegenblickt, ist *homo consumens*, der durch und durch kommerzialisierte, genuss- und vergnügungssüchtige Mensch, der sich alles einverleibt, worauf er Lust und woran er Spaß hat. Gemäß dem Motto »Nach uns die Sintflut« soll das Leben voll ausgeschöpft werden, und die materielle Basis dazu wird von der Wirtschaft erwartet, die die Flut von immer neuen Glücksansprüchen umso lieber bedient, als sie vom Massenkonsum lebt.

Die den Wünschen des *homo consumens* angepasste ökonomische Lebensform bedarf einer Neubesinnung auf die kollektiven Grundlagen der Menschheit, einschließlich der kommenden Generationen, deren Glück von den heute Lebenden verspielt wird. Der zum Selbstzweck entartete utilitaristische Nutzenkalkül muss auf das Fundament einer Wert- und Güterlehre gestellt werden, die neben dem in einem materiellen Sinn guten Leben der Individuen das Wohl aller im Auge hat und zur politischen Verantwortung verpflichtet. Der Zürcher Ökonomieprofessor Bruno S. Frey geht davon aus, dass das Ziel des Wirtschaftens darin besteht, die Menschen glücklich zu machen. In einer Studie hat er nachgewiesen, dass die Schweizer besonders glücklich sind: »Die Leute schätzen ihren Zustand auf einer Skala von 1 (sehr unzufrieden) bis 10 (sehr zufrieden) ein. Die Schweizer liegen im Durchschnitt bei 8,2 Punkten. Sie gehören damit zu den Allerglücklichsten.« Frey führt dies darauf zurück, dass sie in einer direkten Demokratie leben und entsprechend starke Einflussmöglichkeiten auf Politik und Institutionen haben. »Je demokratischer und föderalistischer das System, desto zufriedener sind die Menschen.«

Andererseits haben auch demokratische Verhältnisse nicht verhindern können, dass im Zuge der Globalisierung die Industrie- und Wirtschaftsbosse im Verbund mit den Präsidenten der Großbanken zu heimlichen Drahtziehern in der Politik geworden sind. Infolgedessen bestimmen ökonomische Prinzipien und Rationalisierungsstrategien mehr und mehr nicht bloß das berufliche, sondern auch das Privatleben, das den gleichen Effizienzkriterien unterworfen wird: Angefangen vom Jogging, über die Zuwendung zu Lebenspartnern und Kindern bis hin zur Pflege freundschaftlicher Beziehungen werden menschliche Aktivitäten zunehmend am Nutzenprinzip ausgerichtet. Ob und mit welchen Verträgen Ehen geschlossen, Kinder gezeugt, Freundschaften aufrechterhalten werden, hängt vom errechneten Vorteil und damit vom Kostenfaktor als Glücksindikator ab. Die Investitionen in derartige Kalküle machen sich bezahlt, aber eine auf Nutzenmaximierungsstrategien reduzierte Lebensform bringt Probleme mit sich, die das Glück mindern. Abgesehen davon, dass emotionale Intelligenz und soziale Kompetenz verkümmern, erregt wachsender Wohlstand bei denen, die nicht mithalten können oder wollen, Unlustgefühle. Zwar tut der *homo oeconomicus* diese rasch als Unmutsbezeugungen von Neidern und Zukurz-Gekommenen ab, aber offenbar kann sein Nachwuchs nur schwer damit umgehen. Der Persönlichkeitstrainer Jens Corssen bietet daher Seminare für Unternehmerkinder an, in denen sie lernen, mit dem »Sozialneid« ihrer Klassenkameraden umzugehen und ein Selbstbewusstsein zu entwickeln, das sie für Führungsaufgaben prädestiniert. »Das Seminar ist der Fahrschein für ein gutes Leben. Wohlhabend zu sein, muss nicht wehtun. Ich bringe den Jugendlichen Möglichkeiten bei, trotz Reichtum glücklich zu werden.«

Die politische Lebensform:
das strategisch hergestellte Glück

*D*ie ökonomische Formel vom größten Glück der größten Zahl hat unter politischem Aspekt etwas Verführerisches: Glückliche Menschen sind leicht regierbar, denn sie wollen die Aufrechterhaltung des Status quo und akzeptieren nur solche Veränderungen, die noch mehr Glück verheißen. Wer sich um das Glück der Menschen kümmert, kann daher sicher sein, an der Macht zu bleiben, solange es ihm gelingt, die Bedingungen bereitzustellen, unter welchen die individuellen Glücksstrategien aussichtsreich verfolgt werden können. Letztlich spielen die Gründe, aus denen jemand die politische Lebensform wählt, keine Rolle, ob er die Macht genießen will, indem er über andere herrscht, oder ob ihm wirklich das Wohl der Bürger am Herzen liegt. Aristoteles hat treffend dargelegt, dass auch der Tyrann nur dann sein Ziel, an der Macht und am Leben zu bleiben, erreicht, wenn er unter der Maske eines wohlwollenden, seinen Untertanen zugetanen Königs nach Kräften dafür sorgt, dass sie ein gutes und zufriedenes Leben führen können, anstatt sie zu unterdrücken und ihre Lebensqualität zu schmälern.

Die politische Lebensform ist im engeren Sinn diejenige, die von den Regenten in einem Staatswesen ausgefüllt wird. In einem weiteren Sinn kann man jedoch unter einer politischen Lebensform auch jenes Ganze verstehen, das als kollektives Beziehungsnetz die Mitglieder der Gemeinschaft miteinander verbindet. Der Mensch ist nämlich, wie Aristoteles es ausgedrückt hat, ein *zoon politikon*, ein Gemeinschaftswesen, das ohne Beziehung zu anderen Menschen nicht nur nicht gut leben, sondern nicht einmal überleben könnte. In seinem Streben nach Glück ist er wesentlich und dauerhaft auf die anderen angewiesen. Die Individuen teilen demnach als Kollektiv eine politische Lebensform und machen sich gegenüber den anderen berechenbar, indem sie sich an die Gesetze und Normen der gemeinsam errichteten Regelsysteme – Verfassung, Sitte und Recht u.a. – halten. Die Erfahrung zeigt jedoch, dass Regelverstöße eher an der Tagesordnung sind als regelkonformes Verhalten. Oft sind gerade diejenigen, die die allgemein anerkannten Normen befolgen, die Dummen, während andere, indem sie durch Schlupflöcher und auf Schleichwegen die Regeln umgehen, ungeahnte Erfolge und Privilegien verbuchen können. Öffnet sich hinsichtlich der Glückschancen die Schere zwischen unzulässig Bevorzugten und Benachteiligten immer weiter, so wird das Gleichheitsprinzip und damit das Gerechtigkeitsprinzip verletzt, was zu allgemeiner Unzufriedenheit, Protesten und schließlich zu Revolutionen führt, die einen Umsturz des bestehenden Systems zu Gunsten der schlecht Weggekommenen bezwecken.

Unter kollektivem Gesichtspunkt schätzen Menschen nichts so sehr wie Gerechtigkeit und Frieden. Man möchte vertrauensvoll und einvernehmlich mit seinen Mitmenschen umgehen, denn nur wenn man sicher sein kann, dass man nicht ständig übers Ohr gehauen wird und sich in Gefahr begibt, sobald man den anderen seinen Rücken zuwendet, kann die ansonsten für die Abwehr von Ungerechtigkeiten und für Schutzmaßnahmen aufgewendete Kraft für die individuelle Glückssuche eingesetzt werden.

Obwohl die demokratisch verfassten Länder sich den Menschenrechten verschrieben haben und Freiheit, Gleichheit und Solidarität als Prinzipien globalen Gemeinschaftshandelns anerkennen, entspricht die Realität in vieler Hinsicht nicht dem normativen Raster, auf den die Weltstaaten sich verpflichtet haben. Im Gegenteil: Hunger, Diskriminierungen, Kriege zeugen von einem Unglück, das von den Menschen selber durch Gleichgültigkeit, sexistische und rassistische Ideologien, Aggressivität verschuldet ist. Seit jeher klaffen Norm und Faktizität auseinander, was die politisch interessierten Denker dazu bewogen hat, sich wenigstens in der Fantasie eine Gesellschaft vorzustellen, die den einer menschenwürdigen Gemeinschaft zu Grunde liegenden Prinzipien entspricht. Solche Gebilde eines Idealstaates sind Utopien: Gedankenexperimente einer ethisch-praktischen Vernunft, die ihre abstrakten normativen Prinzipien mit Hilfe der Einbildungskraft versinnlicht und damit konkretisiert. Dabei handelt es sich um Entwürfe einer kollektiven Lebensform, in welcher Sollen und Sein nicht mehr getrennte Bereiche sind, sondern in der Realität zusammenfallen. Entsprechend werden (fiktive) Verhältnisse anschaulich beschrieben, in denen die Prinzipien der Gleichheit und Gerechtigkeit auf vorbildliche Weise umgesetzt sind. Dass in diesen Schilderungen zwar realitätsnah konstruierte, aber von der bestehenden Realität weit entfernte Zustände charakterisiert werden, drückt das Wort *Utopie* aus, das *Nichtort* bedeutet: Die ideale Gesellschaft existiert (noch) nicht in dieser Welt; sie hat keine empirisch angebbare Raum-Zeit-Stelle, sondern befindet sich im Nirgendwo. Aus diesem Grund sind die Staaten, von denen die klassischen Utopien erzählen, allesamt auf entlegenen Inseln angesiedelt. Schiffbrüchige, die der Zufall dorthin verschlagen hat, berichten dann nach ihrer Rückkehr in die Heimat begeistert von ihren Erlebnissen, ohne die genaue Lage der Insel angeben zu können. Was sie ausführen, ist in der Regel das positive Kontrastbild zu den bestehenden Verhältnissen in ihrem eigenen Land, deren Perversion anhand eines Modellkonstrukts, das die politischen Prinzipien mustergültig umsetzt, aufgedeckt wird. Ziel einer solchen Utopie ist nicht die maßstabgetreue Eins-zu-eins-Nachbildung des Modells, sondern die Erkenntnis der Defizite der eigenen politischen Lebensform und der Anstoß, Maßnahmen zu deren Überwindung zu überlegen.

Das kollektive Gute als Inbegriff des Glücks

In den Utopien der Renaissance wird das Glück der unter idealen Bedingungen lebenden Menschen an ihrer moralisch-rechtlichen Gleichheit festgemacht, die in einer kommunistischen Lebensform umgesetzt ist. Es sind drei fundamentale Einsichten, die das kommunistische Modell attraktiv machen:

(1) In unserer durch Ressourcenknappheit geprägten Welt werden niemals schlaraffenlandähnliche Zustände herrschen, die es jedem erlauben, sich nach Belieben, ohne Rücksicht auf die anderen nehmen zu müssen, alles anzueignen, was er begehrt. Der vorhandene Kuchen muss daher unter dem Gesichtspunkt nachhaltigen Wachstums einerseits, dem der Gerechtigkeit andererseits aufgeteilt werden. Unter der Voraussetzung, dass alle Menschen moralisch-rechtlich gleich sind, steht daher jedem Einzelnen gleich viel zu.

(2) Streit und Neid haben ihre Wurzeln in ungleichen Besitzverhältnissen. Wenn jedoch allen alles und niemandem etwas persönlich gehört, entfallen sämtliche Gründe für aggressives oder feindseliges Verhalten, weil es nichts mehr gibt, worauf ein privilegierter Anspruch erhoben werden kann. Kollektiver Besitz ist ein gemeinsames Glücksgut, an dem jedes Individuum unterschiedslos teilhat. Bei manchen Utopisten zählen jedoch nicht nur die erwirtschafteten Güter und die Bildungsangebote, sondern sogar Frauen und Kinder zum Allgemeinbesitz, weil ein Mann, der seinen Geschlechtsgenossen in jeder materiellen und ideellen Hinsicht gleichgestellt ist, trotzdem noch Unfrieden stiften kann, wenn er des anderen Frau begehrt. Nachdem auch diese Quelle von Missgunst beseitigt ist,

sind die Konfliktmöglichkeiten erschöpft, und die gemeinsame Sorge für die Kinder, die jeden Mann als Vater betrachten, schweißt die Gemeinschaft noch enger zusammen.

(3) Um die aus den beiden ersten Einsichten gefolgerten Maßnahmen erfolgreich umsetzen zu können, ist Einübung in Tugend nötig, denn die menschlichen Individuen sind von Natur ungleich und egoistisch. Sie müssen daher durch Erziehung daran gewöhnt werden, gleichheitsfördernde Ausführungsbestimmungen hoch zu schätzen – um des Gemeinwohls und damit des Glücks aller willen.

Thomas Morus, der mit seiner 1516 erschienenen Schrift »Von der besten Staatsverfassung und von der neuen Insel Utopia« der utopischen Literatur ihren Namen gegeben hat, konfrontiert darin die Missstände in den politischen und sozialen Verhältnissen Englands um die Wende vom 15. zum 16. Jahrhundert mit den Institutionen auf der Insel Utopia, von denen es heißt, dass es »nirgends ein glücklicheres Staatswesen« gebe. Im Unterschied zu Platon, der in seinem Alterswerk *Nomoi* (Gesetze) einen Idealstaat gleichsam am Reißbrett entwickeln lässt, unterstellt Thomas Morus, dass Utopia nicht erst entworfen und erprobt werden müsse, sondern bereits seit langem existiere und seine Vorzüglichkeit unter Beweis gestellt habe. Sein Zeuge ist ein intellektueller Globetrotter, dessen Namen Raphael Hythlodeus man je nach Lesart als »erfahren im Unsinn« oder als »Feind leerer Worte« deuten kann. Diese fiktive Figur, die Morus geschickt mit realen Personen vermischt, um davon abzulenken, dass Utopia nur ein Gedankenkonstrukt ist, wird als ein vehementer Verfechter sozialer Gerechtigkeit präsentiert, der es nirgends lange aushält, weil die politischen Machthaber überall auf der Welt nur darauf aus sind, ihre eigenen Interessen zu befriedigen, anstatt sich um die Verbesserung der gesellschaftlichen Zustände und das Glück der Mitglieder ihres Staates zu kümmern. Noch stärker als die Gleichgültigkeit gegenüber den Leiden der anderen verabscheut Raphael die Hoffart als »die Mutter alles Verderbens«: »Diese mißt ihr Glück nicht am eigenen Vorteil, sondern am fremden Nachteil.«

Die unerträglichen Verhältnisse, unter denen eine unglückliche Mehrheit leidet, während eine Minderheit (wie der Adel und das Militär in England) von den ausbeuterischen Praktiken profitiert, sind nichts Naturgegebenes, sondern hausgemacht, aber Raphael lehnt es ab, sich als politischer Berater der Mächtigen zu betätigen, da er die mäßigende Kraft der Vernunft gegenüber dem schieren Machtstreben auf verlorenem Posten sieht und zugleich darum fürchtet, in den ständig erforderlichen Kompromissen von seinen Idealen abrücken zu müssen und seine Integrität zu korrumpieren. Eines Tages verschlug es ihn auf einer seiner Reisen, die er mit Amerigo Vespucci unternahm, nach Utopia, wo er seine Idee einer kommunistischen Lebensform so überzeugend verwirklicht fand, dass er viele Jahre auf der Insel verbrachte und am liebsten für immer dort geblieben wäre.

Was Raphael bei den Utopiern so stark beeindruckt, ist ihre konsequente Beachtung des Allgemeinwohls. Ihre Annahme, dass jeder Einzelne glücklich sein muss, wenn die sozialen Rahmenbedingungen der Gerechtigkeit erfüllt sind, hat sich empirisch bestätigt, und der staunende Raphael wird nicht müde, die Einrichtungen der Utopier zu preisen, die dazu geführt haben, dass jedes Mitglied dieses Staates ein selbstbewusstes, glückliches Exemplar der Gattung Mensch ist. Die Voraussetzung dafür ist allerdings der Verzicht auf jegliche Privatheit. Alles geschieht öffentlich, angefangen von der Absolvierung der vorgeschriebenen sechs Stunden täglicher Arbeit, über die Nutzung von Weiterbildungsprogrammen in der freien Zeit bis hin zu der Einnahme sämtlicher Mahlzeiten in großen Speisehäusern. Was man tut, tut man gemeinsam, und es gibt keine Rückzugsmöglichkeiten in eine Privatsphäre, die der öffentlichen Kontrolle entzogen wäre. Allen Kindern wird die gleiche Erziehung und Bildung zuteil. Kinder und Erwachsene tragen die gleichen Kleider, die aus dem gleichen Material mit der gleichen Naturfarbe hergestellt sind. Es gibt keine Statusunterschiede, die äußerlich auffällig wären. Dem Staatspräsidenten wird bei öffentlichen Auftritten eine Korngarbe vorangetragen, dem Oberpriester eine Wachskerze, damit ihre Funktionen kenntlich sind. Orden und Schmuck aus wertvollen Materialien sind bei den Utopiern verpönt, da der Wert eines Menschen sich nicht nach dem Besitz kostbarer Steine oder Metalle bemisst. Ihre Verachtung materieller Werte demonstrieren sie deshalb auf drastische Weise, indem sie sie durch unästhetische Funktionen entwerten. So wird etwa Gold zur Produktion von Nachttöpfen und Sklavenketten verwendet. Da ist es verständlich, dass die Utopier in Gelächter ausbrechen, wenn Gesandtschaften benachbarter Völker bei ihnen juwelengeschmückt und mit Goldketten behängt zu prunken versuchen.

Des Weiteren haben alle Utopier die gleichen Wohnungen, die mit dem gleichen Komfort ausgestattet sind. Jedes Jahr findet ein Wechsel zwischen einem Teil der Stadtbevölkerung mit der auf dem Lande statt, so dass die meisten in regelmäßigen Abständen einmal landwirtschaftlich und einmal handwerklich tätig sind. Die Wohnhäuser werden alle zehn Jahre durch Los getauscht, und was man für das alltägliche Leben benötigt, bekommt man vom Warenmarkt der Stadt für sich und seine Angehörigen kostenlos geliefert.

Raphael vermerkt mit Genugtuung, dass private Streitigkeiten auf Utopia fast nie vorkommen, denn jeder hat, was er braucht, und so gibt es keinen vernünftigen Grund für Neid, Rachsucht, Rivalität und Hass, denn warum sollte jemand, der keinen Mangel leidet, mehr haben wollen als die anderen? Gleichheit verbindet und macht glücklich, Differenz entzweit und macht unglücklich. Dies ist der einfache Nenner, auf den das Glück der Utopier gebracht werden kann. Nur in einigen wenigen Bereichen wird Differenz und damit Andersheit als etwas Wünschenswertes zugelassen:

(1) In einer autarken, sich selbst mit dem Lebensnotwendigen ausreichend versorgenden Gesellschaft ist Arbeitsteiligkeit ein wichtiges Strukturelement. Während ausnahmslos alle Bürger von Utopia landwirtschaftliche Kompetenz erwerben müssen, steht es ihnen frei, ein Handwerk nach ihren Neigungen und Fähigkeiten zu erlernen oder bei wissenschaftlicher Begabung einen Lehrberuf zu ergreifen. Doch keine dieser Tätigkeiten gilt als privilegiert, weil jede für das Gesamtwohl erbrachte Leistung als gleichwertig anerkannt ist.

(2) In religiöser Hinsicht stellt das Toleranzprinzip es jedem frei, an welchen Gott er glauben will. Da keine bestimmte Religion als die einzig wahre erwiesen werden könne, lasse sich auch nicht allgemein vorschreiben, wie man sich Gott vorzustellen habe. Aus diesem Grund wird in den Gotteshäusern auf bildliche Darstellungen verzichtet, um niemanden in seinen religiösen Anschauungen zu beirren und damit das in einem Gottesverhältnis gefundene Glück zu beeinträchtigen. Das einzige Verbot, das auf Utopos, den legendären Gründer von Utopia zurückgeht, beinhaltet, dass man weder die Unsterblichkeit der Seele noch die göttliche Vorsehung leugnen darf, denn dadurch würde das Göttliche sowohl im Menschen als auch in der außermenschlichen Natur aufgehoben. Die Seele ist es, die den Menschen glücksfähig macht, da sie »durch die Güte Gottes zur Glückseligkeit geschaffen« wurde und damit Unsterblichkeit erlangt.

(3) Das Gleichheitsprinzip erstreckt sich nicht auf alle Mitglieder von Utopia; ausgenommen davon sind die Sklaven, die in Utopia jene Arbeiten verrichten müssen, welche den freien Bürgern zuwider sind, weil sie als schmutzig gelten – wie das Jagd- und Metzgergewerbe, das mit dem Töten von Tieren verbunden ist. In erster Linie handelt es sich bei den Sklaven um Verbrecher aus benachbarten Staaten, die dort zum Tode

verurteilt und von den Utopiern für ihre Zwecke aufgekauft wurden. Weiterhin sind es Kriegsgefangene, die in Utopia zu Zwangsarbeiten herangezogen werden, sowie fremde Tagelöhner, die sich aus Armut freiwillig bei den Utopiern verdingen. Schließlich gibt es anscheinend, wenn auch selten, Verbrecher in Utopia, die ebenfalls zu Sklavendiensten verurteilt werden. Nach dem Prinzip »Ungleiche sind ungleich zu behandeln« sprechen die Utopier den Sklaven das Recht auf Selbstbestimmung ab, weil sie sie, mit Ausnahme der Tagelöhner, für nicht resozialisierungsfähig halten. Ihr Charakter ist entweder durch die korrumpierenden Verhältnisse, unter denen sie außerhalb Utopias sozialisiert wurden, verdorben, oder er war von Natur aus schlecht, dann nämlich, wenn jemand trotz der optimalen Bedingungen, die in Utopia herrschen, zum Verbrecher geworden ist. Immerhin kann er durch seine Arbeitskraft noch zum Gemeinwohl beitragen, wenn auch unfreiwillig und als durch einen unkorrigierbaren Makel ausgegrenzter Untermensch. Eine geradezu menschenverachtende Haltung nehmen die Utopier gegenüber den Zapoleten ein, einem völlig verwahrlosten Volk, dessen Mitglieder sie in Kriegsfällen als Söldner einsetzen, um zwei Fliegen mit einer Klappe zu schlagen: Zum einen bleiben die Utopier von Kriegshändeln und den damit verbundenen Gefahren für Leib und Leben verschont, und zum anderen wird die Erde von jenem »Abschaum der Menschheit« gereinigt, der einen Schandfleck in der Gattung vernünftiger Lebewesen darstellt.

Die Utopier wissen ihr Glück zu schätzen und sowohl nach innen wie nach außen zu verteidigen. Sie halten ihre kommunistische Lebensform für die allen anderen überlegene Weise, als Mensch zu existieren, und feiern jeweils am letzten Tag eines Monats das Endfest, bei welchem sie Gott für die glücklich vollbrachte Zeit danken, während sie am folgenden Tag, an dem der neue Monat beginnt, das Erstfest begehen und »Glück und Wohlergehen« für die kommende Zeit erbitten.

Es ist ein kollektives Glück, das sie begehren, aber dabei soll das individuelle Glück keineswegs zu kurz kommen, denn Glück ist für sie gleichbedeutend mit Lust. Insofern das Streben nach Lust in der Natur des Menschen liegt und alle Menschen von Gott mit dieser Natur ausgestattet wurden, spricht nichts dagegen, dass jeder sein besonderes Glück verfolgt, zumal auch die Vernunft Teil der menschlichen Natur ist und einem ungezügelten Luststreben Grenzen setzt. Tugendhaftes Verhalten besteht nach Meinung der Utopier nicht in Altruismus, der mit massiven Einschränkungen des eigenen Glücksanspruchs einhergeht, im Gegenteil:

> Wenn [...] die eigentliche Menschlichkeit, die dem Menschen angemessener als jegliche andere Tugend ist, darin besteht, die Not anderer zu lindern, ihren Kummer zu beheben und dadurch ihrem Leben wieder Freude, das heißt Lust, zu geben, warum sollte dann die Natur nicht einen jeden dazu antreiben, sich selbst den gleichen Dienst zu leisten? Denn entweder ist das angenehme, d.h. also das lustvolle Leben etwas Schlechtes: dann darfst du nicht nur keinem dazu verhelfen, sondern mußt es als etwas Schädliches und Todbringendes nach Kräften von allen fernhalten; oder es ist etwas Gutes: dann darfst du nicht nur, sondern du mußt es anderen verschaffen. Und warum dann nicht vor allem dir selbst, dem du doch nicht weniger gewogen zu sein brauchst als anderen? Denn wenn dich die Natur mahnt, gut gegen andere zu sein, so heißt sie dich doch andererseits nicht, gegen dich selbst grausam und erbarmungslos vorzugehen. Die Natur selbst also, so meinen sie, schreibe uns ein angenehmes Leben, also die Lust, gleichsam als Zweck aller unserer Unternehmungen, vor; nach ihrer Vorschrift zu leben, nennen sie Tugend. (Utopia, 71)

Daher gilt bei den Utopiern einer, der sich um seinen persönlichen Vorteil kümmert, als klug und nicht wie in der traditionellen Ethik als Egoist. Gemäß ihrer »sinnenfrohen« Lehre, »die Lust als den Endzweck und die eigentliche Glückseligkeit« zu betrachten, darf man nicht nur, sondern soll geradezu die sinnlichen Genüsse und körperlichen Lustempfindungen ebenso wie die seelischen Freuden zu jenen Vergnügen rechnen, die unbedingt zu befürworten sind, da sie für das Wohlbefinden des Einzelnen unverzichtbar sind und damit auch der Gemeinschaft nützen.

Dass Raphael bei den Utopiern keine Kluft mehr zwischen Sinnlichkeit und Vernunft festzustellen vermag, für deren Überwindung in der traditionellen Ethik so viele Anstrengungen unternommen wurden, hängt damit zusammen, dass Utopos wohl von Anfang an durch Erziehungsmaßnahmen darauf hingewirkt hat, die normativen Vorschriften der Vernunft nicht als ein Überbaukonstrukt für sich zu setzen, das gleichsam von oben den natürlichen Interessen in restriktiver Manier übergestülpt wird; vielmehr lag ihm daran, die Vernunft, anstatt sie abzusondern, wie die Lust zu einem Teil der Natur zu machen und die Utopier daran zu gewöhnen, nichts ohne Beiziehung der Vernunft zu begehren. Im Verlauf von Generationen schloss sich dann die Kluft zwischen Sollen und Wollen, weil es allen zur selbstverständlichen Gewohnheit geworden war, ihre Wünsche im Licht der anerzogenen Vernunftnatur zu evaluieren. »Derjenige [...] folg[t] der Weisung der Natur, der in allem, was er begehrt und was er meidet, der Vernunft gehorcht.«

Egoismus und Altruismus sind demnach durch jahrhundertelange Verinnerlichung der Vernunftansprüche zur Deckung gelangt. Damit ist es den Utopiern gelungen, sich eine zweite Natur zuzulegen, die im Unterschied zu ihrer ersten Natur nicht mehr einem ihr äußerlichen Moralkodex unterworfen wird, sondern diesen als integrativen Bestandteil ihrer selbst von innen heraus ausgebildet hat. Insofern erstaunt es nicht weiter, dass die Utopier mit dem Streben nach persönlichen Vorteilen keine Probleme haben. Denn auf Grund des antrainierten, der menschlichen Natur wie ein Naturgesetz eingewachsenen Normensystems gibt es ja keine wirklich individuellen Interessen, die von den Interessen der Allgemeinheit abweichen. Und da in Utopia jede Privatsphäre fehlt, würde es ohnehin sofort auffallen, wenn jemand Bedürfnisse hätte, die auf eine moralisch unzensierte und somit verdorbene Natur schließen ließen.

Allerdings scheint doch – wenigstens bei den Männern – hin und wieder die alte Natur noch durchzuschlagen, so dass gewisse Kompromisse notwendig sind, vor allem im Bereich der Sexualität. Raphael berichtet zum Beispiel von einem auch aus seiner Sicht lächerlichen Brauch: dass man vor einer Eheschließung die beiden künftigen Eheleute einander nackt vorführt. Begründet wird dies mit dem Hinweis, es seien »keineswegs alle Männer so vernünftig, daß sie bloß auf den Charakter sehen, und auch in den Ehen der vernünftigen Menschen spiel[t]en die körperlichen Vorzüge neben den sittlichen Eigenschaften keine unbedeutende Rolle. Jedenfalls kann unter jenen Hüllen eine so abstoßende Häßlichkeit verborgen sein, daß sie den Mann der Frau völlig zu entfremden vermag.« Raphael meint entschuldigend, dass man ja auch kein Pferd kaufe, ohne es vorher genau in Augenschein genommen zu haben. Erst recht müsse bei der Entscheidung für eine Frau sichergestellt sein, dass sie körperliche Reize besitze, die sie dem Freier begehrenswert machten.

Dieser Brauch ist eines der wenigen Zugeständnisse, das die Utopier an den individuellen Geschmack machen. Ansonsten sind ihre Lustempfindungen und Glückserwartungen durch die ihnen zur zweiten Natur gewordenen Gleichheit erzeugenden Maßnahmen so weit vorprogrammiert, dass individuelles und kollektives Glück identisch sind. Noch einen Schritt weiter hinsichtlich der Erzeugung einer gemeinsamen menschlichen Natur ist Tommaso Campanella in seinem *Sonnenstaat* gegangen. Man hat dort die Institution der Ehe abgeschafft und regelt den Beischlaf unter dem Gesichtspunkt sich ergänzender körperlicher Merkmale. »Große und schöne Frauen werden nur mit großen und tüchtigen Männern verbunden, dicke Frauen mit mageren Männern und schlanke Frauen mit starkleibigen Männern, damit sie sich in erfolgreicher Weise ausgleichen.« Die Zeugung von Nachwuchs untersteht ausdrücklich dem Diktat des Staates, denn leitend ist dabei »die Erhaltung der Art und nicht des Individuums«. Gesunde Kinder sind von öffentlichem Interesse, weshalb die Gesundheitsbehörde des Sonnenstaates nicht nur die Wahl der Partner vornimmt, sondern auch entsprechend den Gestirnkonstellationen den optimalen Zeitpunkt der Zeugung errechnet – möglichst wenn Venus und Merkur östlich der Sonne in einem günstigen Haus stehen, in gutem Aspekt zu Jupiter, Saturn und Mars. Dies führt dazu, dass die zur gleichen Zeit empfangenen Kinder auch ungefähr gleichzeitig das Licht der Welt erblicken und entsprechend ihrem gemeinsamen Horoskop ähnliche Charakteranlagen mitbringen.

Im Sonnenstaat wird also noch einiges mehr als in Morus' Utopia getan, um das Glück der Bürger durch gezielte eugenische Maßnahmen langfristig zu stabilisieren. Nichts wird dem Zufall überlassen, sondern alles – selbst der Intimbereich – unterliegt wissenschaftlicher Planung und wird öffentlich umgesetzt. Damit die staatlichen Reglementierungen nicht als Zwang empfunden werden, dient auch hier der Moralkodex als stützendes Korsett des Ganzen. An der Spitze dieses utopischen Gebildes stehen drei höchste Beamte – Pon *(potentia)*, Sin *(sapientia)* und Mor *(amor)* – als personifizierte Tugenden der Tapferkeit, der Weisheit und der Liebe. Ihnen übergeordnet ist der Metaphysikus als die Fleisch gewordene Idee des Guten; seine Universalbildung ermöglicht es ihm, die Ressorts seiner drei Mitregenten – Kriegswesen, Bildungswesen und Gesundheitswesen – aufeinander abzustimmen, so dass der Staatsapparat einverträglich und reibungslos funktioniert. Die den drei großen Ressorts untergeordneten

Behörden tragen bezeichnenderweise die Namen von Tugenden: Es gibt Ämter für Großmut, Tapferkeit, Keuschheit, Freigebigkeit und Gerechtigkeit ebenso wie für Wahrheit, Wohltätigkeit, Dankbarkeit, Heiterkeit, Fleiß und Nüchternheit. Dieser nicht nur (wie bei Morus) internalisierte, sondern zusätzlich noch institutionalisierte Tugendkatalog wirkt gleichzeitig von innen und von außen auf die Mitglieder der Gemeinschaft ein. Welche besonderen Neigungen und Bedürfnisse der Einzelne auch haben mag, ihre Befriedigung ist bereits von vornherein unter dem Gesichtspunkt des Gesamtwohls geregelt, so dass Konflikte zwischen individuellen und kollektiven Interessen gar nicht erst entstehen können. Noch höher als die Gleichheit wird im Sonnenstaat die Einheit als Glück erzeugendes Prinzip erachtet. Vorbild ist hier der dreieinige Gott, dessen drei Gestalten in Pon (Gottvater), Mor (Jesus Christus) und Sin (Heiliger Geist) seine irdischen Stellvertreter gefunden hat, während der Metaphysikus für den ungeteilten, in sich geeinten Gott steht. Der Sonnenstaat als Ganzer nimmt gleichsam das Glück vorweg, das den Menschen dereinst – nach dem Jüngsten Gericht – als ewige Seligkeit zuteil werden soll.

Das Glück, das auf den utopischen Inseln der Seligkeit beheimatet ist, ist konstant. Stabile soziale und wirtschaftliche Verhältnisse, geregelte Arbeitsabläufe und kontrollierte Weiterbildungsprozesse sowie anerzogene moralische Verhaltensmuster sorgen dafür, dass alle das gleiche gute Leben führen und entsprechend glücklich sein müssen, da über das Erreichte hinaus kein besserer Zustand vorstellbar ist. Das Abgeschlossene, Statische dieser Utopien ist ein Indiz dafür, dass auch das Glück die Merkmale des Flüchtigen und Ungerechten verloren hat. Wo die politischen Bedingungen die Gleichheit der Bürger in rechtlicher, moralischer und ökonomischer Hinsicht garantieren, entsteht eine gemeinsame Lebenswelt, in welcher das Ganze und die Teile dieselben Strukturen aufweisen.

Wenn alle glücklich sind, kann keiner unglücklich sein, außer er ist krank oder von Natur aus verdorben, wodurch seine Glücksfähigkeit beeinträchtigt wird.

Dies trifft sogar in einer nicht kommunistischen Utopie zu, wie Francis Bacon sie unter dem Titel *Neu-Atlantis* konzipiert hat. Seine Insel liegt irgendwo im Stillen Ozean und trägt den Namen Bensalem. Wie es sich dort lebt, geht aus der Jubelphrase hervor, mit welcher bei feierlichen Anlässen der Auftakt gemacht wird: »Glücklich sind die Völker Bensalems!« Die Besonderheit dieser Utopie liegt darin, dass ihr nicht die Idee der Gleichheit als Konstruktionsprinzip zu Grunde liegt, sondern das Prinzip der Produktivität. Auf Bensalem wird der Reichtum als Glück erzeugender Faktor gepriesen, und zwar in zwei ganz unterschiedlichen Bereichen. Zum einen tragen patriarchale Familienstrukturen zum Entstehen von Großfamilien bei, und ein Vater, der es auf dreißig Kinder gebracht hat, wird für seine Fruchtbarkeit durch ein eigens zu diesem Zweck veranstaltetes Familienfest öffentlich geehrt. Während er, umgeben von seinen Nachkommen in einem Lehnstuhl sitzend, die von einem Herold verlesene Laudatio anhört, nimmt die Mutter der Kinder neben ihm, verborgen in einem geschlossenen Gestühl mit unsichtbaren Sehschlitzen, an der Zeremonie teil. Offensichtlich wird ihre Gebärfähigkeit ungleich niedriger eingeschätzt als die Zeugungskraft ihres Mannes, dessen Ansehen mit der Anzahl seiner Söhne wächst.

Der andere, nämlich der geistige Reichtum der Bewohner von Bensalem verdankt sich einer Priesterkaste, die seit König Solamona, dem Gründer der Inselgesellschaft, nicht nur die Staatsgeschäfte leitet, sondern zugleich als Gemeinschaft von Wissenschaftlern Forschung und Technik auf einen Höchststand gebracht hat, was nicht verwundert, ist ihr Ziel doch »die Erkenntnis der Ursachen und Bewegungen sowie der verborgenen Kräfte in der Natur und die Erweiterung der menschlichen Herrschaft bis an die Grenzen des überhaupt

Möglichen«. Der Name, unter dem die priesterliche Elite von Wissenschaftlern firmiert, ist einerseits »Haus Salomons« und andererseits »Kollegium der Werke der sechs Tage«. Dies lässt erkennen, dass es ihnen einerseits um die Mehrung von Weisheit geht und andererseits um den biblischen Auftrag, sich die Erde untertan zu machen: die göttliche Schöpfung nachzuahmen und mit menschlichen Mitteln eine zweite Natur herzustellen. Gerechtfertigt wird die exzessive Ausbeutung von Verstandes- und Erfindungskunst durch die Kommunikation mit Gott, die der Wissenschaftler führt, indem er im Buch der Natur liest und dabei immer tiefer in das göttliche Werk eindringt. Je mehr er durch sein Wissen die Natur beherrscht, desto mehr nähert er sich dem Wesen Gottes an und nimmt an seiner Allmacht teil. Die von Bacon aufgelisteten wissenschaftlichen Resultate und technischen Errungenschaften bezeugen die Fruchtbarkeit dieser Kooperation von Gott und Mensch; sie müssen sich zu Beginn des 17. Jahrhunderts wie Beschreibungen in einem vormodernen Science-Fiction-Roman ausgenommen haben, wenn man hört, was den »Reichtum des Hauses Salomon« ausmachte: Experimente im Inneren der Erde zwecks Überprüfung der Gerinnung, Härtung, Konservierung und Legierung von Gegenständen oder Metallen; metereologische Untersuchungen auf hohen Berggipfeln; Erzeugung von Blitz, Donner und Hagelschauern; Herstellung von Windmaschinen, künstlichen Quellen, optischen und akustischen Geräten, Flug- und Tauchausrüstungen, Robotern und Automaten; anatomische Zergliederungen und Tierversuche zu Therapiezwecken; Veredelung und Sterilisierung von Lebensmitteln und so fort.

König Solamona, von dem es heißt, dass er »ein großes und im Guten unbeirrbares Herz« gehabt habe, litt unter dem Unglück, das die Menschen sich selber zufügten; deshalb setzte er seine ganze Kraft ein, um »sein Reich und sein Volk zu beglücken«. Seine Weisheit sagte ihm, dass man Glück weder wie ein Füllhorn über die Menschen ausgießen kann, ohne sie träge zu machen, noch, dass man ihnen einfach befehlen kann, glücklich zu sein. Der alleinige Weg zum Glück liegt vielmehr in der menschlichen Produktivität und Reproduktivität, die es durch Bereitstellung optimaler sozialer und wirtschaftlicher Bedingungen zu fördern gilt, damit es den Menschen gelingt, das Beste aus ihrem Leben zu machen und gemeinsam paradiesische Zustände herbeizuführen. So beruht das Glück der Wissenschaftler auf dem gleichen Prinzip wie das Glück der Familienväter: auf den Produkten einer schier unerschöpflichen Potenz, die sich ihrerseits aus einer unversiegbaren Quelle speist, insofern die Einwohner von Bensalem als »fast unbekanntes Volk im Schoße Gottes leben«. Wo kann es ein vollkommeneres Glück geben als an jenem Ort, von dem die Schöpfung ihren Anfang nahm und an den zurückzukehren einem auserwählten Volk mittels seiner physischen und geistigen Zeugungskraft gelungen ist: in den allzeit fruchtbaren ›Vater‹-Schoß?

Das technisch perfekte Glück

Was in den klassischen Utopien als selbstverständlich vorausgesetzt wurde, nämlich dass die Verwirklichung des Gleichheitsprinzips mittels ethischer, in das menschliche Verhalten geradezu implantierter ethischer Regeln der praktischen Vernunft quasi automatisch das Glück aller nach sich zieht, wurde von den utopischen Schriftstellern des 20. Jahrhunderts in Zweifel gezogen. Sie attestieren der praktischen Vernunft Ohnmacht bezüglich der Durchsetzung ihrer ethischen Konstruktion einer politischen Lebensform, halten aber zugleich daran fest, dass die Menschen ein Recht auf Glück hätten und folglich alles darauf ankomme, ihnen zu ihrem Glück zu verhelfen, ohne auf das erfolglose ethische Diktat der Vernunft zu setzen. Denn deren kategorische Gebote scheitern am Eigenwillen der Einzelnen ebenso wie ihre Verführungsversuche zum Guten, weil ihre Autorität nicht dieselbe Determinationskraft hat wie ein Naturgesetz. Wenn man zwischen persönlicher Freiheit und kollektivem Glück abwägt und Letzterem den Vorrang zuerkennt, dann ist nicht mehr die praktische Vernunft gefragt, die gemäß dem Freiheitsprinzip auf die Selbstbestimmung der Individuen setzt und Glückseinbußen in Kauf nimmt, die aus den zwischenmenschlichen Konflikten resultieren, sondern die theoretische Vernunft in ihrer technisch-instrumentellen Gestalt übernimmt nun das Szepter hinsichtlich der Machbarkeit des Glücks, für dessen Herstellung sie das Freiheitsprinzip eliminiert.

In Jewgenij Samjatins Utopie *Wir* aus dem Jahre 1920 wimmelt es von Textstellen, an denen vom Glück die Rede ist, und dies nicht von ungefähr, denn in einem Staat, dessen Mitglieder nur noch Zahlen statt Namen tragen – die männlichen Personen sind an einem vorangestellten Konsonanten, die weiblichen an einem Vokal kenntlich –, deren Tagesablauf minuziös geplant ist, sich in gläsernen Kuben abspielt und selbst hinsichtlich der für die Liebe vorgeschriebenen »persönlichen Stunden« streng kontrolliert wird, entsteht ein gewaltiger Rechtfertigungsbedarf, dem über das Glücksprinzip nachgekommen wird. Der Erzähler der Utopie, der Ingenieur D-503, ist Konstrukteur der Integral, eines Weltraumflugzeugs, mit dessen Hilfe Lebewesen auf anderen Planeten, die »vielleicht noch im unzivilisierten Zustand der Freiheit leben«, mit der Ideologie des Einzigen Staates beglückt werden sollen. D-503, der seine glühende Verehrung des Systems in Tagebuchaufzeichnungen niederlegt, ist das Produkt einer autoritär gewordenen Vernunft, die endlich ihre ethischen Ziele durchgesetzt hat, indem sie über Generationen hinweg Menschen normiert und dabei alles ausgemerzt hat, was sich nicht fügte. Dass bei D-503 als Techniker und Mathematiker die Umsetzung des sozialen Gleichheitsprinzips durch Zahlen auf Begeisterung stößt, verwundert ebenso wenig wie seine Definition des Menschheitsziels als »mathematisch-fehlerfreies Glück«, zu dem man notfalls gezwungen werden muss. Er kann es gar nicht fassen, dass seine Vorfahren nicht im Stande waren, »ein System wissenschaftlicher Ethik zu schaffen […], die auf Subtraktion, Addition, Division und Multiplikation beruht«. Menschen, die den Charakter von Zahlen angenommen haben, sind ebenso berechenbar wie diese und können sich gar nicht anders als rational im Sinne der mathematischen Logik verhalten. Auch der emotionale Bereich wird kanalisiert und von ungesundem Gefühlsüberschwang gereinigt: »Jede Nummer hat ein Recht auf eine beliebige Nummer als Geschlechtspartner.« Damit ist die endgültige sexuelle Befreiung erreicht. Man muss sich nach niemandem mehr »in blinder Lust« verzehren; jeder »erhält eine seinen Bedürfnissen entsprechende Tabelle der Geschlechtstage« und ein Heftchen mit rosa Billets für seine »persönlichen Stunden« ausgehändigt, das es ihm erlaubt, sich zu den dafür vorgesehenen Zeiten (von 16–17 und von 21–22 Uhr) hinter nur zu diesem Zweck zu schließen erlaubten Vorhängen der körperlichen Vereinigung hinzugeben.

Der Einzige Staat funktioniert reibungslos, weil er alles, was die Menschen irrational handeln lässt, eliminiert hat: den Hunger, die Liebe und die Freiheit. Die Bürger sind »vollkommen glückliche arithmetische Durchschnittsgrößen«, in welche das ganze Spektrum an Menschentypen aus vorsintflutlichen Zeiten – »vom Kretin zu Shakespeare« – integriert ist. Auf diese Weise hat die Masse über den Einzelnen, die Summe über die Zahl gesiegt, und dadurch erst wurde der wahre paradiesische Zustand eines unverlierbaren Glücks herbeigeführt.

Es ist die alte Legende vom Paradies ... natürlich auf uns, auf die Gegenwart übertragen. Jene beiden im Paradies waren vor die Wahl gestellt: entweder Glück ohne Freiheit – oder Freiheit ohne Glück. Und diese Tölpel wählten die Freiheit – wie konnte es anders sein! Und die natürliche Folge war, daß sie sich jahrhundertelang nach Ketten sehnten. Darin war das ganze Elend der Menschheit beschlossen – sie gierte nach Ketten. Jahrhundertelang! Und wir sind erst dahintergekommen, wie man das Glück wiedergewinnen kann. [...] Der alte Gott schuf den alten Menschen, das heißt, einen Menschen, der die Fähigkeit besaß, zu irren – folglich hat auch Gott selbst geirrt. Das Einmaleins ist weiser und absoluter als der alte Gott, es irrt sich niemals [...]! Und niemand ist glücklicher als Zahlen, Nummern, die nach den harmonischen, ewigen Gesetzen des Einmaleins leben. (Wir, 61, 66)

Die Freiheit ist der Preis des Menschen für das Glück: »Ist die Freiheit gleich Null, begeht er keine Verbrechen.« Seine Reduktion auf eine Nummer, die an sich selbst bedeutungslos ist und ihren Stellenwert nur im Kontext der Zahlen erhält, wird ihm als Aufwertung suggeriert, durch die er zum Mitglied jener einzig(artig)en Gemeinschaft wird, in der der Einzelne nicht mit den anderen, sondern durch die anderen existiert. Die Auslöschung des Ich durch das Wir wird öffentlich als das von allen geteilte große Glück gefeiert, und bei solchen Anlässen lässt sich dann auch der »Wohltäter« blicken, der an der Spitze des Einzigen Staates steht. Er schwebt von oben in das Stadion ein, wo sich die Nummern versammelt haben, und landet punktgenau in der Mitte, »eine weise weiße Spinne [...], der Wohltäter in weißer Uniform, der uns in seiner Weisheit unsere Hände und Füße mit den starken Fäden des Glücks gebunden hat«. Das Glück der Marionetten wird von diesen nicht als ein verordnetes Glück aufgefasst, da sie ja keine Vorstellung davon haben, was es heißt, als selbstbestimmtes Individuum zu existieren. Alles, was aus »prähistorischen Zeiten« bekannt ist, wird mit Kopfschütteln bedacht:

eine auf dem Zufallsprinzip basierende Reproduktion ohne »Vater- und Mutternorm«; die »erbärmliche Käfigpsychologie [...]«: »Mein Haus ist meine Burg«; Kinder als Privateigentum; Originalität und Individualität statt Gleichheit; die Liebe zur Natur, jener chaotischen und daher »unvernünftigen, hässlichen Welt der Bäume, Vögel und Tiere«; Menschen, in deren Grammatik es lauter Fragezeichen statt nur Ausrufezeichen, Punkte und Kommata gibt; Selbst-Bewusstsein statt Wir-Gefühl.

Doch auch im Einzigen Staat, dem es trotz aller Anstrengungen von Seiten des Wohltäters und seiner Kontrolleure – der »Beschützer« – noch nicht gelungen ist, den »Prozeß der Verhärtung, der Kristallisation des Lebens« abzuschließen, gibt es noch »Feinde des Glücks«, die gnadenlos verfolgt und vom Wohltäter auf einem gigantischen elektrischen Stuhl eigenhändig eliminiert werden. Die Menge verfolgt diese »Dissoziation der Materie« mit atemloser Bewunderung:

> Die übermenschliche Hand [...] hatte den Strom eingeschaltet und sank herab. Die unerträglich helle Schneide des Strahls blitzte auf – ein Zittern, ein kaum vernehmliches Geräusch in den Röhren der Maschine. Der ausgestreckte Körper war in eine dünne, leuchtende Rauchwolke gehüllt – und da zerschmolz er vor unseren Augen, zerfloß, löste sich mit erschreckender Schnelligkeit auf. Nichts blieb von ihm als eine kleine Pfütze chemisch reinen Wassers, das noch eben rot im Herzen pulsierte ... (Wir, 49)

Der Berichterstatter D-503 ist hingerissen von diesem »Wunder«, diesem »Zeichen der übermenschlichen Macht des Wohltäters«. Aber er ist noch nicht völlig zur Marionette geworden, denn zum einen weist ein körperliches Merkmal darauf hin, dass er noch eine gewisse Nähe zum Typus des alten Menschen hat: Irritiert konstatiert er beim Schreiben seine »behaarten Hände, die wie Pfoten aussehen«. Zum anderen wirft ihn die Begegnung mit I-330 aus der Bahn, einer ungewöhnlichen Frau, die zu einer Gruppe von Revolutionären gehört und ihn für den Umsturz des totalitären Systems gewinnen möchte. Die geheimen Treffen finden jenseits der gläsernen grünen Mauer statt, welche die Stadt von der Wildnis abgrenzt, in der es noch verfallene Häuser mitsamt dem Inventar aus der alten Zeit gibt. D-503 spürt einerseits mit Unbehagen, andererseits mit einem Gefühl der Befreiung, dass er sich verändert. Er beginnt zu träumen, über sich selbst nachzudenken, seine Beziehung zu I-330 als Liebe zu identifizieren. In der Sprache des Einzigen Staates ausgedrückt, diagnostiziert er diese Veränderung als eine Krankheit: Bei ihm hat sich eine Seele gebildet. Hin- und hergerissen zwischen seiner gewohnten, altvertrauten Lebensform und den aufregenden neuen Erfahrungen, die uralte Menschheitserinnerungen in seinem kulturellen Gedächtnis wach werden lassen, wird D-503 mehr und mehr er selbst; ein nie zuvor erlebtes, unermessliches Glück erfüllt ihn: »Ich hörte in mir die jubelnde Stimme der Freiheit [...], ich war ein Einzelwesen, eine Welt, ich hatte aufgehört, eine Nummer zu sein ...«

Doch der Einzige Staat kennt die Gefahren, die von den »Feinden des Glücks« ausgehen. Und er weiß, wo dieser Feind seine Achillesferse hat: in der Fantasie. Menschen, die alles, was sie denken, fühlen und tun, ausschließlich rational im Sinn des mathematischen Paradigmas beurteilen, können sich kein anderes Glück vorstellen als das staatlich eingeimpfte Wir-Gefühl, das der Wohltäter durch geschickte Inszenierung von Massenspektakeln, die wie eine Messe zelebriert werden, immer von neuem schürt. Wo jedoch noch Fantasie mit im Spiel ist, obwohl der Einzige Staat alle Kreativität auf die Erfindung von Maschinen umgelenkt und künstlerisch-ästhetischen Betätigungen keinen Raum gegeben hat – »Schön ist nur das Vernünftige und Nützliche: Maschine, Stiefel, Formeln, Nahrung usw.« –, drängen sich unwillkürlich Bilder einer anderen, attraktiveren Lebensform auf, die zu ihrer Erprobung verlocken. Die Fantasie setzt auch ein anderes Denken in Gang, indem sie den Verstand zum Vergleich des numerischen, uniformen Glücks der bestehenden Verhältnisse mit den Konstrukten der Einbildungskraft herausfordert und ihn dadurch zu einer kritischen Instanz macht, die der Freiheit und dem selbst gewählten, ›irrationalen‹ Glück des Einzelnen mehr Gewicht beimisst und schließlich den Umsturz plant. Konsequenterweise hat man im Einzigen Staat nach Mitteln und Wegen gesucht, um der Fantasie den Garaus zu machen. Nachdem die Neurologen herausgefunden haben, wo im Gehirn der Sitz der Fantasie ist, wird die gewaltige Propagandamaschinerie angeworfen, um die Leute dazu zu bewegen, sich den »Splitter der Phantasie« entfernen zu lassen.

Die Schönheit des Mechanismus liegt in seinem Rhythmus, der unveränderlich und genau ist wie der eines Pendels. […] Mechanismen haben keine Phantasie. Habt ihr je gesehen, daß bei der Arbeit auf dem Gesicht eines Pumpenzylinders ein entrücktes, töricht-verträumtes Lächeln spielt? Habt ihr je gehört, daß die Krane nachts, in Stunden, die der Ruhe dienen sollen, sich unruhig hin- und herwerfen und seufzen? Nein! An euch aber – schämt euch! – entdecken die Beschützer dieses Lächeln und Seufzen immer öfter. Und – schlagt schuldbewußt die Augen nieder – die Historiker des Einzigen Staates bitten um Entlassung, weil sie diese schmachvollen Ereignisse nicht beschreiben wollen. Doch das alles ist nicht eure Schuld – ihr seid krank. Eure Krankheit heißt Phantasie. Die Phantasie ist ein Wurm, der schwarze Furchen in eure Stirnen frißt, ein Fieber, das euch treibt, immer weiterzueilen – wenn auch dieses ›weiter‹ dort beginnt, wo das Glück endet. Die Phantasie ist das letzte Hindernis auf dem Weg zum Glück. Freut euch, dieses Hindernis ist beseitigt. Der Weg ist frei. Die staatliche Wissenschaft hat vor kurzem eine wichtige Entdeckung gemacht: das Zentrum der Phantasie ist ein winziger Knoten an der Gehirnbasis. Eine dreimalige Bestrahlung dieses Knotens – und ihr seid von der Phantasie geheilt. Für immer. Ihr seid vollkommen, ihr seid wie Maschinen, der Weg zum vollkommenen Glück ist frei. Kommt in die Auditorien und laßt euch operieren. Es lebe die große Operation, es lebe der Einzige Staat! Es lebe der Wohltäter! (Wir, 166 f.)

Die Leute werden unter Druck gesetzt, indem ihnen gesagt wird, ihr Verhalten weiche vom Maschinenideal ab. Doch zugleich werden sie entlastet durch den Hinweis, dass sie krank seien. Und da »die Pflicht, gesund zu sein«, zu den obersten Normen zählt, muss ihnen die angebotene Therapie wie ein Heilsversprechen vorkommen, das ihnen das Tor zum ewigen Glück öffnet. Doch letztlich haben sie keine Wahl. An einem festgesetzten Tag müssen alle Nummern antreten, um das Krebsgeschwür ihrer wuchernden Fantasie entfernen zu lassen; wer sich weigert, endet auf der Maschine des Wohltäters. Die Revolutionäre werden verraten. I-330 wird gefoltert und hingerichtet, während man D-503 verschont, weil er als Konstrukteur der Integral noch gebraucht wird. Aber er kann sich der Beraubung seiner Fantasie nicht entziehen, und so wohnt er dem Ende seiner Geliebten gleichgültig bei, gehörte sie doch zu jenen, die sich dem Sieg der Vernunft in den Weg stellten. Erfreut notiert er im Tagebuch: »Ich bin nämlich wieder gesund, völlig gesund. Unwillkürlich muß ich lächeln, ich kann nicht anders: man hat mir einen Splitter aus dem Kopf gezogen, und ich spüre eine große Leere und Erleichterung. Nein, keine Leere, es ist nur nichts mehr da, was mich am Lächeln hindert (das Lächeln ist der Normalzustand eines normalen Menschen).« Von nun an ist dieses eingefrorene Lächeln Kennzeichen eines glücklichen Menschen, der im Einzigen Staat sein Paradies gefunden hat: »Im Paradies haben die Menschen keine Wünsche mehr, sie kennen kein Mitleid, keine Liebe, dort gibt es nur Selige, denen man die Fantasie herausoperiert hat (sonst wären sie nicht glücklich), Engel, Knechte Gottes …«

Samjatins Karikatur jener Insel der Seligkeit, auf welcher das

Glück Ewigkeitscharakter hat, weil im Jenseits alle als vor Gott Gleiche letztlich auch Gott gleich sind und unterschiedslos an seiner Herrlichkeit teilhaben, nennt den Preis, der für die Umsetzung des Paradieses unter empirischen Bedingungen bezahlt werden muss. Die Bürger des Einzigen Staates machen sich nicht selbst, durch eigene Anstrengungen, zu Gleichen, sondern werden zwangsweise einander angeglichen. Was der Wohltäter seinen Untertanen als Wohltat oktroyiert, ist ein Glück, das nur noch den Namen mit jenen Freuden und jener naturwüchsigen Lust gemeinsam hat, die ein menschliches Wesen kraft seiner Genussfähigkeit, seiner Fantasie und seiner intellektuellen Fähigkeiten in eins empfindet. Reduziert auf eine eindimensionale Rationalität, beschnitten um seine spontane Emotionalität und die Möglichkeit des Wählenkönnens, ist es in der Tat maschinenähnlich geworden und damit abhängig von einem Programmierer, der ihm seine Aufgaben zuteilt, es minuziös kontrolliert und dafür sorgt, dass es stets gut gewartet wird – nicht um seiner selbst willen, sondern damit kein Störfaktor den ganzen Maschinenpark lahm legt. Das kleine Rädchen freut sich über sein reibungsloses Funktionieren; es kann nicht anders, weil dieses das Passwort ist, das ihm den Zugang zum Glück gewährt. Paradoxerweise musste es um sein (Ich-)Glück gebracht werden, damit es mit dem (Wir-)Glück angefüllt werden konnte.

Aldous Huxley hat zwölf Jahre später, 1932, seinen Zukunftsroman *Schöne neue Welt* veröffentlicht, in dem er manches aus Samjatins *Wir* aufgegriffen hat. Das Gleichheitsprinzip als Schlüssel für das kollektive Glück hat er noch rigoroser umgesetzt, indem er die menschlichen Individuen nicht erst nachträglich vom »Stachel der Phantasie« befreien ließ, sondern sie gleich *ab ovo* Eingriffen in den embryonalen Organismus aussetzte, die zur Herstellung von Menschen nach Maß führten. So wird das »Bokanowsky-Verfahren« gerühmt, weil es aus einem einzigen befruchteten Ei Siebzig- bis Neunziglinge erzeugt, die sich als komplette Fabrikbelegschaften oder als Polizeitruppen hervorragend bewährt haben. Zwar ist ihre Glotzäugigkeit und Schweinsschnäuzigkeit ein unübersehbarer Hinweis auf ihren Schwachsinn, aber dieser gewollte Effekt trägt dazu bei, dass sie ihre Aufgabe vorbildlich erfüllen, und so sind sie das beste Beispiel für die gelungene Umsetzung der Idee der Brüderlichkeit durch das Gleichheitsprinzip, das sich dem Identitätsprinzip angenähert hat.

Nach Durchlaufen mehrerer Experimentierphasen hat sich in der schönen neuen Welt ein Fünf-Klassen-System als das Beste herausgestellt, weil für die verschiedenen Arbeitsprozesse unterschiedliche Formen von Intelligenz nötig sind: Während hochintelligente Alphas als Wissenschaftler und künftige Weltaufsichtsräte herangezüchtet werden, sind die technisch hoch begabten Betas für Ingenieurberufe vorgesehen; die Gamma-, Delta- und Epsilon-Klassen schließlich verrichten mit genau abgestufter Intelligenz, deren Grad durch Drosselung der Sauerstoffzufuhr während der embryonalen Reifung bestimmt wird, untergeordnete Tätigkeiten. Es spielt jedoch letztlich keine Rolle, zu welcher Klasse man gehört, denn grundsätzlich sind alle Individuen im Rahmen einer Massenproduktion künstlich in der Retorte entstanden, und welches Normierungsverfahren ihnen zuteil wird, hängt allein vom Bedarf ab.

Auf Regal 10 wurden ganze Reihen künftiger Chemiearbeiter an die Einwirkungen von Blei, Ätznatron, Teer und Chlor gewöhnt. Der erste Schub einer Lieferung von zweihundertfünfzig Raketeningenieuren in embryonalem Zustand passierte soeben Meter 1100 auf Regal 3. Eine besondere Vorrichtung bewirkte, daß ihre Behälter ständig kreisten. »Zur Stärkung des Gleichgewichtssinnns«, bemerkte [einer der Betriebsräte der Brut- und Normzentrale]. »Reparaturen an der Außenseite einer Rakete in der Luft sind eine kitzlige Aufgabe. Wir verlangsamen, wenn die

Embryos aufrecht stehen, den Kreislauf des Blutsurrogats, bis sie halb verhungert sind, und beschleunigen ihn, wenn sie auf dem Kopf stehen. Sie gewöhnen sich also daran, Kopfstehen mit Wohlbehagen zu assoziieren. Ja, sie sind nur dann wirklich glücklich, wenn sie auf dem Kopf stehen können. (Schöne neue Welt, 31)

Ergänzt wird diese Behandlung, die bis zur »Entkorkung« der Flasche, in welcher der Embryo sich entwickelt, durchgeführt wird, durch hypnopädische Einflüsterungen, mit denen den Bürgern der schönen neuen Welt während ihres ganzen Lebens im Schlaf der Stolz auf die eigene Klasse eingeimpft wird. So empfinden sie die Zugehörigkeit zu ihrer Kaste als ein Privileg und beneiden keine der anderen Gruppierungen. Die fundamentalsten Regeln, die ausnahmslos für alle gelten, sichern den sozialen Zusammenhalt: »Jeder ist seines Nächsten Eigentum.« – »Alle Menschen sind chemisch-physikalisch gleich.« – »Jeder arbeitet für jeden. Wir können niemanden entbehren.« Jeder Einzelne fühlt sich entsprechend wichtig an seinem Platz, ohne dass Konflikte entstehen, wie sie Rivalität oder Diskriminierung mit sich bringen. Gleichheits- und Differenzprinzip sind so miteinander verbunden, dass sie das Klassenbewusstsein stärken bei gleichzeitiger Solidarisierung mit den Bürgern der anderen Klassen.

So bleibt es nicht aus, dass die in der schönen neuen Welt praktizierte politische Lebensform tatsächlich alle glücklich macht: »Jeder ist heutzutage glücklich.« Es gibt keinen Unterschied mehr zwischen individuellem Wollen und allgemeinem Sollen, da es gelungen ist, »das Geheimnis von Glück und Tugend« zu lösen: »Tue gern, was du tun mußt! Unser ganzes Normungsverfahren verfolgt dieses Ziel: die Menschen lehren, ihre unumstößliche soziale Bestimmung zu lieben.« Was sie dafür bekommen, ist nicht wenig: Sie bleiben gesund bis zum 60. Lebensjahr, nach dessen Ablauf sie in der Sterbeklinik mit Überdosen einer Glücksdroge euthanasiert werden und einen glücklichen Tod sterben. Schwangerschaftsersatz für die Frauen und Adrenalinbehandlung für die Männer halten die Hormone im Gleichgewicht. In Fühlkinos mit Duftorgeln können sie sich die freie Zeit vertreiben, Sex mit jedem beliebigen Partner ist normal. Ein Leben, an dessen soziale Verhältnisse und Arbeitsbedingungen man bereits angepasst auf die Welt kommt, bietet keinen Konfliktstoff mehr, zumal die Sorgen für den alltäglichen Lebensunterhalt entfallen. Wie auf Schienen rollt man, einmal angestoßen, vorwärts auf Strecken und über Weichen, die bereits fix sind, so dass komplizierte Ziel-Mittel-Überlegungen entfallen. Entlastet von allen Problemen, die ein freies, selbstbestimmtes Leben mit sich bringt, sind die Bürger der schönen neuen Welt »froh und glücklich […], ein Glück, das alle Tage anhielt«. Sollte trotzdem einmal eine irritierende Situation, eine leichte Unpässlichkeit oder eine unerklärliche Verstimmung den permanenten Glückszustand beeinträchtigen, dann erfolgt automatisch der Griff nach Soma, jener vom Staat in unbegrenzten Mengen zur Verfügung gestellten Droge, die den Seelenhaushalt wieder ins psychosomatische Gleichgewicht bringt. Immer ist »Soma zur Hand, das köstliche Soma! Ein halbes Gramm genügt für einen freien Nachmittag, ein Gramm fürs Wochenende, zwei Gramm für einen Ausflug in die Pracht des Orients, drei Gramm für eine dunkle Ewigkeit auf dem Mond.«

Verglichen mit den heillosen Zuständen der alten Welt, muss den Menschen im Jahr 632 nach Ford ihre Lebensform paradiesisch vorkommen. »Das traute Heim war ein Drecknest, und Körper wie Seele waren gleichermaßen davon betroffen. Ein seelischer Kaninchenstall, ein Misthaufen, dampfend von der Reibung zusammengepferchten Lebens, stinkend von Gefühlen.« Kein Wunder, dass dies der Nährboden für Aggressivität und Gewalt war, die sich schließlich in Kriegen entluden, in deren Verlauf die Menschheit sich selbst auszurotten drohte. Dieses größtmögliche Unglück des Verschwindens der Menschen von der Erde wurde durch einige Besonnene verhindert, die mit ihren Vorstellungen einer politischen Lebensform, in welcher das Glück einen festen, unverlierbaren Bestandteil bildet, der schönen neuen Welt den Weg bereiteten. Einer der Weltaufsichtsräte fasst die Vorteile der neuen Welt bündig zusammen:

> Die Welt ist jetzt im Gleichgewicht. Die Menschen sind glücklich, sie bekommen, was sie begehren, und begehren nichts, was sie nicht bekommen können. Es geht ihnen gut, sie sind geborgen, immer gesund, haben keine Angst vor dem Tod. Leidenschaft und Alter sind diesen Glücklichen unbekannt, sie sind nicht mehr von Müttern und Vätern geplagt, haben weder Frau noch Kind, noch Geliebte, für die sie heftige Gefühle hegen könnten, und ihre ganze Normung ist so, daß sie sich kaum anders benehmen können, als sie sollen. (Schöne neue Welt, 191)

Die Stabilisierung der Lebensverhältnisse ist dadurch geglückt, dass alle psychischen Faktoren, die in der alten Welt destabilisierend wirkten, ausgeschaltet wurden: Allzu viel Muße ist ebenso schädlich für das Glück wie Kunst, Wissenschaft und Religion, weil sie von der Routine des Alltags ablenken und dazu verführen könnten, über Alternativen nachzudenken, was auf eine Infragestellung des Bestehenden hinauslaufen würde. Da Schönheit, Wahrheit und Gott die Glück erzeugenden Maßnahmen und Beschäftigungsstrategien des Einheitsstaates bedrohen, müssen sie ausgeschlossen oder transformiert werden.

> Ford der Herr trug selbst viel dazu bei, das Schwergewicht von Wahrheit und Schönheit auf Bequemlichkeit und Glück zu verlegen. Die Massenproduktion verlangte diese Verlagerung. Allgemeines Glück läßt die Räder unablässig laufen; Wahrheit und Schönheit bringen das nicht zuwege. Und natürlich ging es, sooft die Massen an die Macht kamen, stets

mehr um Glück als um Wahrheit und Schönheit. [...] Gott ist unvereinbar mit Maschinen, medizinischer Wissenschaft und allgemeinem Glück. Man muß wählen. Unsere Zivilisation hat Maschinen, Medizin und Glück gewählt. (Schöne neue Welt, 198, 203)

Huxley hat im Vorwort zur zweiten Auflage von *Schöne neue Welt* (1949) das Problem des Glücks als das Problem charakterisiert, »wie man Menschen dazu bringt, ihr Sklaventum zu lieben«. Wer sich für die »Wohlfahrtstyrannei« des größten Glücks der größten Zahl entscheide, habe sich automatisch gegen die Freiheit entschieden und damit soziale Stabilität als Garant permanenten Glücks aller um den Preis der individuellen Selbstbestimmung erkauft.

Kritik der politischen Lebensform

Die politische Lebensform wird durch das Kollektiv bestimmt, dessen Mitglied man ist. Ob und in welchem Ausmaß das Individuum an den Prozessen der Regelsetzungen beteiligt ist, durch die seine Handlungen eingeschränkt werden, hängt von der Verfassung ab. In einer demokratischen Verfassung ist der Einzelne Miturheber von Sozial- und Rechtsnormen, auch wenn seine persönlichen Wünsche und Bedürfnisse auf Grund von Kompromissen nur teilweise erfüllt werden oder den Mehrheitsverhältnissen ganz zum Opfer fallen. In Tyranneien hingegen muss der Einzelne sich den Wünschen des Diktators fügen und seine persönlichen Glücksvorstellungen in seinen Träumen ausleben. Dazwischen lässt sich eine ganze Reihe von Mischformen ansiedeln, etwa die monarchische, die aristokratische oder die oligarchische Verfassung. Alle politischen Lebensformen, die im Verlauf der Menschheitsgeschichte praktiziert wurden, sind auf Kritik gestoßen. Diese wiederum hat ihrerseits die Fantasie beflügelt, sich auf Grund der gemachten positiven und negativen Erfahrungen einen utopischen Staat zusammenzubasteln, der auf schlechterdings idealen Voraussetzungen beruht und damit den Mängeln vorbeugt, die sich in den historischen Staaten als glücksmindernd erwiesen haben.

Doch auch die Idealkonstrukte der praktischen und der technisch-instrumentellen Vernunft haben Konsequenzen, die daran zweifeln lassen, ob die politische Lebensform ihr Versprechen einlöst, die Menschen glücklich zu machen. Während die klassischen Eutopien alles daran setzen, die Taube vom Dach zu holen und in der Hand an Stelle des verjagten Spatzes festzubinden, bemühen sich die modernen Dystopien darum, den Spatz in der Hand abzusichern und zur Taube aufzuwerten. Doch die Menschen wollen seit jeher beides, oder zumindest wollen sie wählen können, ob sie sich auf die eine oder die andere Alternative konzentrieren – unter Inkaufnahme all der Fehlschläge, die damit verbunden sind. Das eindimensionale Menschenbild, das in den vorgestellten Utopien gezeichnet wird, schreckt daher in beiden Varianten ab: Ob man durch ethische Programmierung oder durch Manipulationen am embryonalen Material zum gutartigen Tier abgerichtet wird, spielt letztlich keine Rolle, weil dem Glück, das sich dabei einstellen soll, im Kontext einer eigenständigen, individuellen Lebensplanung kein Freiraum gegeben, sondern eine Deutung untergeschoben wird, die zu hinterfragen verwehrt ist.

So hat Thomas Morus als der Kontrahent von Raphael Hythlodeus beträchtliche Zweifel daran geäußert, dass die kommunistische Lebensform, wie sie in *Utopia* exemplarisch vorgeführt wird, wirklich alle glücklich macht. Zum einen befürchtet er, dass niemand sich mehr ernsthaft beruflich engagieren wird, wenn das Geld und sämtlicher Privatbesitz abgeschafft werden. Die menschliche Psyche ist so beschaffen, dass sie besondere Anreize braucht, um zu überdurchschnittlichen

Anstrengungen zu motivieren. Zahlen sich jedoch herausragende Leistungen nicht in der einen oder anderen Weise aus, so erschlafft auch der Ehrgeiz, sich in einer Einheitsgesellschaft, die den Durchschnitt fördert, hervorzutun. Ob Orden und Ehrengaben ausreichen, um sich überhaupt, geschweige denn über das geforderte Maß hinaus anzustrengen, ist fraglich. Aber im Grunde ist dies in *Utopia* nicht einmal erwünscht, weil das Gleichheitsprinzip in Gefahr scheint, wenn sich in den verschiedenen Wissens- und Handlungsgebieten Eliten herausbilden, deren Überlegenheit die anderen benachteiligen könnte. Daher besteht kein Interesse an Spezialisten und Experten, die eine Höherentwicklung des Staates vorantreiben. Nur so ist es zu erklären, dass *Utopia* ständig auf einem einfachen, agrarwirtschaftlichen Niveau bleibt, obwohl doch seine Bürger in ihrer reichlich bemessenen Freizeit mit Weiterbildungsprogrammen überzogen werden, die eigentlich Fortschritte in Richtung der Baconschen Utopie nach sich ziehen müssten. Offensichtlich wird ein solcher Entwicklungsprozess von vornherein gebremst, in der Meinung, dass die Menschen nur glücklich sind, wenn niemand sie auf irgendeinem Gebiet überragt.

Dieses schlichte Menschenbild ist auch in Campanellas *Sonnenstaat* leitend. Zwar gibt es dort durchaus Rangunterschiede und Kompetenzgefälle, aber es wird ihnen kein Wertgrad beigemessen, weil die Staatsbürger als solche gleichwertig sind, insofern sie nicht als Einzelpersonen zählen, sondern als Kollektivmitglieder, deren Gesamtwohl von der einheitsstiftenden Kraft der religiös verbrämten politischen Strukturen abhängt. Dies tritt noch stärker in Bacons *Neu-Atlantis* hervor, wo die Priesterkaste nicht nur wie bei Campanella die religiöse und weltliche Macht innehat, sondern überdies noch die Wissenschaftler stellt und damit über alles herrscht, was nur irgend durch einen menschlichen Willen lenkbar und manipulierbar ist. Die Brüder des Hauses Salomons überwachen ihre Forschungen mittels eines komplizierten Kontrollnetzes, das verhindern soll, dass jemand durch Allmachtsfantasien in die Irre geleitet wird. Die Gefahr eines Umkippens ins Totalitäre, wenn sich die praktische Vernunft nicht mehr damit begnügt, die Menschen mittels Indoktrinierung und Moralisierung auf das Gute als Inbegriff des Glücks zu fixieren, sondern durch gezielte Eingriffe in die menschliche Natur den Eigenwillen der Individuen zu brechen trachtet – diese Gefahr einer vollständigen Instrumentalisierung der Menschen um eines vorgeblichen Glücks aller willen lauert in den meisten Utopien.

Was in allen drei klassischen Utopien auffällt, ist das Fehlen von Künstlern. Zwar hat schon Platon in der *Politeia* die Künstler aus seinem Idealstaat verbannt, doch begründete er deren Ausschluss damit, dass ihre Tätigkeit völlig überflüssig sei. Ein Maler zum Beispiel würde nur das Abbild einer Idee nachbilden, wenn er etwa ein Bett malte. Im Unterschied zum Philosophen als dem Wesensbildner, der in der Idee das Wesen einer Sache erfasse, und zum Tischler, der als Werkbildner wenigstens noch einen Gebrauchsgegenstand anfertige, indem er die Idee des Bettes in einem einzelnen Bett konkret umsetze, könne der Maler als bloßer Nachbildner auch genauso gut einen Spiegel durch die Gegend tragen, um die Gegenstände abzubilden, was jedoch sinnlos sei, denn der abgebildete Gegenstand diene weder der Erkenntnis, noch könne man ihn für irgendeinen praktischen Zweck benutzen. Platon fürchtete also, die Erzeugnisse der Künstler könnten zu sehr vom Eigentlichen, Wesentlichen der Dinge ablenken. Die Machthaber in den Renaissance-Utopien scheinen noch weiter gehende Befürchtungen gehegt zu haben, die schon auf Samjatins Auslöschung der Fantasie in *Wir* vorausweist. Die Fantasie vermag eine unerwünschte Kreativität zu entfalten, insofern ihre Gebilde nicht nur eine ablenkende oder zerstreuende Wirkung ausüben, sondern als Entwürfe einer anderen Lebenswelt in Konkurrenz zum bestehenden Staat treten und dessen Stabilität untergraben.

Die Fantasie muss daher entweder wie bei Morus und Campanella unterdrückt werden zu Gunsten der Förderung theoretischen Wissens und praktischer Fertigkeiten, oder sie muss wie bei Bacon in den Dienst der Wissenschaften gestellt werden, wo sie sich in experimentellen Anordnungen und technischen Erfindungen austobt. Schließlich kann man sie ganz ausmerzen wie bei Samjatin oder propagandistisch für die Durchsetzung der kollektiven Interessen beeinflussen wie bei Huxley. Durch die Unterdrückung, Eliminierung oder Domestizierung der Fantasie wird jedoch das Glück des Menschen um die individuelle Dimension verkürzt und der Freiheit des Einzelnen entzogen. Die Fantasie ist ein wesentlicher Bestandteil der menschlichen Erfahrung; als das eigentlich kreative Vermögen entwirft sie – teils selbständig-spielerisch, teils unter der Leitung von Verstand und Vernunft – konkrete Welt-Bilder, wie sie überhaupt als Einbildungskraft alles in ein Bild bringt und auf Grund ihrer bildgebenden Tätigkeit die Sinne mit in die Erfassung und Gestaltung der Lebenswelt einbezieht. Eben dies macht sie aber in einer politischen Lebensform, die die sozialen Verhältnisse auf der Basis der Prinzipien Gleichheit und Einheit bis ins Kleinste durchreglementiert haben möchte, verdächtig. Denn durch die Einbeziehung der Sinnlichkeit bringt die Fantasie eigenwillige, von den eingefahrenen Bahnen abweichende, emotional besetzte Elemente ins Spiel, welche aus der Sicht der utopischen Modellbauer bloße Störfaktoren sind, die es auszuschalten gilt. Doch gerade die Fantasie ist für den Menschen eine Lustquelle, aus welcher er seine höchsteigenen, subjektiven Glücksmomente schöpft, die ihn für das Ungemach des alltäglichen Frusts entschädigen.

So erzeugen die Utopien in den Unangepassten und Außenseitern ihre eigenen Unglücklichen, die unter dem Verlust ihrer Individualität leiden und die staatlichen Glücksangebote zurückweisen. In Samjatins *Wir* sind es die Verschwörer um I-330, die ihre Erinnerung an das alte Menschenbild wach zu halten versuchen und in der wild wuchernden Natur jenseits der grünen Mauer, mit der sich der Einzige Staat vom Chaos abtrennt, ein alternatives Glück finden. Für diese Lebensform ist auch D-503 empfänglich, der zwar ein konformes Mitglied des Staates ist, aber einen Überschuss an Fantasie besitzt und an sich Merkmale entdeckt, die ihn aus der Einheitsgesellschaft ausgrenzen. Das anfängliche Entsetzen, das ihn erfasst, als er merkt, dass sich bei ihm eine »Seele« bildet, schlägt um in reines Glück über sein Anderssein, über die sich von der Uniformität der Nummern unterscheidende individuelle Besonderheit seines Selbst, das nicht mehr den Einheitsstempel der Masse trägt.

Das Gleiche widerfährt dem »Wilden«, der in Huxleys Utopie ein Repräsentant der alten Welt und ihrer durch die Werke Shakespeares vermittelten Werte ist. Aufgewachsen in einem Reservat jenseits des Zauns, den die schöne neue Welt um sich gezogen hat und hinter dem vereinzelt noch Individuen aus früheren Zeiten wie Tiere im Zoo gehalten werden, sieht der Wilde sich eines Tages mit den Einrichtungen der Gegenwelt konfrontiert und ist unfähig, sich darin glücklich zu fühlen. Da er genetisch unmanipuliert ist und keiner sozialen Normierung unterzogen wurde, vermag er, anders als die mit ihrer Lebensform verschmolzenen Zuchtexemplare der neuen Welt, die ihm fremde Existenzweise distanziert wahrzunehmen und ihre Mängel zu erkennen. Auch in der schönen neuen Welt selbst gibt es unglückliche Existenzen, die infolge eines »Unfalls« während der embryonalen Herstellung von der Norm abweichen – wie Sigmund Marx, der als Alphaplus vorgesehen war, dessen Blutsurrogat jedoch versehentlich mit Alkohol versetzt wurde, so dass er äußerlich einem kleinwüchsigen Gamma-Exemplar gleicht. Hin- und hergerissen zwischen den beiden unterschiedlichen Identitäten, sucht er nach seinem eigentlichen, von jeglicher Normung freien Ich, das er jedoch nur im »Paradies seiner Träume« findet, während die Realität ihn in seiner durch kein Soma zu heilenden Verzweiflung wieder einholt und ihm umso unerbittlicher sein Unglück vor Augen führt: »Wie glücklich könnte man sein, sann er, wenn man nicht an das Glück denken müßte!« Der Wilde hält ihm entgegen: »Nun, ich wäre lieber unglücklich, als dies unechte, gleisnerische Glück mein eigen zu nennen, dessen Sie sich hier erfreuen.« Immerhin befördert der Staat seine verunglückten Alpha-Exemplare nicht einfach umstandslos ins Jenseits, aber sie müssen verschwinden, weil »sie den Glauben an das Glück als das höchste Gut« untergraben und bei den weniger Gefestigten die Konditionierungserfolge gefährden. Man schickt sie, denen »das Bewußtsein ihrer Individualität so sehr zu Kopf gestiegen ist, daß sie sich nicht mehr ins Gemeinschaftsleben eingliedern« lassen, auf eine Insel, auf der sie unter ihresgleichen so leben können, dass sie nach ihrer Fasson selig werden. Der Wilde hingegen ist ein subversives Element, das die Stabilität der schönen neuen Welt von innen her bedroht, weil er deren Unmenschlichkeit aufdeckt. Anders als die systemimmanent Verunglückten bringt er einen eigenen Maßstab mit, mit dessen Hilfe er die gesellschaftlichen Zustände überprüfen und ihre Defizite benennen kann. Die Freiheitsberaubung der Bürger wird nicht aufgewogen durch die Verwirklichung von Gleichheit, Brüderlichkeit und Konfliktlosigkeit. Der Wilde empfindet Grauen und Ekel beim Anblick der Bokanowsky-Gruppen, die, angepasst an Hitze, Kälte, Dreck, chemikalische Einwirkungen und Strahlungen, in den Massenproduktionsanlagen wie Roboter ihre Tätigkeiten verrichten. Ihn verfolgt der »Alptraum wimmelnder, ununterscheidbarer Gleichheit«, die das absolute Gegenteil jener moralischen, rechtlichen und politischen Gleichheit ist, die in der alten Welt als ein Menschenrecht erkämpft wurde, das jedem Individuum als einer freien, selbstbestimmten Person unverbrüchlich zustand.

Zwar wurde dieses Recht nicht nur in Einzelfällen, sondern auch strukturell entsprechend den jeweiligen Machtkonstellationen ständig verletzt, aber die Verletzung, die den Menschen der neuen Welt vom Augenblick ihrer künstlichen Zeugung an systematisch zugefügt wird, ist von einer anderen Qualität, insofern sie auf einen reduzierten Menschentypus abzielt, dem genau das abgeht, was den *homo sapiens* auszeichnet: die Menschlichkeit. Die Verselbstständigung der Fähigkeiten von Kopf und Hand, die mit der Abspaltung des *homo faber* und des *homo oeconomicus* vom *homo sapiens* schon gegen Ende des 2. Jahrtausends begonnen hatte, wird um die Mitte des 3. Jahrtausends in der schönen neuen Welt endgültig besiegelt, indem die ursprüngliche Ganzheitlichkeit von Kopf, Herz und Hand unwiderruflich fragmentarisiert wird durch die Herstellung von wissenschaftlichen und technischen Kopfmenschen auf der einen Seite, von Arbeitsrobotern auf der anderen Seite. Das in der alten Welt in den Privatbereich ausgelagerte Herz – das durch hochschießende Emotionen die öffentlichen Rationalisierungsstrategien und Kalküle gelegentlich durcheinander brachte: in der Hoffnung, Verstand, Gefühl und den Gebrauch der Hände wieder miteinander zu versöhnen – wird in der neuen Welt der staatlichen Kontrolle unterstellt. Sie soll garantieren, dass jeder Einzelne mit dem ihm zustehenden Quantum Glück (in Gestalt von Lustangeboten und Soma) versehen wird: nicht um der Gerechtigkeit Genüge zu tun, sondern um Störungen im Getriebe des Staatsapparats vorzubeugen, dessen Stabilität dem Wohl der durch ihn Verwalteten übergeordnet ist.

Der Wilde, der sich mit den beiden Welten konfrontiert sieht, begreift, dass er keine Zukunft hat. Die Werte, die aus seiner Sicht dem menschlichen Dasein einen Sinn geben, sind in der neuen Welt ausgerottet, und das ihm stattdessen offen stehende Leben ohne persönliche Verantwortung, ohne existenzielle Not, »ohne Tränen« scheint ihm untermenschlich. Er hat begriffen, dass man auch das Glück wegstreicht, wenn die Bedingungen des Unglücks ausgeschaltet werden. In seinem letzten Gespräch mit einem der Weltaufsichtsräte wird ihm klar, was er will: ein Recht auf Unglück.

> ›Ich brauche keine Bequemlichkeiten. Ich will Gott, ich will Poesie, ich will wirkliche Gefahren und Freiheit und Tugend. Ich will Sünde.‹
>
> ›Kurzum‹, sagte Mustafa Mannesmann, ›Sie fordern das Recht auf Unglück.‹
>
> ›Gut denn‹, erwiderte der Wilde trotzig, ›ich fordere das Recht auf Unglück.‹
>
> ›Ganz zu schweigen von dem Recht auf Alter, Häßlichkeit und Impotenz, dem Recht auf Syphilis und Krebs, dem Recht auf Hunger und Läuse, dem Recht auf ständige Furcht vor dem nächsten Tag, dem Recht auf typhöses Fieber, dem Recht auf unsägliche Schmerzen jeder Art?‹ Langes Schweigen.
>
> ›All' diese Rechte fordere ich‹, stieß der Wilde endlich hervor.
>
> Mustafa Mannesmann zuckte die Achseln und sagte: ›Wohl bekomm's!‹
> (Schöne neue Welt, 208)

Der Wilde verlangt nach einem Glück, das nur um den Preis möglichen Unglücks zu haben ist, und diesen Preis zu bezahlen, ist er bereit. Aber der Globus ist zur schönen neuen Welt geworden, in der nirgends Platz für ihn und seine Ziele ist. Mit ihm geht daher jener Menschentypus zu Grunde, für den das Glück noch etwas ist, auf das man seine persönlichsten Sehnsüchte projiziert und sein Streben ausrichtet. Ein Glück, das einem öffentlich zugeteilt wird wie ein Arbeitsplatz, eine Liebesbeziehung oder Essensrationen, ist ebenso wenig begehrenswert wie die Befriedigung künstlich erzeugter Süchte. Selbst wenn es ursprünglich ethische Motive waren, die den

Anstoß gaben, nach einer idealen politischen Lebensform Ausschau zu halten, welche eine friedliche, harmonische Gemeinschaft ermöglicht, zeigt sich doch sehr rasch, dass dieses kollektive Glück nur durch Eliminierung der individuellen Freiheit erreicht werden kann, und so spielt es letztlich für den Einzelnen keine große Rolle mehr, ob das Ziel einer glücklichen Gesellschaft wie in den klassischen Utopien durch rigorose Abrichtung zum Guten von der ethisch-praktischen Vernunft oder wie in den negativen Utopien durch brutale Eingriffe in den menschlichen Organismus von der wissenschaftlich-technischen Vernunft gerechtfertigt wird, da in beiden Fällen um der Unglücksvermeidung willen den Individuen keine Wahl gelassen wird. Sie verlieren ihre Individualität, weil ihre Selbstbestimmung verhindert wird, damit ihnen – durch fragwürdige Veredelungsstrategien – eine politisch erwünschte Identität aufgepfropft werden kann. Im einen Fall sehen sie sich der praktischen Vernunft »als kategorischer Imperativ mit dem Revolver in der Hand« gegenüber (Ernst Bloch), während sie im anderen Fall den Skalpellen der technischen Vernunft ausgeliefert sind. Das ist das weitaus größere und nicht wieder gut zu machende Unglück – jedenfalls aus der Sicht derer, die noch in der Lage sind, jene Glücksvorstellungen, die als Sinnkonzepte in eigene Lebensentwürfe eingehen, mit den Glücksverheißungen zu vergleichen, die perfekte Staatsgebilde offerieren.

So meinte denn Friedrich Engels, ein vehementer Kritiker sozialistischer Utopien, in seiner Schrift *Die Entwicklung des Sozialismus von der Utopie zur Wissenschaft*, solche Konstrukte eines Reichs der Vernunft seien weiter nichts »als das idealisierte Reich der Bourgeoisie«, in welchem zwar – dies erinnert an Thomas Morus – »der allgemeine Gegensatz von Ausbeutern und Ausgebeuteten, von reichen Müßiggängern und arbeitenden Armen« durch Beseitigung der Klassenunterschiede zum Verschwinden gebracht werden solle, aber auf die falsche Weise. Engels wirft den Utopisten vor, sie wollten aus dem Kopf heraus bessere Verhältnisse erzeugen, anstatt die Dinge an der Basis ihren dialektischen Gang gehen zu lassen, der seinen eigenen, wissenschaftlich begründbaren Gesetzen folge und unausweichlich auf das Reich der Freiheit zusteuere. Wie Darwin die metaphysische Naturauffassung erschüttert habe, indem er die Entwicklungsgesetze der biologischen Evolution aufzeigte, so möchte Engels im Fahrwasser von Marx den Nachweis erbringen, dass das Hegelsche System »eine kolossale Fehlgeburt« war, insofern es sich als »ein allumfassendes, ein für allemal abschließendes System der Erkenntnis von Natur und Geschichte« präsentierte und damit die materiellen, ökonomischen Bedingungen ignorierte, unter denen die gesellschaftliche Warenproduktion vonstatten geht. Wer deren Mechanismen durchschaut, ist in der Lage, den Fortgang der Entwicklung zu prognostizieren, die mit einer auf den Selbstgebrauch beschränkten Produktion begann, mit der Überschussproduktion (»Mehrwert« in Form von Kapital und Eigentum) in den Kapitalismus mündete, der seinerseits durch den Aufstand der Ausgebeuteten und die Errichtung einer klassenlosen Gesellschaft überwunden wird, die als Ganze im Besitz der Produktionsmittel ist. »Die gesellschaftlich wirksamen Kräfte wirken ganz wie die Naturkräfte: blindlings, gewaltsam, zerstörend.« Sind sie jedoch einmal erkannt, kann ihr Potenzial in die gewünschte Richtung gelenkt werden, so dass am Ende »der Sprung der Menschheit aus dem Reich der Notwendigkeit in das Reich der Freiheit« geglückt ist. Engels bemüht noch einmal die Parallele zwischen natürlicher und gesellschaftlicher Evolution, um den Unterschied zwischen einem utopischen und einem wissenschaftlichen Sozialismus zu verdeutlichen: »Der Staat wird nicht ›abgeschafft‹, *er stirbt ab.*«

Nach Engels ist demnach keine Utopie nötig, um an das Ziel der Menschheit zu gelangen. Die bestehenden Verhältnisse

werden von selbst »absterben« – wie eine Blume, die verwelkt. Man kann den Prozess allenfalls beschleunigen, indem das Proletariat zur Revolution angehalten wird. Aber das Reich der Freiheit wird kommen, und alle Gefahren der Freiheit, die die Utopisten dazu bewogen haben, die Freiheit zu eliminieren, um eine Gemeinschaft von Glücklichen zu ermöglichen, scheinen für Engels gegenstandslos zu sein. Er ist der Überzeugung, dass die ökonomische Befreiung mit einem Schlag allen in der bürgerlichen Welt vorhandenen Konflikten den Boden entzieht: Wo es keinen Privatbesitz mehr gibt, hat niemand mehr einen Grund zum Stehlen. Wo alle glücklich sind, wird keiner an den Grundlagen dieses Glücks rütteln wollen. Dieser unumkehrbare Zustand ist als Endziel nicht mehr überschreitbar, der Entwicklungsprozess kommt zum Stillstand, und das Erreichte kann höchstens immanent noch weiter vervollkommnet werden. Die Frage ist nur, ob nicht der Glaube an den quasi naturgesetzlichen Verlauf der Geschichte, den Engels für wissenschaftlich begründbar hielt, in seiner Wurzel utopisch ist. Problematisch daran ist die Unterstellung, die den Entwicklungsgang determinierende Dialektik sorge von sich aus – auch ohne Unterstützung durch die Menschen – für die fortgesetzte Annäherung an das Endziel. Abgesehen davon, dass deskriptive Feststellungen über einen künftigen Ist-Zustand nur Anspruch auf Wahrscheinlichkeit erheben können, ist die Herkunft der normativen Bedeutung des Endziels ungeklärt. Wer bestimmt, dass das Reich der Freiheit die wahre, unüberbietbare politische Lebensform für die Menschheit insgesamt ist, wenn weder aus der Geschichte als dialektisch sich unausweichlich vollziehendem Prozess normative Setzungen hervorgehen, noch der Mensch, über dessen wie immer geartete Praxis die Geschichte sich hinwegsetzt, als Urheber der Endzielkonzeption in Frage kommt?
Immerhin haben Marx und Engels das Prinzip der Freiheit

gerettet, für das in den Utopien kein Platz war. Ernst Bloch, der sich im Schlusskapitel seiner Schrift *Geist der Utopie* (1918) mit dem Marx-Engels-Modell auseinander gesetzt hat, konstatiert im Hinblick auf das Reich der Freiheit, ihm fehle eine metaphysische Dimension. Es bedürfe noch einer Evaluation durch die praktische Vernunft, die Platz schaffen müsse für die seelischen Bedürfnisse, nachdem die wirtschaftliche Basis für alle Menschen gesichert worden sei. Bloch will das Reich der Freiheit mit Sinn erfüllen; eine »verwandelte Kirche« soll »Trägerin weithin sichtbarer Ziele« sein. Ihm schwebt das »Abenteuer des freigelegten Lebens« mit Tolstoischen und Dostojewskijschen Zügen vor: »incipit vita nova«, ein Leben, das – entlastet von ökonomischen Zwängen – sich mit dem Glück eines gelebten Sozialismus erfüllt.

Grundsätzliche Bedenken an der marxistischen Vorstellung eines Reichs der Freiheit in der Blochschen Version hat Hans Jonas in seinem Buch *Das Prinzip Verantwortung* angemeldet. Er steht dem »›Umbau des Sterns Erde‹ durch entfesselte Technologie« äußerst skeptisch gegenüber. Man könne nicht einen völlig neuen Menschentypus erzeugen wollen, den es so nie gegeben habe und von dem man daher weder wisse, ob er wirklich wünschenswert sei, noch, ob er überhaupt so sein möchte, wie er unter heutigen Bedingungen konzipiert werde. »Der Irrtum der Utopie ist also ein Irrtum der vorausgesetzten Anthropologie, der Auffassung vom Wesen des Menschen.« Damit hat Jonas in der Tat den Finger auf den wunden Punkt aller Utopien gelegt: Wir experimentieren gleichsam mit den künftigen Generationen und verfügen über deren Glück, wenn wir die Weichen für eine Zukunft zu stellen versuchen, die *uns* begehrenswert erscheint, ohne Rücksicht auf das Selbstbestimmungsrecht der nach uns Kommenden zu nehmen. Es kann also nicht darum gehen, bessere Menschen heranzuzüchten, als wir es sind, sondern die lebensweltlichen Bedingungen so zu optimieren, dass die späteren Generationen gute Voraussetzungen vorfinden, um ihre eigenen Entscheidungen treffen und ihre persönlichen Glückskonzepte umsetzen zu können.

Die politische Lebensform ist als gescheitert zu betrachten, wenn sie in Weiterführung der ökonomischen Lebensform das größte Glück der größten Zahl zum obersten Prinzip staatlichen Handelns erhebt. Der Staat ist für die Bürger da und nicht umgekehrt; er muss optimale Voraussetzungen schaffen, unter denen die Individuen ein selbstbestimmtes gutes Leben führen können, das sowohl ihren persönlichen Wünschen als auch den kollektiven Interessen gerecht wird. Ein Staat hingegen, der es selbst in die Hand nimmt, seine Mitglieder glücklich zu machen, kann dieses Ziel nur erreichen, indem er den Pluralismus rigoros beschneidet und die Vielfalt der miteinander rivalisierenden Glücksvorstellungen auf ein Einheitsglück zurechtstutzt, an welchem alle in gleicher Weise beteiligt werden. Da dieses Glück jedoch nicht mit dem ursprünglich Begehrten, Erwarteten, Erhofften übereinstimmt, muss die Einstellung der Bürger so verändert werden, dass sie das Einheitsglück für erstrebenswert halten und sich schließlich kein anderes Glück mehr vorstellen können. Sie wollten ja ursprünglich übereinstimmend Frieden, Gerechtigkeit, Gleichheit als ideale Rahmenbedingungen, die das Glück aller sicherstellen sollten. Und genau dies bekommen sie auch, wie die Utopien gezeigt haben. Dass die Rahmenbedingungen nur dann wirklich ideal sind, wenn sie sich dem Prinzip Freiheit verdanken, erweist sich erst nach dem Verlust der Freiheit, ohne die das Glück seine Qualität verloren hat. Friedrich Georg Jünger hat den Betrug, der in den sozialistischen und technischen Endzeit-Utopien an den Menschen verübt wird, und die »Verödung des geistigen Lebens« treffend kritisiert:

Es ist reine Phantasterei, wenn man mit einem Zustand mechanischer Perfektion Harmonievorstellungen verbindet, wenn man ein politisches und soziales Idyll dort annimmt, wo es niemals zu finden sein wird. Wie jene Vorstellungen von Muße, Freiheit, Reichtum, die der technische Fortschritt hervorruft, utopisch sind, so sind auch die Vorstellungen von Frieden, Wohlstand und Glück, die man in die Zukunft verlegt, utopisch, sie vereinbaren das Unvereinbare. Die Maschine ist kein glückspendender Gott, und das Zeitalter der Technik endet in keinem friedlichen und liebenswürdigen Idyll. [...] Es ist gut, wenn man alle Illusionen über die Segnungen der Technik fahren läßt, vor allem aber die Illusionen des ruhigen Glückes, die man mit ihr verbindet. Sie verfügt über kein Füllhorn. (Die Perfektion der Technik, 157)

Utopien sind Gedankenexperimente, mit deren Hilfe man politische Lebensformen daraufhin testen kann, ob sie für die individuelle Selbstverwirklichung taugen oder nicht. Dabei geht es immer darum, bestehendes Unglück möglichst dauerhaft zu vermeiden, indem man es mit den Wurzeln ausreißt. Das Problem ist nur, dass man mit den Wurzeln in der Regel auch das Glück mitbeseitigt. Feministische Utopien zum Beispiel suchen nach Lösungen für den Geschlechterkonflikt. Wenn das Unglück der Frauen seine Ursache letztlich in männlichen Aggressionen und Gewaltakten hat, die eine friedliche Koexistenz gleichwertiger und gleichberechtigter Personen unmöglich machen, dann entstehen Visionen einer anderen Interaktionsgemeinschaft, in der entweder keine Männer mehr vorkommen oder die in einem Matriarchat aufwachsenden Knaben so erzogen werden, dass sie keine Macho-Verhaltensmuster mehr an den Tag legen. Charlotte Perkins Gilman hat in ihrer Utopie *Herland* (1915) einen nur aus Frauen bestehenden, ohne hierarchische Strukturen auskommenden autarken Staat geschildert, dessen Fortbestand durch Parthenogenese gesichert ist. Entsprechend kommt dem Mutterglück große Bedeutung zu (vgl. 180), und insofern sich in

Herland alles um die Kinder dreht, zielt die gesamte Erziehung der Mädchen auf deren Glück ab. Das eigentliche Glück von *Herland* besteht jedoch darin, dass die Frauen sich, ungehindert durch männliche Machtkämpfe und Unterdrückungspraktiken, frei entfalten und zwischenmenschliche Beziehungen ausbilden können, die auf einem kollektiv praktizierten Gefühl der Solidarität beruhen.

Andere feministische Glücksszenarien versuchen die Geschlechterproblematik dadurch zu entschärfen, dass sie eine Gesellschaft androgyner Menschen beschreiben, die kein biologisch festgeschriebenes Geschlecht mehr haben, sondern zweigeschlechtliche Wesen sind, die je nach individuellem Bedürfnis abwechselnd in die Erzeuger- oder Gebärerinnenrolle schlüpfen können. Ursula LeGuin hat in *Winterplanet* (1969) eine solche Gemeinschaft von androgynen Individuen dargestellt, die einander nicht als Männer und Frauen betrachten, auch nicht als Neutren, sondern als »Potentiale, Integrale«, die sich gegenseitig »panhuman« als Menschen achten.

Utopien sind keineswegs überflüssig, wie Joachim Fest in *Der zerstörte Traum. Vom Ende des utopischen Zeitalters* meint. Auch wenn zuzugestehen ist, dass nach dem Nationalsozialismus und nach 1989 die sozialistische Idee als gescheitert gelten muss und »die Glückskommandos der Schreibtischpropheten« im Terror untergegangen sind, tragen utopische Entwürfe einer fiktiven Gegenwelt zur Klärung der Faktoren bei, die für vorhandenes Unglück verantwortlich sind, und bereiten Überlegungen den Weg, wie dieses Unglück verringert oder gar verhindert werden könnte, ohne dass dadurch schon ein Glückszustand herbeigeführt würde. Den politischen Heilsversprechungen und angekündigten Glücksspenden muss man ebenso skeptisch begegnen wie den Möglichkeiten, die die Gentechnologien hinsichtlich der Züchtung eines erwünschten Menschentypus bzw. einer Elite (»Menschenpark«) mittels Anthropotechnik eröffnen. Eingedenk der durch die

Utopien vermittelten Einsicht, dass eine für alle maßgeschneiderte Insel der Seligkeit nur um den Preis der Freiheit zu haben ist – und eben deshalb zu einer Insel der Unseligen mutiert –, wird der Blick geschärft für eine politische Landschaft, in welcher jedes Individuum genügend Spielraum findet, um seiner eigenen Insel der Seligkeit Konturen zu geben und sich ein Glück auszumalen, das individuell zugeschnitten ist, ohne mit den Glücksvorstellungen der anderen zu kollidieren.

Die sittliche Lebensform:
das eudämonistische Glück

*D*er Hebel für ein gelingendes gutes Leben kann, wie die utopischen Konstrukte einer idealen Gesellschaft gezeigt haben, nicht *top down* angesetzt, sondern muss *bottom up* angesetzt werden, wenn nicht die Freiheit auf der Strecke bleiben soll. Die Individuen müssen sich gegenseitig zum Guten motivieren und dabei gemeinsam eine kollektive Vorstellung des für alle Guten entwickeln, anstatt die Ethik an eine Elite zu delegieren, die stellvertretend für alle Konzepte des Wohlverhaltens am Reißbrett entwirft und die Individuen mit Hilfe von auf sie zugeschnittenen Glücksködern daran anzupassen versucht. Eine solche Vorstellung des Glücks, die im Rahmen einer sittlichen Lebensform und damit im öffentlich-politischen Raum von den Individuen verwirklicht wird, haben Platon und Aristoteles entwickelt. In dem griechischen Wort für Glück – *eudaimonia* – stecken zwei Bestandteile, nämlich *eu* = gut und *daimon* = Dämon/Geist. Glücklich ist also, wer einen guten Dämon bzw. einen ihm wohl wollenden guten Geist hat, das heißt: wem die Gottheit wohl gesonnen ist. Wohl gesonnen ist die Gottheit jedoch nur dem, der sich wohlgefällig verhält, indem er gut handelt. Damit schließt sich der Kreis: Wer gut handelt, hat einen guten Dämon, der sich bei ihm wohl fühlt, und ist dadurch glücklich. Die Frage nach dem Glück konzentriert sich somit auf das gute Handeln *(eu prattein)* und das darauf gegründete gute Leben *(eu zen)*. Sokrates hat sein Daimonion stets als eine Instanz beschrieben, die sich nur bemerkbar machte, wenn sie ihm von etwas abriet.

Solange der Dämon schwieg, konnte Sokrates davon ausgehen, dass er mit seinen Absichten, Plänen und Handlungen auf gutem Wege war; erhob sich jedoch die warnende Stimme des Dämons, war er in Gefahr, sein Glück zu verfehlen.

Etwas weniger mythologisch gesprochen, könnte man vielleicht sagen, dass der gute Dämon in mir mein Gewissen ist, das sich im verantwortlichen Umgang mit mir selbst und den anderen als jene Urteilsinstanz herausgebildet hat, die mir in den Wechselfällen des Lebens behilflich ist, die jeweilige Situation richtig zu beurteilen und darauf zugeschnittene Handlungsmöglichkeiten zu evaluieren. Der Spruch »Ein gutes Gewissen ist ein sanftes Ruhekissen« deutet ein Wohlbefinden, mithin ein Glück an, das sich einstellt, wenn man sich im Einklang mit seinem Gewissen weiß. Das Wort *Gewissen* bezieht sich auf ein Wissen, das mit einem Gewissheitsfaktor versehen ist. Seinem Gewissen zu folgen zieht eine Beruhigung nach sich, da man sicher sein kann, dass die Handlung, für die man sich entschieden hat, die einzig richtige ist. Es ist daher weise, auf die Stimme seines Gewissens zu hören, weil sie an jene von uns internalisierten Maßstäbe erinnert, die als sittliche zu befolgen wir uns grundsätzlich entschlossen haben. Wenn jemand dies nicht tut, unterstellen wir ihm, er sei von allen guten Geistern verlassen. Natürlich spricht im Gewissen nur dann der »gute Geist«, wenn es nicht mehr fremde Autoritäten (Eltern, Lehrer, Priester usf.) sind, deren Stimmen sich Gehorsam heischend als »Über-Ich« Gehör verschaffen, sondern wenn das erwachsene, unabhängig gewordene Ich gleichsam sich selbst auffordert, seinen eigenen, von ihm als richtig erachteten Prinzipien und damit sich selbst treu zu sein.

Die Seele als der Schauplatz des Glücks

Die Grundsatzentscheidung, die Stimme des Gewissens als Ausdruck des guten Willens zu respektieren, ist je meine, die ich persönlich getroffen habe. Ich kann aus meinem Gewissen auch die Herde oder das Über-Ich sprechen lassen und damit zulassen, dass ich in meinem Tun fremdbestimmt sein will, anstatt Herr im eigenen Haus zu sein. Platon hat am Ende des Dialogs *Politeia* im Mythos von der Wahl der Lebensform zu zeigen versucht, dass ich mich so, wie ich bin, selbst gewählt habe. Mit der individuellen Lebensform hat die Seele vor ihrer Wiederverkörperung auch den entsprechenden Dämon gewählt, der dafür Sorge tragen wird, dass der Einzelne von seiner Grundsatzentscheidung und damit von seinem Charakter nicht mehr abweichen kann. Wer sich vorschnell für die Lebensform eines Tyrannen entscheidet, hat die Konsequenzen, die diese Wahl für sein Glück hat, übersehen oder gering geschätzt. Es gehört also Augenmaß und Besonnenheit dazu, aus den zur Auswahl stehenden Lebensmustern dasjenige herauszufinden, welches ein glückliches Leben ermöglicht.

Ein glückliches Leben kann nur jemand führen, der ›Tugend‹ besitzt, wobei das griechische Wort für Tugend – *areté* – anders als die deutsche Version nicht so sehr eine übertriebene Sittsamkeit oder betuliche Anständigkeit meint, sondern sich auf die Tauglichkeit oder Kraft bezieht, mit welcher einer das tradierte Ethos durch eigenständiges Handeln umzusetzen versteht. Die Tugend ist daher eine gemeinschaftsbildende Fähigkeit, die von allen geteilten Wertvorstellungen in die individuelle Praxis einfließen zu lassen und so das gute Leben des Einzelnen mitsamt dem darin implizierten Glück in den Horizont des kollektiv Verbindlichen einzubetten. Die Leistung eines tugendhaften Menschen beschreibt Platon in *Die Gesetze* sehr anschaulich, indem er den Menschen mit einer »Drahtpuppe«, einer Marionette vergleicht, die nur dann zu koordinierten Bewegungen fähig ist, wenn die Fäden richtig gezogen werden. Wer sich dem Chaos unkontrollierter Triebe und Begierden hingibt, wird durch die Fäden, die ihn in verschiedene Richtungen zerren, auseinander gerissen, so dass es ihm unmöglich ist, Ordnung in seine Handlungsabläufe zu bringen. Bildung und Erziehung müssen daher darauf hinwirken, dass die Bürger der Polis durch Einübung in Tugend gleichsam zu ihren eigenen Drahtziehern werden. Sie sollen sich also weder durch andere noch durch ihr Verlangen nach schierer Lust manipulieren lassen, sondern ein Gleichgewicht der zerstreuten Kräfte herstellen, indem sie selber die Fäden ziehen und sich damit allererst zum Handeln tauglich – eben tugendhaft – machen. Die Tugend befähigt den Einzelnen, einen Leitfaden als Orientierungshilfe auszubilden, auf den die übrigen Fäden hingeordnet werden, so dass ein in sich kohärentes Streben nach einem selbst gesetzten, durch die Gemeinschaft autorisierten Ziel entsteht.

Dieser Leitfaden, von dem Platon sagt, er sei im Unterschied zu den übrigen Fäden, die aus einem starren, eisernen Material bestünden, biegsam und aus Gold, aus einem edlen Metall also, das für den inneren Wert der Tugend stehe, ist der Wegweiser zum Glück. Was immer von einem Individuum erstrebt wird: Sein wahres Glück findet es nur, wenn sein Streben durch Tugend wie durch einen Kompass, der beharrlich nach Norden zeigt, eine Richtung bekommt und als gebündelte Kraft auf das anvisierte Ziel zusteuert. Sich selbst zum Glück tauglich zu machen heißt für Platon: den Anforderungen der Vernunft Folge zu leisten. Wer vernünftig handelt, ist besonnen, ja weise. »Die Weisheit also macht, daß die Menschen in allen Dingen Glück haben«. Die Weisheit ist das größte aller Güter, denn sie allein vermittelt das Wissen, worin des Menschen Glück besteht. Die Menschen halten viele unterschiedliche Güter für erstrebenswert - Besitz, Reichtum, Gesundheit, Ehre, Schönheit - und begehren sie als Mittel zum Glück. Doch solange sie kein Kriterium des wahren Glücks haben, gehen sie oft in die Irre. Weisheit hingegen ist die Fähigkeit, richtig zu unterscheiden und zu werten, und zwar auf der Basis eines Wissens um das jeweils Gute, das handelnd erreicht werden soll. Weisheit ist demnach mehr als ein bloß theoretisches Bescheidwissen über ein als persönliches Glück erstrebtes Gut; sie vollendet sich darin, dass man den richtigen Gebrauch von seinem Wissen und seinen Gütern zu machen versteht.

> Wie nun, wenn jemand Reichtum besäße und alles Gute [...], gebrauchte es aber nicht; würde der glückselig sein durch den Besitz dieses Guten? – Nicht eben, Sokrates. – Wer also glückselig sein soll [...], der muß, wie es scheint, dergleichen Güter nicht nur besitzen, sondern auch gebrauchen, oder der Besitz wird ihm zu nichts nutz. (Euthydemos, 280d)

Glücklich ist der Weise, weil er im Stande ist, mit dem, was er hat, angemessen umzugehen, so dass er den größtmöglichen Nutzen aus dem ihm verfügbaren Potenzial zu ziehen vermag. Das Glück des Weisen bemisst sich nicht nach der Menge seiner Güter, sondern allein nach dem Umgang, den er als Nutznießer seines Besitzes mit diesem pflegt. Sokrates zum Beispiel war ein armer Mann, der sein Auskommen als Steinmetz hatte. Sein größtes Gut war seine philosophische Begabung, die er voll ausschöpfte, indem er mit Interessierten über Gott und die Welt sprach, das scheinbar Selbstverständlichste problematisierend und sich mit den gemeinsam gefundenen Resultaten immer nur vorläufig zufrieden gebend. Er tat dies unentgeltlich, obwohl er wie die Sophisten gutes Geld mit öffentlichen Vorträgen hätte verdienen können. Aber daran lag ihm ebenso wenig wie am Verfassen gelehrter Bücher in der Zurückgezogenheit seines Hauses. Sokrates sah sein Glück im Dialog mit anderen, weil darin ihm selbst und seinem Dämon wohl war. Er brauchte so nie vorzugeben, etwas zu wissen, sondern konnte stets im argumentativen Hin und Her der Unterredung einen Gedanken sich entwickeln lassen, dessen Prüfung er den Gesprächspartnern in ihrem jeweiligen Lebenskontext auferlegte.

Weisheit ist eine Bedingung des Glücks, aber sie allein macht nicht glücklich. Im Dialog *Philebos* stellt Platon eine aus Vernunft und Lust gemischte Lebensform als die vorzüglichste dar. Ein nur der Lust gewidmetes Leben wird ebenso verworfen wie ein nur vernünftiges; Ersteres, weil man nicht einmal wüsste, dass man vergnügt ist, wenn alle kognitiven Leistungen wie Erkenntnis, Gedächtnis und Erinnerung ausfielen; Letzteres, weil die völlige Abwesenheit von Lust- und Unlustgefühlen auch von der Vernunft als unbefriedigend empfunden würde. Die Frage, wem in der gemischten Lebensform der Vorrang gebührt, der Vernunft oder der Lust, wird unter dem Gesichtspunkt erörtert, was sie jeweils zum guten Leben beitragen. Die Vernunft, so wird argumentiert, zeige schon im Großen, in den kosmischen Prozessen, ihre Ordnungs- und Maßfunktion, mittels welcher das durch den Zufall regierte Chaos begrenzt werde. Erst recht gelte dies im Kleinen für den menschlichen Körper, der aus den gleichen Elementen bestehe wie die Natur als großer Organismus. Dem Chaos der ihrem Wesen nach grenzenlosen Lüste und Begierden ausgesetzt, werde der Körper sich zerstören, anstatt sich als lebendiges Ganzes zu organisieren.

Damit die Vernunft ihre ordnende und mäßigende Kraft auf den Körper ausüben kann, bedarf sie nach Platon eines Sitzes in diesem, von wo aus sie auf die Lüste einwirken kann; dieser Sitz ist die Seele. In der Seele entscheidet die Vernunft auf der Basis von Erinnerung als abgelagerter Erfahrung in jedem Augenblick darüber, welche Lust und welches Maß an Lust dem Körper zuträglich ist. Zugleich entwickelt sie Strategien zur Vermeidung von Schmerz und Unlustgefühlen. Die Seele, so Platon, gleicht einem Buch, in welchem mittels Schrift und Bild alles verzeichnet ist, was wir als Quintessenz richtiger, aber auch falscher Vorstellungen über die Lust aus unseren Erlebnissen gezogen haben. So blättert die Vernunft zu ihrer Orientierung im Buch der Seele, wenn sie die körperlichen Begierden zügeln will, und je nachdem, worauf sie bei ihrer Lektüre stößt, weckt sie im Körper eine »Vorlust« auf eine bereits erlebte Freude oder hält ihn in Erinnerung an Schmerz- und Unlustgefühle von einer Begierde ab. Dieses Sich-ins-Gedächtnis-Rufen vergangener Glückserlebnisse ist – ähnlich wie das Betrachten von Fotoalben – keineswegs ein bloß intellektueller, sondern ein an sich selbst lustvoller Vorgang. »Und so kann einer [beim Lesen im Buch der Seele] oftmals sehen, daß er ungeheuer viel Gold hat und dabei große Lust, und auch sich selbst kann er in sich abgemalt sehen als gar höchlich erfreut.« Man freut sich gleichsam über etwas, an dem man schon einmal Freude hatte, und diese Freude verwandelt sich in Vorfreude auf den erneut begehrten Genuss. Vor allem aber freut man sich über die eigene Person angesichts des guten Lebens, das sie zu führen versteht.

Da im Buch der Seele jedoch auch falsche Vorstellungen über das Angenehme, Lustvolle, Erfreuliche vorkommen, muss die Vernunft immer wieder von neuem prüfen, was das jeweils richtige Maß ist. Platon hält der von den Kyrenaikern vertretenen These, dass der glücklichste Zustand der sei, in welchem man frei von Schmerz weder Lust noch Unlust empfinde, entgegen, sie übersähen dabei, dass ja ebendieser als wünschenswert erachtete Zustand lustvoll sei. Platon plädiert nicht für die Freiheit von Affekten wie Übermut, Zorn, Furcht, Eifersucht, Neid, Schadenfreude, denn sie sind tatsächlich vorkommende, aber fehlgeleitete Lustgefühle der Seele, die sich als Unlustgefühle bemerkbar machen. Über deren Ursachen muss die Vernunft sich Klarheit verschaffen, um ihre Lustbilanz zu verbessern, indem sie den Körper daran gewöhnt, nur solche Ziele anzustreben, die sich als Lustquellen erwiesen haben, und das zu vermeiden, was aller Voraussicht nach Schmerzen nach sich zieht. Damit vertritt Platon die erstaunliche These, dass Lust- und Unlustgefühle nicht im Körper entstehen, sondern im Kopf bzw. in der Seele, insofern die Vernunft in ihrer Funktion als Urteilskraft die auf die Körpererfahrungen gestützten Daten sammelt, interpretiert und gemäß ihrem auf Besonnenheit und Weisheit errichteten Glücksraster evaluiert. Die Vernunft macht somit dem Körper seine Begierden transparent, indem sie ihm deren positive und negative Folgen für den gesamten Organismus ins Gedächtnis ruft; auf diese Weise erzieht sie ihn dazu, sich jene Ziele zu Eigen zu machen, die die Vernunft ihm als wirklich begehrenswert und wahrhaft lustvoll suggeriert.

Am Ende des Dialogs *Philebos* stellt Platon eine Rangordnung des Guten auf, die die Grundlage eines glücklichen Lebens bildet. An erster Stelle steht das kosmische Maß als die objektiv und überzeitlich gültige Norm, welcher das Handeln entsprechen soll. An zweiter Stelle wird »das Gleichmäßige und Schöne und Vollendete« angeführt, das sind jene geglückten Handlungen, die das Maß erfüllen. An dritter Stelle finden sich »Vernunft und Einsicht«, die im Chaos der Triebe diesen immer wieder das Maß vor Augen halten, an dem sie ausgerichtet werden sollen, damit die Handlung als ganze gelingt. An vierter Stelle nennt Platon die im Buch der Seele aufgezeichneten richtigen Vorstellungen erstrebenswerter Freuden, an denen sich die künftigen Handlungen orientieren sollen. An fünfter und letzter Stelle erst taucht die Lust auf, und zwar als »reine Lust der Seele«, die sich an den Bildern guten Handelns erfreut und darin die Weisheit der ihr innewohnenden Vernunft genießt.

Platon verlegt also den Schauplatz des Glücks in die Seele, auf deren Forum verschiedene Aspiranten als Anwälte des Glücks auftreten und ihre Ansprüche geltend machen. Vernunft und

Körper als die beiden Hauptkontrahenten plädieren einerseits für eine asketische, andererseits für eine hedonistische Lebensform. Platons Urteilsspruch für eine eudämonistische Lebensform trägt dem Anliegen beider Anwälte des Glücks Rechnung, erkennt jedoch den Forderungen der Vernunft prinzipiell den Vorrang zu. Aber die Seele ist die Entscheidungsinstanz; sie muss unter Zuhilfenahme der in ihrem Gedächtnis eingeschriebenen Erfahrungen jeden einzelnen Fall bewerten, und das Kriterium, nach welchem sie urteilt, ist ihr Glück. Da die Seele auf Grund ihrer Immaterialität der Vernunft näher steht als dem Körper, hat Platon keinen Zweifel daran, dass ihr die Befriedigung geistiger Ansprüche mehr Freude macht als die körperlicher Bedürfnisse, ohne dass sie die Letzteren gering schätzt. Daher ist die weise Seele daran zu erkennen, dass sie die richtige Mischung zwischen der normativen Kraft von Vernunftgeboten und dem Drang der Begierden nach Lust zu treffen versteht. Ihr Glück ist die Grundlage der sittlichen Lebensform, und sie findet dieses Glück, indem sie sich weder auf die eine noch auf die andere Seite schlägt, sondern die Argumente beider Seiten anhört. Ihre Entscheidung trifft sie im Licht des ihr eigenen Glücksverlangens gerecht, wenn alle drei – Vernunft, Körper und Seele – auf ihre Kosten kommen und damit der gesamte Organismus im Gleichgewicht gehalten wird.

Sofern Gerechtigkeit das individuelle gute Leben mit dem kollektiven Guten verbindet, ist sie für Platon die Glück erzeugende Tugend schlechthin. Dies geht auch aus dem Dialog *Politeia* hervor, wo die gerechte Seele das Modell für den gerechten Staat abgibt. Dort vernimmt die Seele im Konzert der an sie herangetragenen Geltungsansprüche neben der Vernunft (Kopf) und der Begierde (Unterleib) noch eine dritte Stimme, die für Mut und gegenseitige Hilfe plädiert (Herz). Spielt die Seele ihre Vermittlerrolle gerecht, so kooperieren die drei Körperregionen auf das Beste und bilden die Kardinaltugenden Weisheit, Besonnenheit und Tapferkeit aus, deren ausgewogenes Verhältnis durch die Grundtugend der Gerechtigkeit festen Halt bekommt. Dieses Glück der Seele wiederholt sich in einem geglückten Staatswesen, dessen drei Stände einen großen Organismus formen, dessen Kopf die Regenten, dessen Herz das Militär und dessen Unterleib die Bauern und Handwerker sind. Indem jeder Stand das Seine tut – nämlich die Polis vernünftig regieren, sie tapfer vor Feinden schützen und ihre materiellen Bedürfnisse besonnen befriedigen –, entsteht ein gerechter Staat, in welchem jeder Bürger entsprechend seinem geleisteten Beitrag zum geglückten Ganzen auch selber glücklich ist.

Die Tugend als Quelle des Glücks

Platons Schüler Aristoteles hat in der *Nikomachischen Ethik* ebenfalls eine eudämonistische Variante des Glücks als Sinnelement einer sittlichen Lebensform vorgestellt. Für Aristoteles ist Glück der Name für jenes Gute, das durch menschliches Handeln erstrebt wird.

> Da […] jede Erkenntnis und jeder Entschluß nach irgendeinem Gute strebt, wonach wird nach unserer Auffassung die politische Wissenschaft streben, und welches ist das oberste aller praktischen Güter? Im Namen stimmen wohl die meisten überein. Glück nennen es die Leute ebenso wie die Gebildeten, und sie setzen das Gut-Leben und das Sich-gut-Verhalten gleich mit dem Glücklichsein. Was aber das Glück sei, darüber streiten sie, und die Leute sind nicht derselben Meinung wie die Weisen. Jene nämlich verstehen darunter etwas Selbstverständliches und Sichtbares, wie Lust, Reichtum oder Ehre [wohingegen die Philosophen einer eher immateriellen Vorstellung des Glücks den Vorzug geben]. (Nikomachische Ethik, 1095 a 14–23)

Aristoteles geht der Frage nach dem Glück nicht in einer abstrakten Erörterung nach, sondern untersucht drei typische Lebensweisen daraufhin, welches Verständnis von einem guten Leben und damit vom Glück ihnen zu Grunde liegt. Als Erstes nennt er das Leben des Genusses, das die meisten Menschen für den Inbegriff des Guten halten. Wie Sklaven – meint Aristoteles – geben sie sich der Lust hin und wählen »das Leben des Viehs« als das angenehmste. Die zweite von ihm angeführte Lebensweise ist die politische, die von »gebildeten und energischen Menschen« bevorzugt wird. Sie wollen sich um die Staatsangelegenheiten kümmern und um das öffentliche Wohl verdient machen – um der Ehre willen. Die dritte und für ihn höchste Lebensweise ist die philosophische, die von denjenigen ergriffen wird, die den Dingen mittels denkender Betrachtung – Aristoteles nennt diese *theoria* – auf den Grund gehen wollen, nicht um irgendwelcher materieller Ziele willen, sondern ausschließlich um des Wissens willen. Sie betreiben metaphysische Grundlagenforschung.

Diese drei Lebensweisen befragt Aristoteles dann hinsichtlich des darin erfahrenen Glücks, und es ist von vornherein klar, dass weder das Leben des Genusses noch das politische Leben als wahrhaft glücklich gelten können, weil Lust und Ehre keine Endziele darstellen und es höhere Güter gibt, die erstrebenswerter sind. Wenn das Glück definiert wird als »das vollkommene und selbstgenügsame Gut« und als »Endziel des Handelns«, dann muss man gleichsam quer zu den geschilderten typischen Lebensweisen die Struktur menschlichen Handelns hinsichtlich jener Leistung analysieren, die Glück erzeugend ist. Aristoteles fragt nach einer dem Menschen eigentümlichen Tätigkeit, durch die er aus sich einen Menschen macht, und zwar nicht bloß kurzfristig, sondern auf Dauer: »Denn eine Schwalbe macht noch keinen Frühling, und auch nicht ein einziger Tag; so macht auch ein einziger Tag oder eine kurze Zeit niemanden glücklich und selig.«

Wenn man »vom Glücklichen sagt, er lebe gut und verhalte sich gut«, so hängt das gute Leben und damit ein dauerhaftes Glück von der Qualität des Handelns ab, die sich ihrerseits nach der Qualität der erstrebten Güter bemisst. Aristoteles unterscheidet zwischen äußeren, körperlichen und seelischen Gütern (Besitz, Genussmittel, Tugenden), und es sind allein die Letzteren, die ein langfristiges Glück versprechen, weil sie ganz in der Macht des Handelnden liegen, während die Güter der ersten und zweiten Klasse nicht jederzeit ohne weiteres verfügbar sind, so dass sie nur ein kurzlebiges Glück ermöglichen.

Aristoteles ist nun keineswegs der Meinung, dass ein tugendhaftes Leben durch Verzicht auf den Genuss erkauft ist. Vielmehr ist er wie sein Lehrer Platon davon überzeugt, dass »das Genießen zu den seelischen Dingen gehört« und die Seele sich am meisten über tugendhafte Handlungen freut. Die sittliche Lebensform »bedarf nicht zusätzlich der Lust wie eines Umhangs, sondern hat die Lust in sich selber«. Dies hat seinen Grund darin, dass alles, was man gut tut, aus sich heraus lustvoll ist und insofern eine Art sittliche Selbstbefriedigung darstellt, deren Gelingen weder vom Zufall noch von göttlicher Fügung abhängt. Sittliche Tüchtigkeit vermag jeder in seinem Lebenskontext aus eigener Kraft zu erwirken, sobald er erwachsen ist und sich in das charakterbildende Ethos seiner privaten, politischen und sozialen Tätigkeiten so eingeübt hat, dass er im Umgang mit dem, wofür er verantwortlich ist, autark geworden ist. Allerdings räumt Aristoteles ein, dass ein Minimum an äußeren Gütern hinzukommen muss, damit das Glück des Tugendhaften vollkommen ist. Denn wer ungeratene Kinder oder schlechte Freunde hat, übermäßig hässlich, vereinsamt oder von geringer Herkunft ist, kann sich zwar durchaus aller Misslichkeiten und unglücklichen Umstände zum Trotz an seiner Sittlichkeit freuen, aber zum vollen Glück fehlt ihm doch etwas, das ihm das Tun des Guten leichter von der Hand gehen lässt. Entsprechend resümiert Aristoteles:

> Was hindert uns also, jenen glücklich zu nennen, der gemäß der vollkommenen Tugend tätig und mit äußeren Gütern hinlänglich versehen ist, nicht eine beliebige Zeit hindurch, sondern ein ganzes Leben hindurch? (Nikomachische Ethik, 1101 a14ff.)

Das Glück *(eudaimonia)*, das aus der Bildung eines sittlichen Charakters resultiert, hat jeder selbst in der Hand, weil dieses Glück »eine Tätigkeit der Seele gemäß der ihr eigenen Tüchtigkeit« ist. Die Seele ist demnach der eigentliche Akteur bei der Glücksproduktion, insofern sie das Handeln auf das Gute ausrichtet, das für sie ein Gegenstand des Genusses ist, denn durch das Ergreifen des Guten wird sie selber gut. Hingegen kann das Zufallsglück *(tyche)*, das durch günstige Umstände beschert wird, als Geschenk der Götter nur erhofft werden, und sein Ausbleiben muss mit Gelassenheit ertragen werden, da es nicht konstitutiv für das wahre Glück ist, sondern nur dessen Vollendung. Aristoteles unterscheidet eine Vielzahl von seelischen Tätigkeiten, mittels deren ein gutes Leben im Sinne der Sittlichkeit ermöglicht wird. Während die »dianoetischen« Tugenden sich in der Entwicklung kognitiver Fähigkeiten herausbilden (Erkenntnis, Verstand, Weisheit, technisches Know-how, praktische Urteilskraft u.a.), sind die »ethischen« Tugenden (Gerechtigkeit, Tapferkeit, Besonnenheit, Großzügigkeit, Hochgesinntheit, Ehrliebe, Freundschaft u.a.) das Resultat sozialer Beziehungen, in welchen der Handelnde lernt, sein Streben nach Glück mit den Glücksbedürfnissen der anderen Mitglieder der Handlungsgemeinschaft zu vereinbaren und Verantwortung für seine Entscheidungen zu übernehmen.
Das Glück liegt für Aristoteles gleichsam in der Mitte, wie seine Mesotes-Lehre es nahe legt. Denn sittliche Tüchtigkeit

ist zwar eine zur Gewohnheit gewordene feste Grundhaltung, die unbeirrbar auf das Gute ausgerichtet ist, aber wirkliche Tugend zeigt sich darin, dass der Handelnde angesichts wechselnder Situationen flexibel zu reagieren vermag, um das jeweils Angemessene als das Beste zu erkennen. Es genügt also nicht zu wissen, dass zum Beispiel Tapferkeit die Mitte zwischen Tollkühnheit und Feigheit ist; vielmehr muss die jeweils vorliegende Situation richtig eingeschätzt werden, um herauszufinden, was zu tun ist. Im einen Fall mag es besser und daher tapfer sein, den Feind anzugreifen, im anderen wäre dies tollkühn. Oder es wäre besser und damit tapfer, vor dem Aggressor zurückzuweichen, was in einem anderen Fall als feige erscheinen könnte. Praktische Urteilskraft ermöglicht demnach die sach- und situationsangemessene Beurteilung von Einzelfällen im Licht des Guten und begründet die konkrete sittliche Handlung, welche eine geglückte Mitte zwischen Allgemeinem und Besonderem herstellt. Diese Mitte ist der existenzielle Mittelpunkt des Individuums, das sich sein Zentrum immer wieder neu schafft, indem es sich in ein Verhältnis setzt: zu sich selbst, seinen Mitmenschen, den jeweiligen Erfordernissen des Augenblicks, und über das Netzwerk der Verhältnisse, die es stiftet, seine Tauglichkeit als Mensch unter Beweis stellt. Wer in den menschlichen Angelegenheiten immer die richtige Mitte trifft, erweist sich dadurch als Herr seiner selbst: als selbstbeherrscht. Die sittlichen Verhältnisse, die er durch sein tapferes, gerechtes, beherrschtes Verhalten als stabilisierende Fäden in das Netz der kollektiven Beziehungen einwebt, tragen zum Gemeinwohl und damit zum guten Leben aller bei.

Für Aristoteles steht es außer Frage, dass der Tugendhafte als der bewegliche Mittelpunkt seines je und je handelnd zu aktivierenden Bezugsnetzes glücklich ist und dass dieses Glück auch eine sinnliche Qualität hat, also mit körperlichen Lustempfindungen einhergeht. Lust ist zwar nicht an sich selber sittlich, aber sittliches Handeln erzeugt Lust und macht dadurch das Glück des Handelnden vollkommen: »Die Lust vollendet die Tätigkeit nicht wie ein in ihr vorhandener Zustand, sondern als eine dazu kommende Vollendung, wie die Schönheit beim Wachsenden.« Entscheidend ist dabei, »daß jede Lust der Tätigkeit, die sie vollendet, verwandt ist«. Insofern hat die das sittliche Handeln vollendende Lust eine andere Qualität als die mit bloßer Begierde verbundene Lust. Denn durch sittliches Handeln nähert sich der Mensch dem Göttlichen, das sich immer auf die gleiche Weise zu sich selbst verhält, wobei dieses Selbstverhältnis nicht starr, sondern energetisch ist. Der Gott tätigt sich ununterbrochen als er selbst.

> Für ein Wesen, das seiner Natur nach einfach wäre, wird auch stets dasselbe Handeln das lustvollste sein. Darum freut sich die Gottheit stets an einer, und einer einfachen Lust. Denn es gibt nicht nur eine Tätigkeit in der Bewegung, sondern auch in der Unbewegtheit, und die Lust ist mehr in der Ruhe als in der Bewegung. (Nikomachische Ethik, 1154 b 24 ff.)

Diese Tätigkeit in der Unbewegtheit ist ein Kennzeichen des Göttlichen, das sich unaufhörlich selbst als das Beste umkreist und, indem es die immer gleichen Bahnen vollzieht, sich als die vollkommene Fülle seines Seins genießt. Aristoteles beschreibt diese Art der Selbstbetätigung als ein Betrachten *(theoria)*, worunter er keineswegs ein bloß passives, rezeptives Schauen meint – so wie wenn man ein Bild betrachtet –, sondern ein aktives Erzeugen des Geschauten durch eine Vernunft, die sich selbst bei ihrer Tätigkeit zuschaut und das, was sie dabei erblickt, in ein Bild fasst. Dieses produktive Betrachten ist dem Menschen nicht möglich. Anders als der Gott, der sich in reiner Selbstbezüglichkeit der Muße hingeben kann, da er weder in Kriegen seine Tapferkeit noch in politischen Angelegenheiten seine Gerechtigkeit, noch im Hinblick auf Affekte seine Selbstbeherrschung unter Beweis stellen muss, kann der Mensch die Vollkommenheit seines Seins und damit ein unüberbietbares Glück nur dadurch erlangen, dass er die Vielfalt seiner Tätigkeiten und Tugenden zu einem Ganzen mittels seiner Vernunft zusammenfasst, die ihrerseits die göttliche Selbstbetrachtung zum Vorbild nimmt. Doch dies ist schwer.

> Wer das Flötenspiel liebt, kann keinem Gespräch folgen, wenn er einem Flötenspiel zuhört, und freut sich mehr daran als an seiner augenblicklichen Tätigkeit. Die Freude am Flötenspiel zerstört also die Tätigkeit des Denkens. Ähnlich geht es überall, wo man zwei Dinge zugleich betreibt: die lustvollere Tätigkeit verdrängt die andere, und zwar um so mehr, je mehr sie Lust bewirkt, und schließlich hört die eine Tätigkeit bei der anderen überhaupt auf. Wenn uns eine Sache besonders erfreut, so tun wir überhaupt nichts anderes, und umgekehrt treiben wir etwas anderes, wenn uns etwas nur mäßig fesselt; im Theater ißt man am meisten Süßigkeiten, wenn die Schauspieler schlecht sind. (Nikomachische Ethik, 1175 b2 ff.)

Es fällt dem Menschen nicht leicht, sich auf die Vernunft zu konzentrieren, wenn er ständig durch andere Interessen, Bedürfnisse und Neigungen abgelenkt wird, deren Befriedigung für die Sinnlichkeit lustvoll ist. Umso dringlicher bedarf er daher nach Aristoteles der Aufklärung über die höchste Lust, die sich zusammen mit dem Glück einstellen wird, wenn er sich nicht nur um den Erwerb sozialer und politischer Tugenden bemüht, sondern um die höchste Tugend: die Tugend der Weisheit. Die betrachtende Tätigkeit der Vernunft benötigt jenen Freiraum, den Aristoteles als Muße bezeichnet: Fernab von den politischen Tagesgeschäften, die keine Muße zulassen, führt der Philosoph – vorausgesetzt, er kann es sich leisten – ein Leben des Geistes, das für Aristoteles das glücklichste ist, weil es der göttlichen Seinsweise am nächsten kommt und deshalb ein Moment von Unsterblichkeit in sich hat. Die Lebensform der *theoria* ahmt den göttlichen Selbstvollzug mit menschlichen Mitteln nach, und das dabei erlebte höchste Glück besteht in der Freude an der geistigen Selbstaktivierung der Vernunft, die in völliger Unabhängigkeit aus sich selbst und um ihrer selbst willen wirkt. So verstanden gleicht ihr Selbstvollzug der Tätigkeit des Gottes, der als »unbewegter Beweger« keines Anstoßes von außen bedarf, um sich als er selbst zu erwirken und den Menschen als Vorbild für eine im Ganzen geglückte Seinsweise zu dienen. Die »Glückseligkeit des Geistes« bedarf nur eines Minimums an äußeren Gütern, weil der Geist sich in der Betrachtung seiner selbst genügt und darin vollständig aufgeht. Gute Gesundheit und ausreichende Nahrung sind die materielle Basis jedweder geistigen Aktivität, aber ihre ideelle Voraussetzung ist die Seligkeit des in sich ruhenden Gottes.

Aristoteles begreift diese ideelle Voraussetzung als eine Ursache, die nicht im Sinn einer *causa efficiens* (Wirkursache) mechanisch und damit deterministisch wirkt, indem sie das sublunarische Geschehen inklusive des menschlichen Handelns dazu zwingt, die göttliche Bewegung nachzuahmen; vielmehr wirkt der Gott im Sinne einer *causa finalis* (Zweckursache), insofern der Mensch nicht automatisch auf einen Anstoß von Seiten Gottes reagiert, sondern in den geistigen Betätigungen seiner Vernunft selber zur Vorstellung einer vollkommenen Seinsweise gelangt, die eine solche Anziehungskraft auf ihn ausübt, dass er sie zu der seinen machen möchte. Die Bewegung, mit welcher die menschliche Vernunft nach dem Göttlichen auslangt, ist nach Aristoteles mit einem Liebesverhältnis vergleichbar. Wie das Geliebte den Liebenden dazu veranlasst, sich für das Geliebte attraktiv zu machen, so bemüht sich der Mensch darum, sich gegenüber dem Gott liebenswert zu machen, indem er nach Weisheit strebt.

Wer aber denkend tätig ist und dies in sich pflegt, mag sich nicht nur der besten Verfassung erfreuen, sondern auch von der Gottheit am meisten geliebt werden. Denn wenn die Götter, wie man glaubt, um unsere menschlichen Dinge irgendwelche Fürsorge haben, so darf man annehmen, daß sie an dem besten und ihnen verwandtesten Freude haben – und das ist unser Geist – und daß sie denjenigen, die dies am meisten lieben und hochachten, mit Gutem vergelten, weil sie für das, was ihnen lieb ist, Sorge tragen und recht und edel handeln. Es ist aber unverkennbar, daß dies alles vorzüglich bei dem Weisen zu finden ist. Also wird er von der Gottheit am meisten geliebt; wenn aber dies, so muß er auch der Glückseligste sein. (Nikomachische Ethik, 1179 a22ff.)

Die Freude der Glückseligen hatte schon Platon in einem Mythos im *Phaidros* beschrieben, wo er über eine Fahrt der Seelen hinter den Göttern über das Himmelsgewölbe berichtet: »Viel Herrliches nun gibt es zu schauen und zu begehen innerhalb des Himmels, wozu der seligen Götter Geschlecht sich hinwendet.« Die Schau der Ideen beglückt die Seele, erfüllt sie sich dadurch doch mit reinen, überzeitlich gültigen Gedanken, deren Licht, sobald die Seele wieder in einen Körper und damit in die Höhle zurückkehrt, die Dunkelheit des durch die Sinne beigebrachten empirischen Materials durchdringt und es in eine sinnvolle Ordnung bringt.

Kritik der sittlichen Lebenform

Der Vorzug der sittlichen Lebensform und der mit ihr verbundenen Vorstellung eines eudämonistischen Glücks liegt in ihrer Geschlossenheit und Selbstgenügsamkeit. Sie wird sowohl ästhetischen Bedürfnissen als auch ethischen Ansprüchen gerecht, indem durch Ausbildung von Tugend Körper und Seele in ein ausgewogenes Verhältnis zueinander gebracht werden. Individuelles und kollektives Glück erweisen

sich als zwei Seiten derselben Münze, insofern die Kräfteverhältnisse im Staat ein Abbild des Seelenhaushalts sind und
hier wie da dieselbe Weisheit der Vernunft wirksam ist, selbst
in der Masse des Volkes, dessen Mitglieder trotz individueller
Unterschiede dadurch miteinander harmonieren, dass jeder
Einzelne in seinem Lebenskontext das Seine tut. Die sittliche
Lebensform ist daher in sich vollkommen und insofern unüberbietbar.

Wie stark in der sittlichen Lebensform die Macht der Vernunft über den Willen eingeschätzt wurde, dokumentiert die
kleine Schrift eines römischen Staatsmannes namens Boethius, der 524 im Alter von 44 Jahren wegen Hochverrat zum
Tode verurteilt wurde und in den Monaten bis zur Hinrichtung eine Abhandlung über den *Trost der Philosophie* verfasste,
in deren Mittelpunkt – verständlicherweise – das Glück steht,
dessen Verlust nach einem glanzvollen Leben der Verfasser in
einem fiktiven Gespräch mit der in personifizierter Form auftretenden Philosophie bitter beklagt. Diese führt ihn schrittweise an die Einsicht heran, dass seine Trauer einem Glück
(fortuna) gilt, das diesen Namen nicht verdient und deshalb
aus der Erinnerung getilgt werden kann, zumal »auch das, was
du jetzt für traurig hältst, vorübergeht«. Dennoch blickt Boethius voller Wehmut auf sein Leben zurück und tut sich
schwer mit dem von der Philosophie empfohlenen Gleichmut, so dass sie ihm vorhält: »Was also, ihr Sterblichen, sucht
ihr draußen das Glück, das in euch liegt? Irrtum und Unwissenheit verwirren euch.« Sie verspricht ihm Aufklärung über
das höchste Gut, das ihm durch nichts entrissen werden kann
und sein wahres Glück *(felicitas)* ausmacht. Dazu scheidet
sie zunächst all die Glücksgüter aus, die von den meisten begehrt werden, obwohl ihr Besitz sich dem Zufall verdankt,
vorübergehend ist und nur einem punktuell auftretenden
Mangel abhilft: Reichtum, Schönheit, edle Speisen, kostbare
Gewänder, Diener, Ehre, Ruhm, Macht und Vergnügungen

aller Art. All dies scheint nur einem »berauschten« Geist »mit verdunkelter Erinnerung« als erstrebenswert, nicht jedoch dem Wissenden, der seine Ursprünge kennt und in diese zurückkehrend seines wahren Glücks ansichtig wird, das allein in seinem Können, seiner Fähigkeit zur Tugend liegt. Alle Wege, die nicht über die Bedürfnislosigkeit und Selbstgenügsamkeit ins Innere führen, sondern umgekehrt auf äußere Ziele zulaufen, korrumpieren die Sittlichkeit. Schon Boethius macht das Schweineglück des in seine Sinnlichkeit Verstrickten verächtlich:

> In schändliche, unreine Begierden versenkt sich jener: Von den Lüsten der schmutzigen Sau wird er gefesselt. So kommt es, daß derjenige, der die Tugend verläßt, aufhört, Mensch zu sein; da er nicht zum Götterstande überzugehen vermag, verwandelt er sich in ein Tier. (Trost, 185)

Wer nach Ruhm strebt oder hohe Ämter bekleiden möchte, muss anderen schmeicheln, um ihre Gunst zu erlangen; wer Reichtümer anhäufen will, muss ständig um deren Schutz besorgt sein und sich mit Leibwächtern umgeben. Kurz: Das »lügnerische Glück« macht den Menschen zum Sklaven anstatt zum Herrn über sich selbst und bringt ihm Unglück. Daher bemüht sich die Philosophie, Boethius klar zu machen, dass er trotz seines schlimmen Schicksals sein Glück in der Hand hat. Er muss nur begreifen, dass er »die Fülle der Glückseligkeit« in sich selbst erzeugen kann, »die bewirkt, daß der Mensch selbstgenügend, seiner selbst mächtig, ehrwürdig, glänzend, heiter werde«. In einem letzten Schritt gibt die Philosophie dem wahren Glück, das in der Selbstbetrachtung der Vernunft als das höchste menschliche Gut ständig gegenwärtig und unverlierbar ist, ebenden Inhalt, den schon Platon und Aristoteles ihm gegeben haben: Gott.

> Da die Menschen nämlich durch Erlangen der Glückseligkeit glückselig werden, die Glückseligkeit aber die Gottheit selber

ist, so ist klar, daß sie durch Erlangen der Gottheit glückselig werden. [...] Jeder Glückselige also ist Gott. (Trost, 137)

Es ist nicht bekannt, ob Boethius in seinem inszenierten Selbstgespräch vor seiner Exekution wirklich Trost in der Argumentation der Philosophie gefunden hat, ob es ihr gelungen ist, ihn von seinem früheren Glücksverlangen abzubringen und ihm jenen Weg zum Glück einsichtig zu machen, der für ein vernünftiges Wesen immer gangbar ist, unabhängig davon, wie es um sein körperliches Wohlbefinden bestellt ist. Das Wissen darum, dass im Menschen etwas Göttliches ist, das über die Wechselfälle des Lebens erhaben ist und dem selbst der physische Tod nichts anzuhaben vermag, kann zwar den Körper nicht davon überzeugen, dass seine Glücksansprüche nichtig sind, aber der Geist hat damit eine Trumpfkarte in der Hand, die sämtliche auf der Sinnlichkeit beruhenden Glücksbestrebungen sticht, indem sie ein qualitativ anderes Glück ins Spiel bringt, das jederzeit in der Macht des Menschen ist und den göttlichen Sinn seines Lebens verbürgt.

Die innere Geschlossenheit der von Platon, Aristoteles und Boethius geschilderten sittlichen Lebensform, die sich dem klaren Wissen einer über sich selbst aufgeklärten Vernunft verdankt, wird von innen her aufgesprengt, sobald der Schwerpunkt menschlicher Selbstbestimmung von der Vernunft auf den Willen verlagert wird, wenn also der Wille Macht über die Vernunft gewinnt. Die Erfahrung, dass der Mensch sehr wohl im Stande ist, das Gegenteil des Guten zu tun – nicht deshalb, weil er das Gute nicht richtig erkannt hat, sondern weil er das Böse will –, hat in der christlichen Lehre vom Sündenfall ihren exemplarischen Ausdruck gefunden. Der Mensch hat das Böse dem Guten vorgezogen und dabei die Entdeckung gemacht, dass seine Freiheit sich nicht in der Handlungsfreiheit erschöpft, sondern als Willensfreiheit eine neue Qualität bekommt. Dass der Wille sich von der Vernunft

losreißen und seine eigenen Ziele setzen kann, die im Grenz-
fall das radikale Gegenteil des von der Vernunft als erstrebenswert deklarierten Guten sein können, ist für das griechische Denken unvorstellbar. Zwar stellt sich die Tugend nicht
von selbst ein; es muss bei der Einübung in die Sittlichkeit
durchaus eine Reihe von Widerständen und Hindernissen
überwunden werden, die jedoch allesamt aus falschen Meinungen über das Gute stammen, so dass eine Korrektur dieser
Meinungen einen unverstellten Blick auf das richtige Handeln
eröffnet, für dessen Unterlassung es keinen vernünftigen
Grund mehr gibt.

Die Annahme eines bösen Willens hingegen verändert mit
dem Freiheitsbegriff auch die Vorstellung des Glücks. Das Individuum kann etwas als für es begehrenswert erstreben, von
dem es weiß, dass es nicht gut ist. Man will nicht nur das Gute
nicht, sondern man will ausdrücklich dessen Gegenteil. Damit
ist das platonisch-aristotelische Konzept der Sittlichkeit seiner
Fähigkeit, als allgemein verbindliche, normative Grundlage
eines an die Tugend der Weisheit gebundenen Glücks zu dienen, verlustig gegangen. Hinsichtlich des Glücks bedeutet
dies, dass die Polis-Gemeinschaft nicht mehr jene irdische
Insel der Seligkeit ist, auf welcher jeder Bürger ein gutes Leben führen kann – durch seine Tugend angebunden an das
Netz des tradierten Ethos, dessen fraglos anerkannte Regeln
als verlässliche Orientierungshilfe für das Handeln fungieren.
Solange eine Handlungsgemeinschaft in ihrem sittlichen
Selbstverständnis durch das von allen geteilte gewachsene
Ethos zusammengehalten wird, ist das durch Tugend erwor-
bene Glück eine unüberbietbare Lebensqualität, da nur einzelne Handlungen verunglücken können, nicht jedoch die auf
das Gute ausgerichtete Tugend aller, die die Grundlage politischen, rechtlichen und ökonomischen Handelns bildet. Erst
wenn das Ethos brüchig wird, weil einzelne Normen oder das
ganze Normensystem durch einen Willen in Frage gestellt

werden, der nicht bereit ist, die geltenden Regeln bloß deshalb zu respektieren, weil sie immer schon gegolten haben, wird die sittliche Lebensform fragwürdig. Wenn die in der Tradition als verbindlich ausgezeichneten Handlungsmuster ihre normative Kraft verloren haben, muss die Tugend in Ermangelung eines Wegweisers zum Guten gleichsam blind agieren und geht damit in die Irre. Das Finden des Guten wird so zu einem Zufallstreffer.

Durch den Verlust des bisher selbstverständlich und unhinterfragt befolgten Ethos wird sich der Mensch zugleich bewusst, dass er nicht nur sein Handeln, sondern auch seinen Willen frei bestimmen kann. Damit wächst auch seine Verantwortung, denn seine Tugend wird sich von nun an darin erweisen, ob es ihm gelingt, an die Stelle des Ethos, das seinen Willen immer schon bestimmt hat, eine neue, Normen nicht mehr unhinterfragt übernehmende, sondern selbst erzeugende Instanz zu setzen, der gegenüber sich der Wille verpflichtet, das Gute zu wollen. Ein solcher Wille, der sich in seinem Wollen des Guten selbst bestimmt und sich damit als die Instanz autorisiert, die nach einem selbst gesetzten Maßstab über Gut und Böse entscheidet, ist seinem Wesen nach praktische Vernunft. Im Beziehungsnetz einer praktischen Vernunft, die den Einzelnen in jedem Augenblick dazu auffordert, seinen Willen sittlich zu bestimmen und eben dadurch den Horizont des Guten ursprünglich zu eröffnen, bekommt auch das Glück einen anderen Stellenwert. Da es kein dem Streben vorgegebenes Gutes mehr gibt, das als Garant des Glücks gilt, verliert das Glück seinen Zielcharakter. Es kann überhaupt nicht mehr erstrebt werden, sondern ist allenfalls ein Begleitmoment jenes Freiheitsaktes, in welchem das Individuum kraft seiner praktischen Vernunft seinen Willen zum Guten oder Bösen bestimmt.

Die ethische Lebensform:
das leidenschaftslose Gück

*D*ie ethische Lebensform unterscheidet sich von der sittlichen in zwei Hinsichten. Erstens bejaht sie das gewachsene Ethos nicht als gegebene kollektive Struktur von Sittlichkeit fraglos, sondern problematisiert es aus einer kritischen Distanz hinsichtlich seiner allgemeinen Verbindlichkeit. Zweitens kennt sie einen Begriff des Bösen als Qualität eines freien Willens. Tugend wird damit zum Charakteristikum eines Verhaltens, das sich bezüglich seiner Fähigkeit, selbst Ziele zu setzen, reflektiert, anstatt völlig selbstverständlich die von jedermann für gut gehaltenen Ziele zu verfolgen. Um diese Fähigkeit zu erfassen, muss das Ich zunächst einmal von allen Faktoren absehen, durch die es in seinen Willensbildungsprozessen fremdbestimmt ist. Dazu zählen nicht nur die im überlieferten Ethos zusammengefassten Normen und Werte, sondern auch die mit diesen verknüpften Glückserwartungen. Rigoroser noch als in der sittlichen Lebensform wird das ästhetische Glück aus der ethischen Reflexion als nachrangige und daher zu vernachlässigende Größe ausgeschieden, da es die Vernunft auf Grund der Körperverhaftetheit des Sinnlichen in ihrer Konzentration auf den reinen Selbstbestimmungsakt nur behindert. Bei Aristoteles deutete sich im Zusammenhang mit der philosophischen Lebensform schon an, dass in einer der *theoria* gewidmeten Existenzweise die göttliche Schau des aus sich selbst entspringenden und in seinen Ursprung zurückkehrenden geistigen Selbstvollzugs nachgeahmt wird, wobei diese vollkommene, in sich zurücklaufende energetische Bewegung ein körperloses Glück erzeugt, das die Seele nahezu leidenschaftslos genießt. Ein solches leidenschaftsloses Glück macht unabhängig von körperlichen Bedürfnissen und ermöglicht selbst in widrigsten Umständen eine durch nichts zu beeinträchtigende Freude, wie das extreme Beispiel des zum Tode verurteilten Boethius gezeigt hat.

Das asketische Glück

Sokrates als Vorläufer des ethisch Existierenden vertritt schon im *Phaidon* die These, dass der Weise den Sinn seines Philosophierens darin sehe, sich zeit seines Lebens ins Sterben einzuüben. Der tiefere Grund für diese fast brutal anmutende Forderung ergibt sich aus der Szenerie des Dialogs, der die Gespräche zwischen Sokrates und seinen Schülern in den Stunden vor der Hinrichtung des Sokrates durch den Giftbecher aufzeichnet. Sokrates tritt gelassen, ja heiter auf, ganz im Gegensatz zu seinen Gesprächspartnern, die voller Trauer über den bevorstehenden Verlust sind und nicht verstehen, warum Sokrates die Gelegenheit zur Flucht aus dem Gefängnis nicht ergriffen hat. Ganz davon abgesehen, dass er durch sein Bleiben seinen Respekt vor den Gesetzen Athens bekunden will, obwohl er – wie in der *Apologie* dargelegt wird – die Anklagepunkte des Gerichts (Verderbung der Jugend und Einführung fremder Götter) entkräften konnte, ist der Tod für Sokrates deshalb nichts Schreckliches, weil er sich ununterbrochen darauf vorbereitet hat. Nach dem Tod nämlich erfolgt die endgültige Trennung der Seele vom Leib, und dies ist aus seiner Sicht ein Grund zur höchsten Freude, denn im Leben gelingt es der Seele nie ganz, sich vom Körper zu befreien, weil sie dessen Bedürfnisse nicht völlig ignorieren kann. Doch sind diese ein Störfaktor sowohl im Bereich des Erkennens als auch in dem des Handelns. Die Erkenntnis der Wahrheit wird der Seele durch den Körper verstellt; sie wird durch die irrtumsanfälligen sinnlichen Wahrnehmungen geradezu hintergangen und verfehlt das Wesen der Dinge. Das Gleiche passiert beim Handeln, wenn die Begierden und das Streben nach Lust die Seele vom Guten ablenken. Um zum Wahren und Guten zu gelangen, muss sie daher so weit wie möglich von allem abstrahieren, was durch den Körper in sie gelangt ist. Sokrates spricht sogar davon, dass sie sich vom Schmutz des Sinnlichen reinigen müsse, weil sie sonst außer Stande wäre, klar zu sehen und zu ihren geistigen Ursprüngen durchzudringen.

> [...] wird nicht das eben die Reinigung sein [...], daß man die Seele möglichst vom Leib absondere und sie gewöhne, sich von allen Seiten her aus dem Leibe für sich zu sammeln und zusammenzuziehen und soviel als möglich, sowohl gegenwärtig wie hernach, für sich allein zu bestehen, befreit wie von Banden von dem Leibe? [...] Heißt aber dies nicht Tod, Erlösung und Absonderung der Seele von dem Leibe? (Phaidon, 67 c-d)

Eine Seele, die sich vom Körper herabziehen und in seine Interessen verstricken lässt, verliert mit ihrer geistigen Kraft ihre Immaterialität: »durchzogen von dem Körperlichen, womit sie durch den Umgang und Verkehr mit dem Leibe, wegen des ununterbrochenen Zusammenseins und der vielen Sorge um ihn, gleichsam zusammengewachsen ist«, wird sie nach dem Tod »schwerfällig, irdisch und sichtbar«. Anstatt sich zum Himmel zu erheben, schleicht sie um die Gräber, weil selbst der zerfallende Leichnam auf sie noch eine Anziehungskraft ausübt, die aus dem intensiven Verkehr mit dem Körper übrig geblieben ist.

Obwohl Sokrates wie Platon und Aristoteles für eine sittliche Lebensform plädiert und das Glück an der Tugend festmacht, hat er doch den Weg für das Konzept eines leidenschaftslosen

Glücks bereitet, indem er rigoroser als Platon und Aristoteles für die Unterdrückung der Sinnlichkeit sowohl in theoretischen wie in praktischen Belangen eintrat und mit der Trennung von Körper und Seele auch die Trennung von Wille und Vernunft vorbereitete. Letztere lag noch außerhalb seines Selbstverständnisses, insofern er davon ausging, dass der Reinigungsprozess, dem sich die Seele fortlaufend unterziehen muss, zur Einsicht in das Wahre und Gute führt, was quasi automatisch das richtige Handeln nach sich zieht. Der durch die Vernunft aufgeklärte Wille kann nichts anderes begehren als das von allem Sinnlichen gereinigte Gute, das zugleich Inbegriff des Glücks ist. Dennoch ahnt Sokrates bereits, dass Vernunft allein noch keinen guten Willen hervorbringt, dass vielmehr der Wille sich seine eigenen Maßstäbe des Guten setzen kann, die mit denen der Vernunft nicht umstandslos von selbst übereinstimmen.

Das stoische Glück

Die Brüchigkeit des Bandes zwischen Vernunft und Wille tritt in Senecas Schrift *De vita beata (Vom glücklichen Leben)* zum ersten Mal deutlich hervor, allerdings noch ohne den Machtwechsel von der Vernunft zum Willen ausdrücklich als solchen zu reflektieren. Lucius Annaeus Seneca, von Hause aus begütert und von Kaiser Nero, dessen Lehrer und Berater er war, zusätzlich mit Reichtümern überhäuft, schrieb diese Abhandlung auf dem Höhepunkt seiner glanzvollen Karriere, die wenige Jahre später nach Aufdeckung der Pisonischen Verschwörung (65 n. Chr.) mit seinem Selbstmord – der ihm befohlen worden war – abrupt endete.

Zunächst klingen Senecas Beschreibungen des Glücks durchaus konventionell, insofern auch er die seit Platon und Aristoteles gängige Charakterisierung eines gutes Lebens vorträgt.

Glücklich (beata) [...] ist ein Leben in Übereinstimmung mit der eigenen Natur, das nur gelingen kann, wenn die Seele erstens gesund ist, und zwar in dauerndem Besitz ihrer Gesundheit, sodann tapfer und leidenschaftlich, ferner auf schöne Weise empfänglich, den Zeitumständen gewachsen, um den ihr zugehörigen Körper und was mit ihm zusammenhängt, besorgt, aber ohne Ängstlichkeit, ferner in bezug auf die anderen Dinge, die zur Lebensgestaltung dienen, gewissenhaft, aber ohne übertriebenes Interesse für irgend etwas, willens, die Geschenke des Glücks (fortuna) zu nutzen, nicht aber, ihnen zu dienen. (Vom glücklichen Leben, 13)

Die gesunde Seele ist demnach diejenige, die ihr eigenes Seelenheil bewirkt und zum Wohl des Körpers beiträgt, indem sie sich entsprechend der menschlichen Natur verhält. Was die Gattung Mensch vor allen übrigen Arten des Seienden auszeichnet, ist die der Seele innewohnende Vernunft, die dem Menschen ein Wissen um seine Befindlichkeit vermittelt.

Glücklich kann genannt werden, wer weder begehrt noch fürchtet – dank der Vernunft: Es sind ja auch Steine von Furcht und Traurigkeit frei und ebenso Tiere; dennoch wird deswegen niemand glücklich nennen, was kein Bewußtsein seines Glücks hat. (Vom glücklichen Leben, 17)

Gemäß der herkömmlichen Rangordnung hat die Ausbildung von Tugend auch für Seneca den unbedingten Vorrang vor dem körperlichen Wohlbefinden. Doch wertet er strenger als seine Vorfahren – Sokrates ausgenommen – die Lust ab, da sie nicht nur vorübergehend ist, sondern auch keine dauerhafte Befriedigung ermöglicht: »Wer von den Sterblichen, in dem auch nur die Spur eines Menschen übrig ist, will wohl Tag und Nacht gekitzelt werden [...]?« Die gleiche Frage stellt sich in Bezug auf »diejenigen, die das höchste Gut in den Bauch verlegt haben«, was nicht nur der dadurch vernachlässigten Seele abträglich ist, sondern auch für den Bauch selber auf die Dauer unangenehme Folgen hat. Noch stärker fällt für Seneca ins

Gewicht, »daß Lust auch dem schändlichsten Leben zuteil wird«, dass also selbst ein durch und durch schlechter, lasterhafter Mensch, der nach Senecas Meinung überhaupt nicht zu den Glücklichen, sondern zu den Unseligen zu zählen ist, Lust empfindet. »Lust«, so resümiert er, »ist etwas Niedriges, Knechtisches, Schwaches, Hinfälliges, dessen Quartier und Wohnung zwielichtige Gewölbe und Garküchen«, des Weiteren die Bäder und Bordelle sind – lauter Orte, die man heimlich aufsucht, um sich sklavisch seinen körperlichen Begierden hinzugeben.

Die Lust verweichlicht im Übrigen den Körper und macht ihn untauglich dafür, als Gefäß für eine gesunde Seele zu dienen. Aber Seneca verabscheut auch eine übertriebene körperliche Ertüchtigung durch ein verbissenes Fitnessprogramm. In einem Brief an seinen Schüler Lucilius mahnt er diesen:

> Also sorge für die geistige Gesundheit, sodann auch für jene zweite, die dich nicht teuer zu stehen kommen wird, wenn du den Willen hast, auf die richtige Weise gesund zu sein. Töricht ist nämlich, mein lieber Lucilius, und durchaus nicht angemessen für einen wissenschaftlich orientierten Menschen die Beschäftigung damit, durch Übungen die Arme breiter werden zu lassen, den Nacken und die Flanken zu festigen: selbst wenn dir glücklich die Mastkur verlaufen ist und die Muskelpakete gewachsen sind, wirst du weder die Kräfte noch das Gewicht eines feisten Stieres jemals erreichen. Füge nun hinzu, daß von der größeren Körpermasse der Geist erdrückt wird und weniger beweglich ist. Daher, soweit du kannst, schränke deinen Körper ein und für den Geist schaffe Platz. (Briefe an Lucilius, Brief 15,2)

Seneca ironisiert hier ganz offensichtlich ein extremes Bodybuilding durch die Unterstellung, dass jedes Gramm Muskelfleisch, welches der Körper zulegt, die Seele einengt und daran hindert, jene Urteilskraft zu entfalten, die es ihr ermöglicht, hinsichtlich des dem Körper Zuträglichen das richtige

Maß zu finden. Es scheint, als hätte er den Fitnesswahn vorausgesehen, dem heute viele verfallen sind in der Meinung, der Körper müsse einem harten Training unterworfen werden, um gesund zu bleiben und dies durch eine athletische Figur zu beweisen. Durch die Konzentration auf schweißtreibende »Leibesübungen« als Disziplinierungsmaßnahmen, denen der Körper mit grimmigem Ernst unterworfen wird, geht in der Tat das Augenmaß und damit auch die Lust an sportlicher Betätigung verloren. Zwar ist ein Ausgleich für die beruflich bedingten einseitigen Körperhaltungen durchaus nötig, aber der Körper soll nicht auch noch bestraft werden für die Verspannungen, die der Geist ihm angetan hat, sondern er bedarf der Auflockerung und Ent-Spannung, damit an die Stelle von Missempfindungen ein Wohlgefühl treten kann. Was man tut, das muss man mit Leib und Seele tun. Dann wird sich das Glück von selber einstellen.

Seneca plädiert für eine scharfe Trennung zwischen Tugend und Lust und möchte von Glück nur im Zusammenhang mit der Tugend sprechen. Die Tugend hat im Gegensatz zur Lust, die nur im Verborgenen ausgelebt werden kann, ihren Ort in der Öffentlichkeit: »im Tempel, auf dem Forum, in der Kurie, vor den Mauern stehend«, womit Seneca auf die Götter und die Repräsentanten der Öffentlichkeit, die Politiker, die Priester, das Militär anspielt, aber auch auf die Bauern, die sich durch körperlichen Einsatz um das Gemeinwohl verdient machen: »staubbedeckt, braungebrannt, mit schwieligen Händen«. Sie alle besitzen Tugend und sind daher glücklich zu preisen, denn dieser Besitz ist nicht von günstigen Umständen und anderen äußeren Faktoren abhängig, über die niemand verfügt, sondern verdankt sich ausschließlich den eigenen Anstrengungen, ein der menschlichen Natur angemessenes Leben zu führen. Epikur, den Seneca sehr schätzt, hatte die Trennung zwischen körperlichem Wohlbefinden und dem Glück der Tugend so radikal gefasst, dass er meinte, im Extremfall wäre der Weise, selbst wenn er Folterqualen erdulden müsste, noch glücklich. So weit geht Seneca zwar nicht, aber er führt die Haltung des Weisen auf die Seelenruhe zurück, die dazu beiträgt, dass er selbst im größten Unglück nicht unglücklich ist und sich auch durch schreckliche Schicksalsschläge nicht erschüttern lässt: »Auf der Tugend also beruht die wahre Glückseligkeit.«

Zwei Einwände sind es, die Seneca ausführlich diskutiert. Der erste bezieht sich auf die radikale Trennung von Tugend und Lust. Hat nicht auch die Seele, so wird Seneca gefragt, ihre Lüste? Strebt die Seele nicht deshalb nach Sittlichkeit, weil sie sich von der Tugend Lust erhofft? Seneca reagiert auf diesen Einwand etwas unwirsch:

> Sie sollen [...] aufhören, Dinge, die nicht zusammenpassen, zu verbinden und mit der Tugend die Lust zu verknüpfen, ein Fehler, durch den sie gerade den Schlechtesten schmeicheln. Derjenige nämlich, der seinen Lüsten völlig hingegeben ist, der fortwährend rülpst und trunken ist, glaubt, weil er weiß, daß er lustvoll lebt, er lebe auch tugendhaft (wenn er hört, daß die Lust von der Tugend nicht getrennt werden könne); daraufhin nennt er seine Laster Weisheit. (Vom glücklichen Leben, 35)

Nun wurde in dem Einwand aber nicht behauptet, die Lust sei identisch mit der Tugend, sondern dass auch sittliches Verhalten als solches einen Lustgewinn erbringen könne. Dies räumt Seneca ein, nicht ohne jedoch klarzustellen, dass die Tugend nicht um des Lustgewinns, sondern um ihrer selbst willen erstrebt werde und die Lust »für den rechten und guten Willen [...] nicht Führerin, sondern Begleiterin sei«. Als Führerin für ein glückliches Leben kommt allein die Vernunft in Frage, die sich zwar der Sinne bedient, sich aber nicht genießend in ihnen verliert, sondern stets zu sich selbst zurückkehrt. Indem sie sich veräußert, nimmt sie Kontakt zu den Sinnen auf; anstatt sich jedoch an dem durch diese gelieferten Material zu berauschen, bezieht sie es in instrumenteller Absicht auf ihre ureigensten Zwecksetzungen, um das durch diese anvisierte Gute zu verwirklichen. Diese mit Hilfe der Sinne vollzogene geistige Tätigkeit ist es, die den Menschen zum Menschen macht: »Wenn [der Geist] sich, seinen Sinnen folgend, durch sie zu den äußeren Dingen hin ausgestreckt hat, dann sei er ihrer und seiner selbst mächtig.« Nur wer auf dem Weg der Tugend (lat. *virtus*) nach dem Guten strebt, ist ein wirklicher Mann (lat. *vir*), der sich selbst zu beherrschen vermag, indem er seine Genüsse zügelt.

Es ist also durchaus möglich und keineswegs unerwünscht, dass die von der menschlichen Vernunft in den Dienst genommene Sinnlichkeit eine Lustempfindung weckt, aber diese darf man nach Seneca nicht mit dem Glück der ihrer selbst mächtigen Vernunft verwechseln, denn »die Lust [ist] nicht der Lohn und nicht der Zweck der Tugend, sondern eine Zugabe«. Der Preis der Tugend ist nicht die Lust, sondern sie selbst. Die Vernunft mustert die Lüste kritisch auf der Folie der Tugend und lässt sie in dem Ausmaß zu, als sie Freuden sind, die sich im Gefolge der Tugend einstellen und dazu beitragen, dass der sittlich Handelnde gern tut, was zu tun ihm die Vernunft rät.

> Und wenn [...] es gefällt, in dieser Begleitung den Weg zum glücklichen Leben zu gehen, dann schreite die Tugend voran, die Lust begleite sie und bewege sich wie der Schatten um den Körper; die Tugend aber, die erhabene Herrin, der Lust als Magd zu übergeben, kommt dem zu, der in seinem Geiste nichts Großes zu fassen vermag. Im ersten Glied gehe die Tugend, sie trage die Feldzeichen: Wir werden um nichts weniger Lust haben, aber wir werden ihre Herren und Lenker sein. (Vom glücklichen Leben, 39/41)

Es liegt nahe, dass Senecas Gesprächspartner nach diesen Ausführungen auf den Gedanken kommt, dass man Tugend und Lust zum höchsten Gut zusammenfassen könne, aber wieder macht er den Fehler, »das sittlich Gute und das Lust-volle« miteinander zu identifizieren, anstatt sie, wie es Sene-cas Analogie von Körper und Schatten nahe legt, in eine Rangfolge zu bringen, der gemäß die Tugend das Original und die Lust dessen Schatten ist. Seneca hat daher leichtes Spiel mit seiner Argumentation, dass das höchste Gut seine Rein-heit verliert, wenn dem sittlich Guten Lust beigemengt wird, selbst wenn es sich um eine Lust handelt, die sich mit dem sittlichen Handeln einstellt bzw. mit diesem einhergeht. Die Gefahr, dass man diese Lust mit dem der Tugend innewoh-nenden Glück verwechselt und nicht um der Tugend, sondern um der Lust willen sittlich handelt, ist groß. Der wirklich Tu-gendhafte tut sich und anderen wohl, weil er sich dies als seine Aufgabe gesetzt hat, und nicht, weil er es genießt, sich als Wohltäter feiern zu lassen.

Der zweite Einwand, der oft gegen Seneca von Seiten seiner Gegner erhoben wurde, bezieht sich auf die Diskrepanz, die scheinbar zwischen Senecas Lehre und seiner Lebensführung bestand. Ein Mann, der mit allen Glücksgütern ausgestattet ist, von denen die meisten Menschen nur träumen können, kann anderen gut Moral predigen. Mit einer gewissen Selbstironie zählt Seneca die Vorwürfe derer auf, die ihn »ankläffen«:

> Warum also redest du tapferer als du lebst? Warum gibst du dich gegenüber einem Höherstehenden unterwürfig, hältst Geld für ein dir unentbehrliches Mittel, läßt dich durch einen Verlust erschüttern, vergießt Tränen, wenn du vom Tod der Gattin oder eines Freundes hörst, nimmst auf dei-nen Ruf Rücksicht und läßt dich von böswilligem Gerede berühren? Warum hast du Land, das besser bestellt ist, als eine natürliche Nutzung es verlangt? Warum speist du nicht nach deiner Vorschrift? Warum hast du allzu glänzenden Hausrat. Warum wird bei dir Wein getrunken, der älter ist als du? Warum wird in deinem Atrium Gold zur Schau ge-stellt? Warum werden Bäume gepflanzt, nur um Schatten zu spenden? Warum trägt deine Gattin das Vermögen eines

reichen Hauses an den Ohren? Warum kleiden sich deine Pagen in kostbare Gewänder? [...] Warum hast du Besitzungen jenseits des Meeres? [...] Warum bist du schändlicherweise entweder so nachlässig, daß du deine wenigen Sklaven nicht kennst, oder so verschwendungssüchtig, daß du mehr hast, als daß dein Gedächtnis ausreichen würde, sie zu kennen? (Vom glücklichen Leben, 49)

Man könnte alle diese Fragen als Lamento von Neidern abtun, die eigentlich gern selbst ein Leben in Saus und Braus führen würden, dazu jedoch keine Gelegenheit bekommen, weil sie sich vom Schicksal benachteiligt fühlen. Aber Seneca hat sehr wohl verstanden, dass man ihn für unredlich hält, weil er anders lebt, als er redet. Er profitiert für sich selbst von glücklichen Umständen, die ihm eine überdurchschnittliche Lebensqualität erlauben, will den Leuten aber weismachen, dass das wahre Glück in etwas ganz anderem besteht, in der Sittlichkeit nämlich, die jedermann erbringen kann, auch wenn er weder Geld noch Schmuck, noch Land, noch Delikatessen, noch Diener besitzt.

Max Scheler hat gemäß einer Anekdote auf ähnliche Vorwürfe gesagt: Welcher Wegweiser geht denn in die Richtung, die er anzeigt? Dies ist nicht Senecas Antwort. Er nimmt sich selbst keineswegs von den Regeln, die er für ein gutes Leben aufstellt, aus; im Gegenteil, sie gelten für ihn genauso wie für jeden anderen. Der Grund, den er für die Diskrepanz zwischen seiner Lehre und seinem Leben anführt, ist seine Schwäche. »Ich bin nicht weise«, räumt er ein. »Fordere von mir daher nicht, daß ich den Besten gleich, sondern daß ich besser als die Schlechten sei. Dies ist mir genug: täglich etwas von meinen Fehlern zu beseitigen und meine Irrtümer zu tadeln.« Seneca spricht sich trotzdem das Recht zu, die Laster zu tadeln, auch wenn es seine eigenen sind. »Sobald ich es vermag, werde ich leben, wie es sich gehört.« Hier tritt ein wesentlicher Unterschied zwischen Sokrates' und Senecas Tugendlehre hervor, insofern Seneca das beste Beispiel dafür ist, dass einer über das Gute bestens aufgeklärt ist, ja, es selber ständig im Munde führt und trotzdem nicht im Stande ist, es zu verwirklichen. Die Schwäche der Menschen ist in dieser Hinsicht keine der Vernunft, sondern eine des Willens. Man unterlässt das Richtige nicht deshalb, weil man es nicht gut genug kennt, sondern weil man es nicht tun will, obwohl man es tun könnte und weiß, dass man es tun sollte.

Seneca gibt sich also nicht als Meister der Tugend aus, sondern gesteht ein, dass er die Tugend »anbetet und ihr – in ungeheurem Abstand – hinterherkriecht«. Die Sympathie, die er sich damit erwirbt, macht er jedoch zugleich wieder zunichte durch seine giftigen Bemerkungen gegen diejenigen, die seine Lebensführung anprangern, was zeigt, dass er sich nicht unter Kontrolle hat. Aber man wäre völlig auf dem Holzweg, wenn man annähme, Seneca wäre bereit, im Zuge der Bekämpfung seiner Willensschwäche auf seine materiellen Vorteile zu verzichten. Er vertritt im Gegenteil den Standpunkt, man dürfe »die Güte des Schicksals nicht von sich weisen« und es sei nichts Schändliches, »kühn und vor aller Welt reich [zu] sein«, zumal dann nicht, wenn die erworbenen Reichtümer auch ein Ertrag der Tugend seien. Entscheidend ist für Seneca die Einstellung, die man gegenüber den mehr oder weniger verdient vorhandenen Glücksgütern einnimmt. Sie tragen lediglich zum körperlichen Wohlbefinden bei, sind aber keine Voraussetzung für jenes Glück, das allein aus der Tugend folgt. So behauptet er:

> Ich werde den Reichtum, ob er da ist oder nicht, in gleicher Weise verachten, weder niedergeschlagener, wenn er anderswo liegt, noch höhergestimmt, wenn er rings um mich her erglänzt. Ich werde das Glück (fortuna) weder wenn es kommt, noch wenn es geht, wahrnehmen. (Vom glücklichen Leben, 55/57)

Dies sagt sich freilich leicht, wenn man sich auf der Sonnenseite des Lebens befindet und keine rechte Vorstellung davon hat, was es heißt, im Schatten leben zu müssen. Man sollte meinen, dass es jemandem, der so privilegiert ist wie Seneca, leichter fällt, sich auf die Ausbildung seiner Tugend zu konzentrieren, als all jenen, die ihre ganze Kraft brauchen, um sich mit dem Lebensnotwendigen zu versorgen. Natürlich fällt es schwerer, moderat zu essen und zu trinken, wenn alles im Überfluss vorhanden ist, aber die Sorgen möchte jemand, der Hunger leidet, erst einmal haben. Immerhin gibt Seneca zu, dass er den Reichtum zwar nicht liebt, ihn aber vorzieht, weil »er nützlich ist und große Annehmlichkeiten des Lebens mit sich bringt«. Wann immer er die Wahl hätte, würde er selbstverständlich den Reichtum der Armut vorziehen, so wie man auch lieber gesund als krank, lieber groß gewachsen als klein wäre, lieber zwei Augen statt nur eines hätte. Alle so genannten Glücksgüter, die man sich nicht erwirbt, sondern die einem nach dem Zufallsprinzip eben zu-fallen, darf man sich ohne weiteres wünschen, doch solle man sie nicht in seine Seele, sondern nur in sein Haus aufnehmen. Sie haben einen materiellen Wert, aber sie sollen nicht um dieses Wertes willen erstrebt werden, sondern nur deshalb, weil sie einen gewissen Lebensstandard ermöglichen, der es erlaubt, sich umso mehr auf die sittliche Lebensführung zu konzentrieren.

Seneca erkennt durchaus an, dass großer Reichtum eine Verpflichtung gegenüber den Bedürftigen mit sich bringt, aber er lehnt es ab, sein Geld nach dem Gießkannenprinzip zu verteilen: Wer weise schenkt, »wird eine Tasche haben, die sich leicht öffnet, aber nicht löchrig ist«. Freigebigkeit ist eine Kunst, und der vernünftige Wohltäter sollte seinen Überfluss »nicht nach Zufall und plötzlicher Neigung verschleudern«, sondern »die Würdigsten« auswählen, damit sie durch ihre Armut nicht auf die schiefe Bahn geraten, sondern die Möglichkeit haben, sich zu wertvollen Mitgliedern der Gesellschaft zu entwickeln. Mit dem Reichtum muss man umzugehen lernen; man muss seinen Wert richtig einschätzen und sich so als Herr über ihn erweisen, anstatt sich ihm sklavisch zu unterwerfen. Wer den Reichtum beherrscht, hat schon einen Beweis seiner Tugend abgelegt. Seneca macht einen Unterschied zwischen Tugenden, die man durch zügelnde und bremsende Kraftakte ausübt (Freigebigkeit, Mäßigung, Milde), und solchen Tugenden, die den Einsatz der Sporen erforderlich machen (Geduld, Tapferkeit, Ausdauer). In jedem Fall ist es anstrengend, ein tugendhaftes Leben zu führen, aber gerade dieser Anstrengung, vor allem wenn sie gelingt, verdankt der Mensch sein wahres Glück.

Glückswürdigkeit

Seneca empfahl die Leidenschaftslosigkeit als einen Zustand der Seele, die ruhig und gelassen auf alles Unvorhersehbare reagiert und den stürmischen, vergängliche Glücksgüter begehrenden Willen durch ihre vernünftigen Urteile gleichmütig macht. Indem sie ihm jedes Mal zeigt, dass das wahre Glück und damit das gute Leben auf einer beständigen Sittlichkeit beruht, die durch nichts zu erschüttern ist und selbst die größten Schicksalsschläge zu ertragen hilft, bewahrt sie vor überschießenden Reaktionen. Spinoza hat in seiner *Ethik* die stoische Einstellung, für die Seneca plädierte, in der These auf den Punkt gebracht: »Die Glückseligkeit ist nicht der Lohn der Tugend, sondern die Tugend selbst.«
Auch Kant argumentierte für eine ethische Lebensform und eine leidenschaftslose Beurteilung dessen, was zu tun ist. Er verschärfte die Trennung zwischen Sinnlichkeit (Lust) und Sittlichkeit (Tugend) dadurch, dass er den Willen völlig von der Vernunft loslöste. Wille und Vernunft sind zwei gänzlich verschiedene Strebevermögen mit ebenso verschiedenen Zie-

len. Während der empirische Wille ein naturwüchsiges Begehren ist, das auf Erfüllung drängt, setzt sich die praktische Vernunft selbst Ziele, für die sie beansprucht, dass sie gewollt werden *sollen*. Von Glückseligkeit spricht Kant nur in Bezug auf das sinnliche Begehren; Glück ist für ihn somit ein empirischer Begriff. Entsprechend fasst er die »Glücksgaben« – »Macht, Reichtum, Ehre, selbst Gesundheit und das ganze Wohlbefinden« – unter dem Namen Glückseligkeit zusammen und definiert das Glück als »Zustand eines vernünftigen Wesens in der Welt, dem es im Ganzen seiner Existenz *alles nach Wunsch und Willen geht*«. Das Streben nach Glück ist keineswegs ein Prozess, der sich vernunft- und bewusstlos vollzieht, obwohl das Ziel von der Natur vorgegeben ist. Nichts, was der Mensch tut, geschieht nach Kant ohne Bewusstsein. Entsprechend versteht er auch unter Glückseligkeit »das *Bewußtsein* eines vernünftigen Wesens von der Annehmlichkeit des Lebens, die ununterbrochen sein ganzes Dasein begleitet«. Der Mensch will nicht nur, sondern er weiß auch, was er will. Entscheidend ist jedoch, dass das Glücksstreben nicht Resultat einer freien Wahl ist, denn der Mensch findet sich immer schon mit einem Glücksverlangen vor, das ihm durch seine sinnliche Natur gleichsam einprogrammiert ist. Eine Wahl hat er nur bezüglich der Befriedigung seines Verlangens: ob er ihm nachgibt, und wenn ja, wie. Aber er kann nicht wählen, nicht nach Glück streben zu wollen. »Glücklich zu sein, ist notwendig das Verlangen jedes vernünftigen, aber endlichen Wesens und also ein unvermeidlicher Bestimmungsgrund seines Begehrungsvermögen.«

Der Mensch ist also nach Kant hinsichtlich seines Strebens nach Glück durch seine Natur determiniert. Insofern er immer schon nach Glück auslangt, macht die Rede von einem *Recht* auf Glück oder der *Gesolltheit* des Glücksstrebens keinen Sinn, da es dem Menschen ja nicht freisteht, das Gesetz seiner Natur außer Kraft zu setzen. Da er nicht anders kann, als nach

Glück zu streben, muss ihm dies nicht noch eigens geboten werden, ebenso wenig wie ihm ein Recht auf etwas eingeräumt werden kann, was er immer schon unausweichlich zu tun gezwungen ist: »Ein Gebot, daß jedermann sich glücklich zu machen suchen sollte, wäre töricht; denn man gebietet niemals jemandem das, was er schon unausbleiblich von selbst will.« Da nun alle zur Gattung Mensch gehörenden Lebewesen daran interessiert sind, dass ihnen alles nach Wunsch und Wille gehe, jeder Einzelne aber auf Grund seiner speziellen Bedürfnisse eine andere Vorstellung von Glück hat, ist eine Kollision der Glücksansprüche voraussehbar, und wenn es für die Menschen kein anderes Ziel als das Glück gäbe, wäre ein Krieg aller gegen alle unvermeidlich, in dessen Verlauf die Stärksten und Mächtigsten ihre Interessen mit Gewalt durchsetzen würden. Was im Tierreich die Regel ist, nämlich dass das kräftigste Tier, nachdem es seine körperliche Überlegenheit demonstriert hat, zum Rudelführer wird, das ist für Menschen unbefriedigend, da die Vernunft, durch die sich der Mensch vor tierischen Lebewesen auszeichnet, dabei nicht auf ihre Kosten kommt. Denn schiere Körperkraft ist kein Kriterium für die Qualität menschlicher Leistungen. Was kann also die Vernunft zur Lösung des Konflikts beitragen, der durch die unterschiedlichen individuellen Glücksansprüche entsteht?

Für Kant ist dies eine Frage, die im Zusammenhang mit der Frage nach dem Stellenwert des Glücksprinzips für den menschlichen Willen erörtert werden muss. Wenn der Wille nur für solche Ziele empfänglich wäre, die sein Glücksverlangen befriedigten, schiede er als Adressat für mögliche andere Zielvorstellungen aus. Die Vernunft könnte dann nichts anderes tun, als ihr Potenzial in den Dienst des Willens zu stellen und ihm dabei behilflich zu sein, sein Begehren durchzusetzen, wenn nicht mit Gewalt, dann mit List und Tücke. Da dies jedoch zu einem permanenten Kampf führen würde, in welchem auch der Sieger ständig bedroht wäre und auf der Hut sein müsste vor Angriffen aus dem Hinterhalt, rät die Vernunft dazu, sich durch einen Vertrag vor der Gewalt der anderen zu schützen. In einem solchen Vertrag verzichtet jeder auf die Befriedigung eines Teils seiner Glücksansprüche, um einvernehmlich mit den anderen zusammenleben zu können und die Garantie zu haben, dass man seinem reduzierten Glücksverlangen ungehindert nachgeben kann.

Ein solches prosoziales Verhalten ist zweckrational, aber aus Kantischer Sicht dem Menschen immer noch nicht angemessen, weil er dabei von seiner Vernunft einen bloß instrumentellen Gebrauch macht. Die Erfahrung jedoch, dass die Vernunft etwas kann, was der Wille nicht kann, nämlich Regeln für ein moralisch qualifiziertes kooperatives Verhalten aufstellen, führt dazu, dass sich die Vernunft ihrer eigenen Fähigkeiten bewusst wird und anfängt, selber Ziele zu erwägen, die sie dem Willen versuchsweise vorstellt, wobei sie zur Durchsetzung nicht auf den Zwang der Natur zurückgreifen kann, sondern ein Sollen formuliert, um den Willen argumentativ davon zu überzeugen, dass es gut ist, diese Ziele zu verfolgen. Solange sich der Wille in seinem Glücksstreben dadurch nicht beeinträchtigt sieht, wird er sich die Ziele der Vernunft problemlos zu Eigen machen. Sobald ihm jedoch zugemutet wird, um eines Vernunftzieles willen sein Glücksbegehren einzuschränken oder gar darauf zu verzichten, entsteht ein qualitativ anderer Konflikt als der, welcher aus den naturwüchsig verfolgten Glückszielen der Individuen entstanden war. Kant spricht hier von einem Konflikt zwischen Neigung und Pflicht, und er vertritt die These, dass in einem solchen Konflikt grundsätzlich der Pflicht der Vorrang vor der Neigung zusteht. Die Pflicht ist unbedingt zu erfüllen, auch wenn dabei im Extremfall das Glück völlig auf der Strecke bleibt.

Wie lässt sich diese These begründen? Kant macht darauf aufmerksam, dass wir unsere Natur mit den Tieren teilen und uns nur durch unsere Vernunft von ihnen unterscheiden. Die Vernunft ist daher aus der Sicht des Menschen das Ranghöhere, so dass ihre Ziele den Zielen, die im Zusammenhang mit dem Glücksverlangen erstrebt werden, übergeordnet werden müssen. Als Nächstes stellt sich jedoch die Frage, woher die Vernunft qua praktische, willensbestimmende und handlungsbezogene Vernunft ihre Ziele nimmt, und die Antwort, die Kant anbietet, lautet: Sie nimmt sie aus sich selbst. Nachdem sich die Vernunft von der Herrschaft des Willens emanzipiert hat, stellt sie fest, dass sie nicht an dessen Zielvorgaben gebunden ist, sondern frei ist, sich selbst Ziele zu setzen. Indem die Vernunft sich selbst Freiheit zuschreibt – im ersten Schritt Freiheit *von* (der natürlichen Determiniertheit des Willens), dann Freiheit *zu* (eigenen Zielsetzungen) –, bestimmt sie sich selbst als eine Instanz, die wollen kann, nicht im empirischen, sondern im geistigen Sinn. Die Vernunft will, dass alles vernünftig ist, und vernünftig ist das, was aus Freiheit und um der Freiheit willen geschieht. Dieses Prinzip der Freiheit setzt die Vernunft dem Naturprinzip der Glückseligkeit entgegen. Dabei geht es ihr nicht darum, dieses aus den Angeln zu heben, was weder möglich noch sinnvoll wäre. Vielmehr macht sie einen Unterschied bezüglich der Geltungsqualität der beiden Prinzipien. Das Glücksprinzip hat *empirische* Gültigkeit, denn seine faktische Geltungskraft als Naturgesetz ist unbestreitbar: Alle Menschen streben nach Glück. Das Freiheitsprinzip hingegen erhebt Anspruch auf *normative* Gültigkeit, das heißt, ihm soll durch menschliches Handeln jene Geltung verschafft werden, die es empirisch nicht je schon hat: Alle Menschen sollen sich Freiheit zur Grundlage ihres Handelns machen. Grundsätzlich haben für die Willensbestimmung die normativen Prinzipien den Vorrang vor den empirischen, aus dem einfachen Grund, weil hier nicht die Natur, sondern der Mensch selber der Gesetzgeber ist. Nach Kant ist der Mensch nur dadurch wahrhaft Mensch, dass er sich selbst ein Gesetz *(autos nomos)* geben kann und als autonomes Wesen seine Freiheit unter Beweis stellt.

In dem Maß, in welchem der Mensch nach Glück strebt, ist er unfrei, da er die Ziele, die er anstrebt, um glücklich zu werden, unter das Diktat der Natur gesetzt hat. Nur wenn es ihm gelingt, unabhängig von der Natur, und das bedeutet: ohne Rücksicht auf sein Glücksverlangen, mit Hilfe der praktischen Vernunft eigene Zielvorstellungen zu entwickeln, wirft er die Fesseln der Natur ab und wird zum Gesetzgeber seines Willens. Da der Wille aber nicht schon durch die Gesetze der Vernunft bestimmt ist, müssen sie ihm geboten werden. Sprachlich werden sie daher nicht als Seinssätze, sondern als Sollenssätze artikuliert, wodurch dem Willen einerseits signalisiert wird, dass er gehorchen soll, andererseits, dass er diesen Gehorsam auch verweigern kann, weil er ja, anders als bei den Naturgesetzen, eine Wahl hat. Der einzige überzeugende Grund, warum er der Vernunft Folge leisten soll, ist der, dass er sich damit selbst in Freiheit setzt, denn indem er will, was er soll, will er Freiheit, und damit gehorcht er einem Gesetz, das er sich vermöge der praktischen Vernunft selbst gegeben hat. Dadurch verleiht er seinem Wollen sittliche Qualität und macht sich selbst zum guten Willen.

Kant geht davon aus, dass man jederzeit kann, was man soll. Die Berufung auf ein Nichtkönnen verschleiert nur, dass man nicht will, was man soll. Wenn Kant von Pflicht spricht, beruht der meistens als lästig empfundene Zwangscharakter, den man mit dem Wort verbindet, auf einer Täuschung, insofern mit Pflicht ganz im Gegenteil jene Selbstbindung gemeint ist, durch welche sich der Wille an das Prinzip der Freiheit bindet und alles, was aus Freiheit und um der Freiheit willen gefordert wird, für schlechterdings ver-bind-lich erklärt. Für einen »heiligen« Willen gibt es keine Pflicht, weil dieser sich ein für alle Mal entschieden hat, Freiheit zum Gesetz seines Seins zu machen, von dem es kein Abweichen mehr gibt. Von Pflicht jedoch kann sinnvollerweise immer nur im Zusammenhang mit einem Willen die Rede sein, der einerseits durch die Natur determiniert ist und auf Grund dieser Determination gezwungen ist, seiner Neigung zu folgen, der andererseits Adressat von Sollensforderungen ist, die er kraft der praktischen Vernunft an sich selbst als zur Freiheit aufgeforderten Willen richtet.

Der Wille steht somit aus Kants Sicht zwischen zwei ungleichartigen Zielen: Das eine – sein Glück – will er immer schon unaufgefordert, und das andere – seine Freiheit – soll er wollen, doch dazu muss ihn die praktische Vernunft mit guten Gründen überreden, denn weshalb sollte er sich für etwas entscheiden, das ihn nicht glücklich macht? Kant erschwert den Konflikt noch dadurch, dass er nicht wie die anderen Befürworter einer ethischen Lebensform Tugend und Pflichterfüllung mit einem höherrangigen Glück verbindet, das für den Verzicht auf Befriedigung des sinnlichen Glücksverlangens entschädigt. Im Gegenteil, Kant möchte das Prinzip der Glückseligkeit ausschließlich auf den sinnlichen Bereich bezogen wissen; auf dem Gebiet der Sittlichkeit hat es nichts verloren, denn dort regiert allein die praktische Vernunft mittels des Freiheitsprinzips. Sie gebietet dem Willen kategorisch, keinen seiner Glücksansprüche als Motiv für das sittliche Handeln in Anschlag zu bringen, sondern sich zu vergewissern, dass er *aus Pflicht* und aus keinem anderen Grund sich selbst in seinem Wollen bestimmt. Der Wille soll gleichsam sich selbst in die Pflicht nehmen und dafür Sorge tragen, dass der Mensch von seiner Freiheit Gebrauch macht, die ihrerseits keine regellose Willkürfreiheit ist, nach der man beliebig tun und lassen kann, was einem gefällt, sondern sittliche Freiheit, die die Freiheit aller respektiert und sich an anderer Freiheit begrenzt.

Zwei Beispiele können veranschaulichen, wie Kant sich das Zugleich von sinnlicher und sittlicher Bestimmung des Willens in der Praxis vorstellt. Das eine betrifft den Stellenwert der Sexualität und das andere das Verhältnis zu Gott. Kant formuliert drastisch, dass zwei Menschen, deren Beziehung eine rein sexuelle ist, einander erniedrigen.

> Weil die Geschlechtsneigung keine Neigung ist, die ein Mensch gegen den anderen als Mensch hat, sondern eine Neigung gegen das Geschlecht, so ist diese Neigung ein Principium der Erniedrigung der Menschheit, ein Quell, ein Geschlecht dem anderen vorzuziehen und es aus Befriedigung der Neigung zu entehren. Die Neigung, die man zum Weibe hat, geht nicht auf sie als auf einen Menschen, sondern weil sie ein Weib ist, demnach ist einem Manne die Menschheit am Weibe gleichgültig und nur das Geschlecht der Gegenstand seiner Neigungen. Die Menschheit wird also hier hintenan gesetzt. [...] Wenn dieses [der Fall] ist, so wird man die Menschheit dem Geschlecht aufopfern. Wenn also ein Mann seine Neigungen befriedigen will und ein Weib wiederum die ihrigen, so reizt eines die Neigung des anderen auf sich und beide Neigungen geraten gegeneinander und gehen gar nicht auf die Menschlichkeit, sondern aufs Geschlecht und einer entehrt des anderen Menschheit. (Ethik Menzer, 206)

Nun ist der Sexualtrieb einer der stärksten menschlichen Triebe, und Kant ist keineswegs der Meinung, dass man diesen Trieb unterdrücken oder sublimieren müsse, aber, so fragt er, wie kann man »von seiner Geschlechtsneigung einen Gebrauch [...] machen ohne Verletzung der Menschheit?«. Seine Antwort auf diese Frage bereitet er dadurch vor, dass er präzisiert, was es heißt, die Menschheit oder die Menschlichkeit in einem Menschen zu verletzen. Die Verletzung bestehe in einer Entwürdigung der Person, die man »als eine Sache, als ein Instrument der Befriedigung seiner Neigungen« gebrauche. Wer sich nur für einen Teil einer Person, nämlich für deren »organa sexualia« interessiert, dabei »die Besorgnis ihres Glücks und Schicksals« jedoch völlig ausklammert, verfügt über sein Gegenüber wie über eine Sache, da er es nicht als Zweck an sich selbst wahrnimmt, sondern als bloßes Mittel zur Befriedigung des Sexualtriebs benutzt. Kant argumentiert nun so, dass die sexuelle Beziehung in eine umfassendere Beziehung integriert werden muss, um dem Vorwurf der Instrumentalisierung zu entgehen. In einer solchen Beziehung, die nicht nur einen Teil, sondern den ganzen Menschen einbezieht, begegnen sich zwei Personen, die einander wechselseitig durch einen Vertrag ein Recht aufeinander einräumen.

> Dies geschieht nur allein in der Ehe. [...] Nun läßt sich durch die Vernunft einsehen, wie ein *commercium sexuale* ohne Erniedrigung der Menschheit und Verletzung der Moralität möglich sei. Die Ehe ist also die einzige Bedingung von seiner Geschlechterneigung Gebrauch zu machen. Wenn sich nun eine Person der anderen widmet, so widmet sie nicht allein ihr Geschlecht, sondern ihre ganze Person, dieses läßt sich nicht separieren. Wenn nun ein Mensch dem anderen seine Person, sein Glück, sein Unglück und alle seine Umstände übergibt, daß er Recht darauf hat, [...] machen beide Personen eine Einheit des Willens aus. Es wird also keine Person ein Glück oder Unglück, Freude oder Mißvergnügen erdulden, wo nicht die andere mit Anteil nehmen wird. (Ethik Menzer, 210f.)

Dieses Beispiel zeigt eindrücklich, wie Kant die Sinnlichkeit zu versittlichen sucht, indem er sie als Bedürfnis ernst nimmt, die Erfüllung ihres Begehrens jedoch an die Bedingung knüpft, dass der ganze Mensch daran beteiligt wird, also auch der Anteil, auf Grund dessen er ein humanes Wesen ist, das seinen Willen vernünftig und frei bestimmt. Dadurch bekommt die Sinnlichkeit eine andere Qualität, weil sie nun als Ausdrucksform einer Person gesehen wird, die in jedem Mitmenschen ebenfalls dessen Personalität als das Allgemeinmenschliche respektiert und auf dieser gemeinsamen Basis die Bedürfnisbefriedigung einvernehmlich regelt.

Ein genau umgekehrtes Beispiel ist die »Mönchsasketik«, die von Kant als missglückte Selbstbeziehung kritisiert wird. Wird in Bezug auf die Sexualität die Sittlichkeit überbetont, so bleibt bei der Mönchsasketik die Sinnlichkeit auf der Strecke. Die Mönche, die sich selbst kasteien und geißeln, sind ihm höchst verdächtig, weil er glaubt, dass sie ihr Fleisch letzten Endes nicht um der Tugend willen kreuzigen, sondern »aus abergläubischer Furcht, oder geheucheltem Abscheu an sich selbst«. Im Grunde hassen sie die Tugend und lassen diesen Hass an ihrem Körper aus; sie bestrafen »freudenlos, finster und mürrisch« ihre Sinnlichkeit, ohne ihre Schuld moralisch bereuen und büßen zu wollen. Kant vermisst bei dieser »schwärmerischen Entsündigung« den Frohsinn, der die Selbstzucht begleiten muss, damit der ganze Mensch einbezogen ist in die Übung. Alles andere ist nur »ethische Gymnastik«, die »in der Bekämpfung der Naturtriebe« besteht, anstatt »wacker und, im Bewußtsein seiner wiedererworbenen Freiheit, fröhlich« an seiner Tugend zu arbeiten. Dieses Beispiel zeigt ebenfalls klar, dass Kant von einer einseitigen Selbstverwirklichung nichts hält. Auch wenn der Tugend immer der Vorrang gebührt, weil sich durch sie die »Menschlichkeit« bzw. »Menschheit« im Individuum, das heißt seine Vernunft und Freiheit, die in der Autonomie des Willens ihren Ausdruck finden, darstellt, so ist doch eine Tugend, die die Sinnlichkeit vollständig unterdrückt, ebenso unmenschlich, wie eine Sinnlichkeit, die die Tugend außer Acht lässt, untermenschlich ist.

Kant hat demnach nicht, wie ihm oft unterstellt wird, verlangt, man müsse immer oder möglichst oft auf das Glück verzichten, wenn man ein sittliches Leben führen wolle.

[...] diese *Unterscheidung* des Glückseligkeitsprinzips von dem der Sittlichkeit ist darum nicht sofort *Entgegensetzung* beider, und die reine praktische Vernunft will nicht, man solle die Ansprüche auf Glückseligkeit *aufgeben*, sondern nur, sobald von Pflicht die Rede ist, darauf gar *nicht Rücksicht* nehmen. (Kritik der praktischen Vernunft, 217)

Also nur in solchen Fällen, wo Pflicht und Neigung miteinander konkurrieren und den Willen in verschiedene Richtungen ziehen, muss das Glück hintangestellt werden. Andernfalls wären die Naturanlagen des Menschen etwas völlig Widersinniges: »Denn die Natur hat gewiß nicht Instinkte und Vermögen in lebende Geschöpfe gelegt, damit sie solche bekämpfen und unterdrücken sollten.« Doch Kant war realistisch genug, um zu sehen, dass die meisten Menschen sich mit dem Durchhalten des rigorosen Pflichtgebots überfordert fühlen, zumal die Erfahrung lehrt, dass manch einer, der sein Leben lang pflichtbewusst gehandelt und die Befriedigung seiner Interessen hintangestellt hat, ein höchst armseliges Leben führen musste, während andere mit Glücksgütern gesegnet sind und sich einen Deut um die Moral scheren. Wer sorgt für den gerechten Ausgleich, der die Unglücklichen, unverschuldet unter Schicksalsschlägen Leidenden für alle Desaster, die ihnen das Leben zur Qual machen, entschädigt? Kant hält es nicht mit den Stoikern, die davon ausgingen, dass der Tugendhafte automatisch auch glücklich ist. Noch weniger stimmt er den Epikuräern zu, die das Streben nach Glück als tugendhaft qualifizieren. Glückseligkeit und Tugend haben einen derart verschiedenen Zielcharakter, dass sie sich nicht ohne weiteres ineinander übersetzen lassen, und Kant wählt einen anderen Weg, um beiden zu ihrem Recht zu verhelfen.

Kant räumt den Menschen ein Recht auf Entschädigung für entgangenes Glück ein, allerdings unter der Voraussetzung, dass die Betreffenden sich zeit ihres Lebens um Tugend bemüht und entsprechend ein sittliches Leben geführt haben. Wer ein im Sinn der Sittlichkeit gutes, aber glückloses Leben geführt hat, hat sich um das Glück verdient gemacht und ist damit des Glückes würdig. Kant unterscheidet zwischen dem obersten und dem höchsten Gut als Letztziele menschlichen Strebens. Das *oberste* Gut ist die Tugend, das jeder aus eigener Kraft erreichen kann; dazu muss er stets seine Pflicht tun, indem er alle seine Handlungsregeln (»Maximen«) mittels des kategorischen Imperativs daraufhin überprüft, ob sie als allgemein verbindliche Normen gedacht und gewollt werden können. Doch Tugend als solche macht noch nicht glücklich, weil sie nur das Verlangen der praktischen Vernunft nach Sittlichkeit befriedigt, nicht jedoch die Sinnlichkeit, die unter Umständen erheblich zu kurz kommt, wenn jemand ständig auf Glückschancen und Glücksgüter verzichten muss, um seine Pflicht erfüllen zu können: »Denn der Glückseligkeit bedürftig, ihrer auch würdig, dennoch aber derselben nicht teilhaftig zu sein, kann mit dem vollkommenen Wollen eines vernünftigen Wesens [...] gar nicht zusammen bestehen.«

Das *höchste* Gut umfasst daher nach Kant neben der Tugend auch noch die Glückseligkeit – »ganz genau in Proportion der Sittlichkeit (als Wert der Person und deren Würdigkeit, glücklich zu sein)« –, doch dieses Gut vermag der Mensch nicht aus eigener Kraft zu erreichen. Es ist ihm nur möglich, ein sittlich gutes Leben zu führen und dadurch seine Glückswürdigkeit unter Beweis zu stellen, aber kein menschliches Wesen hat die Macht, sich das ihm nach Maßgabe seiner Glückswürdigkeit zustehende Glück zu verschaffen. Obwohl also eine gerechte Zumessung des Glücks »nicht in unserer Gewalt ist«, so besteht nach Kant gleichwohl die berechtigte Hoffnung, dass es einen Gott gibt, der für den Ausgleich sorgen wird, dereinst, wenn die unsterbliche Seele hinsichtlich ihrer sittlichen Verdienste beurteilt und »proportional« belohnt wird. Kant spricht in diesem Zusammenhang von einem moralischen Gottesbeweis: »Es ist moralisch notwendig, das Dasein Gottes anzunehmen«, nämlich deshalb, weil sonst diejenigen unter den Menschen, die ein gutes Leben im Sinne der Sittlichkeit führen, aber das Glück entbehren müssen, sowohl gegenüber denjenigen, die tugendhaft und glücklich leben, als auch und erst recht gegenüber denjenigen, die glücklich leben, ohne tugendhaft zu sein, benachteiligt wären. Es bedarf somit eines Garanten des höchsten Gutes, der für unverdiente Glücklosigkeit entschädigt, und ein solcher Garant kann nur ein göttliches Wesen sein, dessen Allmacht und Güte die Menschen darauf vertrauen lassen, dass ein sittliches Leben sich auch unter dem Gesichtspunkt der Sinnlichkeit und der ihr zugestandenen Glücksbedürftigkeit lohnt.

Allerdings verändert Kant den Glücksbegriff unter der Hand, wenn er das Glück zunächst ganz auf der Seite der Sinnlichkeit als »*Lust* an der Wirklichkeit eines Gegenstandes« am natürlichen Begehrungsvermögen festmacht, dann aber über den Begriff der Glückswürdigkeit den Bogen zu jenem Glück schlägt, das in einem wie auch immer zu verstehenden Jenseits das im irdischen Leben entgangene Glück kompensieren soll. Dabei muss es sich um ein qualitativ völlig anderes Glück handeln, das unsinnlich, da unkörperlich ist und demzufolge eine Seligkeit beinhaltet, für die es im hiesigen Leben kein Äquivalent gibt. Ob die Aussicht auf ein solches Glück den Einzelnen wirklich zu motivieren vermag, sich mit Glückseinbußen im Hier und Jetzt abzufinden, muss daher dahingestellt bleiben, obwohl andererseits eine ewige Seligkeit, die man mit einem Gott teilt, zweifellos ein mächtiger Anreiz ist, sich der Tugend zu befleißigen.

Das *oberste* Gut – die Tugend oder Sittlichkeit – kann von jedem Individuum ohne weiteres direkt erstrebt werden, weil es ihm von der praktischen Vernunft als unbedingt erstrebenswertes Ziel aufgegeben ist. Das *höchste* Gut hingegen kann nur mittelbar durch den Erwerb von Glückswürdigkeit erstrebt werden. Des Glücks würdig wird man durch Handlungen, denen eine die Mitmenschen *um ihrer selbst willen* berücksichtigende Willensbestimmung zu Grunde liegt. Kant hat stets die Selbstzweckhaftigkeit fremder Personen betont, die es verbietet, diese in Verfolgung eigener, egoistischer Interessen zu instrumentalisieren. Eine solche Perversion des christlichen Gebots der Nächstenliebe führt sich selber ad absurdum: *»Liebe dich selbst über alles, Gott aber und deinen Nächsten um dein selbst willen.«*

Wer auf Kosten anderer sein eigenes Glück verfolgt, handelt unsittlich und verfehlt seine Pflicht als Mensch, die ihn dazu nötigt, auf die Glücksansprüche der Mitmenschen nicht nur Rücksicht zu nehmen, sondern an ihrer Erfüllung auch tatkräftig mitzuwirken. Kant bezeichnet die eigene Vollkommenheit und die fremde Glückseligkeit als ethische Pflichten, genauer als Tugendpflichten. Diese Pflichten können nicht vertauscht werden, denn Vollkommenheit erlangt man nur durch Tugend, und Tugend kann jedes Individuum allein durch sich selbst erlangen, indem es sittlich handelt, wozu es auf keine Unterstützung von außen angewiesen ist. Daher kann *fremde* Vollkommenheit nicht zur Pflicht gemacht werden. Umgekehrt kann die *eigene* Glückseligkeit nicht zur Pflicht erhoben werden. Kant begründet dies folgendermaßen:

> Denn *eigene Glückseligkeit* ist ein Zweck, den zwar alle Menschen (vermöge des Antriebes ihrer Natur) haben, nie aber kann dieser Zweck als Pflicht angesehen werden, ohne sich selbst zu widersprechen. Was ein jeder unvermeidlich schon von selbst will, das gehört nicht unter den Begriff von *Pflicht*; denn diese ist eine *Nötigung* zu einem ungern genommenen Zweck. Es widerspricht sich also zu sagen: man sei *verpflichtet*, seine eigene Glückseligkeit mit allen Kräften zu fördern. (Metaphysik der Sitten, 515)

Die Förderung *fremder* Glückseligkeit hingegen kann ich nicht nur, sondern soll ich mir unbedingt zur Aufgabe machen, weil jedes Individuum als endliches, bedürftiges Wesen zur Erlangung von Glücksgütern auf die Unterstützung der anderen angewiesen ist. Daher ist die allgemeine Wohlfahrt ein sittliches Ziel, zu dessen Realisierung alle das ihre beitragen müssen, nicht um der Mehrung des eigenen Glücks willen, sondern aus Gründen der Wechselbezüglichkeit: Ich kann billigerweise nicht von den anderen verlangen, sie mögen mir dabei behilflich sein, mein Glück zu erlangen, wenn ich nicht umgekehrt bereit bin, das Gleiche für sie zu tun. Indem ich mich um das Glück der anderen verdient mache, erwerbe ich Glückswürdigkeit, die wiederum mich zu der Hoffnung berechtigt, dass ich des höchsten Gutes teilhaftig werde – wenn nicht in diesem Leben, dann dereinst nach dem Tod, nachdem ein Gott meine Verdienste gerecht beurteilt und entsprechend belohnt hat.

Glückseligkeit im Nichtwollen

Kant hat den Willen von der Vernunft abgetrennt und ihn gleichsam als Befehlsempfänger dargestellt, der von zwei Seiten aufgefordert wird, seine Tätigkeit des Strebens auf ein bestimmtes Ziel zu richten. Während der Wille unter dem Zwang der Natur von sich aus nach Glück strebt, gebietet ihm die praktische Vernunft »von außen« kategorisch, nur solche Ziele anzusteuern, die die Vernunft als Pflichten ausweist und damit als erstrebenswerte Zwecke kennzeichnet. Für Kant steht es außer Zweifel, dass der Mensch jederzeit zu einer vernünftigen Willensbildung nicht nur im Stande, sondern geradezu verpflichtet ist, weil die praktische Vernunft als sittliche Instanz es ist, durch die sich der Mensch vor den Tieren auszeichnet, und nicht so sehr die Fähigkeiten des Denkens und Sprechens. Kant hat im Unterschied zu seinen Vorgängern die sittliche Willensbildung jedoch nicht der theoretischen (auf das Wissen bezogenen) Vernunft, sondern der praktischen (handlungsorientierten) Vernunft übertragen, die sich mitsamt ihrem Aufklärungspotenzial in den Willen hineinbildet, anstatt ihn zu intellektualisieren. Sittlichkeit wird auf diese Weise in die Strebensprozesse des Willens eingebracht und in direkter Konfrontation mit dem Prinzip des Glücks von innen her wirksam. Die Dominanz der praktischen Vernunft im Willen, auch wenn sie keine faktische, sondern bloß gesollt ist, hat Kant nie in Frage gestellt.

Arthur Schopenhauer war diesbezüglich anderer Meinung. Er betrachtete es als den Grundirrtum aller Philosophie, dass sie davon ausging, die Vernunft sei dem Willen überlegen und könne dessen Streben auf sittliche Ziele ausrichten. Im Gegenteil: Die Welt ist als Ganze kein Sinngebilde, das sich einer planenden Schöpferkraft verdankt, sondern Objektivation eines durch und durch irrationalen kosmischen Willens. Dieser Wille wirkt bewusstlos und bedient sich der menschlichen Vernunft nur als eines Werkzeugs, um sein Wollen durchzusetzen. Ein solcher alle Veränderungsprozesse antreibender vernunftloser Wille, der ohne Ziel-, Zweck- und Sinnvorstellungen blinder Motor der Fortzeugung und Selbsterhaltung des Lebens ist, entzieht sich dem Zugriff sowohl der theoretischen wie der praktischen Vernunft und kann daher weder rational noch sittlich gesteuert werden.

Der Mensch ist im wirren Netz der durch den kosmischen Willen erzeugten Fäden gefangen und hat keine Chance, diese mittels seines Intellekts zu systematisieren und in eine theoretische Ordnung zu bringen, geschweige denn, ihnen in praktischer Absicht einen eigenen Lebens- und Glücksentwurf entgegenzusetzen. Im Menschen hat sich der Wille in den Geschlechtsorganen materialisiert. Deshalb sind für Schopenhauer

> die Genitalien der eigentliche *Brennpunkt* des Willens und folglich der entgegengesetzte Pol des Gehirns, des Repräsentanten der Erkenntnis, d.i. der andern Seite der Welt, der Welt als Vorstellung. Jene sind das lebenerhaltende, der Zeit endloses Leben zusichernde Prinzip; in welcher Eigenschaft

sie bei den Griechen im Phallos, bei den Hindu im Lingam verehrt wurden, welche also das Symbol der Bejahung des Willens sind. Die Erkenntnis dagegen gibt die Möglichkeit der Aufhebung des Wollens, der Erlösung durch Freiheit, der Überwindung und Vernichtung der Welt. (Welt I, 452f.)

Der Mensch kann demnach den kosmischen Willen nicht durch autonome Willensakte aushebeln, denn zu solchen Akten ist er nicht fähig, da sein ganzes Wollen unausweichlich durch den kosmischen Willen fremdbestimmt ist. Aber er kann den in seinem Wollen wirksamen kosmischen Willen durch Verneinung des Willens zum Leben seiner Kraft berauben. Schopenhauer plädiert jedoch keineswegs für den Selbstmord, sondern für eine Lebenseinstellung, die auf Willenlosigkeit abzielt, indem das Individuum »alle die tausend Fäden des Wollens, welche uns an die Welt gebunden halten und als Begierde, Furcht, Neid, Zorn uns hin und her reißen, unter beständigem Schmerz«, abschneidet. Man besiegt alles Leiden, das der Wille verursacht, durch jenes »Quietiv des Wollens«, das im freiwilligen Verzicht auf Befriedigung jeglichen Begehrens am Ende das Begehren selber abtötet und auf diese Weise eine innere Ruhe verschafft, in welcher einen nichts mehr aus der Fassung bringt.

Die Einübung in die Willenlosigkeit nötigt auch zum Verzicht auf das Glück, jedenfalls auf die Glückserwartungen, die an das Wollen geknüpft sind. Schopenhauer bewertet das Streben nach Glück (Lust, Genuss, sinnliche Freuden) negativ, weil es einerseits einer Chimäre nachjagt und andererseits das genaue Gegenteil des Ersehnten zur Folge hat, nämlich Qualen und Schmerzen.

> In Arkadien geboren [...] sind wir freilich alle: d.h. wir treten in die Welt voll Ansprüche auf Glück und Genuß und hegen die törichte Hoffnung, solche durchzusetzen. In der Regel kommt jedoch das Schicksal, packt uns unsanft an und belehrt uns, daß nichts *unser* ist, sondern alles *sein*, da es ein

unbestrittenes Recht hat, nicht nur auf allen unsern Besitz und Erwerb und auf Weib und Kind, sondern sogar auf Arm und Bein, Auge und Ohr, ja auf die Nase mitten im Gesicht. Jedenfalls aber kommt nach einiger Zeit die Erfahrung und bringt die Einsicht, daß Glück und Genuß eine Fata Morgana sind, die eine Illusion uns in der Ferne zeigen, wohingegen Leiden und Schmerz real sind. (Kunst, glücklich zu sein, 28)

Ein kluger Mensch gewinnt aus dieser Erfahrung die Einsicht, dass es keinen Sinn hat, nach Glück zu verlangen, nicht nur deshalb, weil es illusionär ist, sondern weil das Wollen als die Quelle allen Leidens und damit des Unglücks durchschaut wird. Wollen ist Ausdruck eines Mangels, einer Bedürftigkeit und insofern von vornherein ein Leiden, keine Aktivität: Man hat nicht, was man begehrt, und leidet unter diesem Defizit. Der Glaube an das Glück verschärft das Leiden noch, weil er ständig enttäuscht wird und den Menschen an der Vergeblichkeit seines Strebens nach einem dauerhaften Glück verzweifeln lässt. Der einzige Ausweg aus dem Schmerz über das dem Wollen als solchem schon einprogrammierten Ausbleiben des Glücks besteht im Nichtwollen. Auf den ersten Blick scheint diese Strategie der Vermeidung von Unglück durch den Verzicht auf Glück auf Grund ihrer Radikalität zwar rational überzeugend, aber wenig attraktiv zu sein. Schopenhauer räumt selbst ein, dass man sich wie ein gefangener Elefant fühle, der tagelang tobe, bis er die Fruchtlosigkeit seines Tuns begreife und sich dann gelassen unter sein Joch beuge, »auf immer gebändigt«. Entschädigt wird der so Bezwungene durch eine neue, realistische Sicht der Welt, die ihm nun nicht mehr wie ein verhindertes Paradies vorkommt, sondern als die Hölle transparent wird, die sie ist.

Es ist wirklich die größte Verkehrtheit, diesen Schauplatz des Jammers in einen Lustort verwandeln zu wollen und statt der möglichsten Schmerzlosigkeit Genüsse und Freuden sich zum Ziele zu stecken; wie doch so viele tun. Viel weni-

ger irrt, wer mit zu finsterm Blicke diese Welt als eine Art
Hölle ansieht und demnach nur darauf bedacht ist, sich in
derselben eine feuerfeste Stube zu verschaffen. Der Tor
läuft den Genüssen des Lebens nach und sieht sich betrogen: der Weise vermeidet die Übel. Sollte ihm jedoch auch
dieses mißglücken, so ist es dann die Schuld des Geschicks,
nicht die seiner Torheit. (Parerga, IV, 485)

Man kann der Hölle nicht entfliehen, weil man sie überall mit
hinnehmen würde, denn der Mensch ist ja durch das in seinem Leib materialisierte Wollen untrennbar mit ihr verkettet.
Diese Fesseln vermag auch die praktische Vernunft nicht zu
lösen, um – wie Kant meinte – ein qualitativ anderes, sittliches
Wollen zu ermöglichen, aber indem sie den Menschen über
die Unauflöslichkeit dieser Fesseln aufklärt, hält sie ihn davon
ab, seine Kräfte nutzlos für ein unerreichbares Glück einzu-
setzen, und bringt ihn dazu, sich eine »feuerfeste Stube« einzurichten, die ihm die Hitze der Hölle vom Leib hält. Der
Aufenthalt in dieser wärmeberuhigten Zone mag aus der Sicht
derer, die den gewöhnlichen Glücksgütern nachjagen, äußerst
fad und ungemütlich anmuten. Doch für den Weisen bringt er
ein anderes Glück mit sich, das Schopenhauer als das Glück
der Persönlichkeit bezeichnet, welche sich durch das, was sie
ist, und nicht durch das, was sie hat, definiert. Die Ausbildung
der Persönlichkeit ist nämlich nicht Sache des Schicksals, sondern verdankt sich der eigenen, durch äußere Faktoren weder
geförderten noch behinderten Leistung: »Was einer in sich ist
und an sich selber hat, kurz: die Persönlichkeit und deren
Wert ist das alleinige Unmittelbare zu seinem Glück und
Wohlsein.« Zwar ist auch eine charakterfeste Persönlichkeit
nicht vor äußerem Unglück gefeit, aber immerhin hat sie dieses nicht selbst verschuldet wie diejenigen, die sich durch ihr
Streben nach Reichtümern, Genüssen und Bedürfnisbefrie-
digungen aller Art selbst unglücklich gemacht haben. Nun
scheint es allerdings, als könnte niemand für seinen Charakter

verantwortlich gemacht werden, weil Schopenhauer dem Menschen keine Willensfreiheit zubilligt: Unter dem Gesichtspunkt des Wollens sind wir alle unaufhebbar determiniert. Wie kann dann jemand für das, was er ohne sein Zutun ist, persönlich haftbar gemacht werden? Schopenhauer weist nachdrücklich die These zurück, der Mensch verdanke seine Persönlichkeit ausschließlich seiner Erkenntnis. Für ihn verhält es sich genau umgekehrt.

> Jeder Mensch ist [...] das, was er ist, durch seinen Willen, und sein Charakter ist ursprünglich; da das Wollen die Basis seines Wesens ist. Durch die hinzugekommene Erkenntnis erfährt er im Laufe der Erfahrung, *was* er ist, d.h. er lernt seinen Charakter kennen. [...] nach der alten Ansicht [hingegen besteht] Willensfreiheit [...] eigentlich darin, daß der Mensch sein eigenes Werk ist, im Lichte der Erkenntnis. Ich hingegen sage: er ist sein eigenes Werk vor aller Erkenntnis, und diese kommt bloß hinzu, es zu beleuchten. (Welt I, 403)

Wenn der Wille das vorrationale Apriori von Individualität ist, deren Eigenart immer nur nachträglich erkannt wird, kann die theoretische Vernunft die Charakterbildung als bereits erfolgte nur je und je zur Kenntnis nehmen, sie jedoch nicht aktiv steuern oder gar vorausschauend mitgestalten. Dies scheint dafür zu sprechen, dass auch die »feuerfeste Stube« als Insel der Seligkeit, auf die der Weise sich rettet, nur eine Illusion ist. Doch Schopenhauer gesteht dem Menschen eine Wahlentscheidung zu, durch die er sich vom Tier unterscheidet, und damit meint er, dass die Einsichten der Vernunft, die sie retrospektiv gewonnen hat, sehr wohl in die gegenwärtigen und zukünftigen Willensentschlüsse mit einfließen, so dass der Mensch durch Fehler- und Unglücksvermeidungsstrategien sein Wollen zu beeinflussen vermag. Zwar will er immer noch das Glück, doch indem er das Glück nun in der Abwesenheit von Leiden und Schmerzen sieht, verschafft er der Vernunft einen Spielraum, in welchem sie als »reine[s] willensfreie[s]

Erkennen« ihre eigenen Ideen entwickeln kann. Auch die Kunst, insbesondere die Musik, bringt Vorstellungswelten hervor, in denen nicht das Gesetz des Willens gilt, sondern das auf Maß und Harmonie zielende Konstruktionsprinzip der Vernunft.

Die in theoretischen und ästhetischen Vernunftgebilden zum Ausdruck gelangende Verneinung des Willens zum Leben hat in der Praxis ihr Äquivalent darin, dass ein Zustand der Schmerzlosigkeit als Inbegriff des guten Lebens vorgestellt wird. Nach Schopenhauer ist das Leben nicht da,

> um genossen, sondern um überstanden, abgetan zu werden. [...] Demnach nun hat das glücklichste Los der, welcher sein Leben ohne übergroße Schmerzen, sowohl geistige als körperliche, hinbringt; nicht aber der, dem die lebhaftesten Freuden oder die größten Genüsse zuteil geworden. [...] Kommt zu einem schmerzlosen Zustand noch die Abwesenheit der Langenweile, so ist das irdische Glück im wesentlichen erreicht; denn das übrige ist Chimäre. (Parerga, IV, 484f.)

Maßstab der Persönlichkeit des Weisen ist entsprechend die Kraft, mit welcher es ihm gelingt, die Wirksamkeit seines Leiden und Schmerzen verursachenden Willens so weit zu minimieren, dass das Leben erträglich wird. Erste Voraussetzung für ein erträgliches Leben ist für Schopenhauer Gesundheit: »Wenigstens 9/10 unsers Glücks beruhen allein auf der Gesundheit.« Gesundheit ist zugleich die Bedingung für Heiterkeit, so dass letztlich die Sorge für körperliches und geistiges Wohlergehen das Beste ist, was ein Mensch tun kann, um sich ein heiteres, gelassenes Gemüt zu verschaffen. Damit glückt es, das Leben nicht nur durchzustehen, sondern möglichst gut zu überstehen.

Schopenhauer empfiehlt also, sich den qualvollen Zwängen des Wollens durch Nichtwollen zu entziehen. Lässt man die Ziele, auf die sich das Begehren richtet, unrealisiert, kann man die Kraft, die sich in der nutzlosen Jagd nach einem unerreich-

baren Glück aufzehrt, dazu aufwenden, das Wollen zurückzudrängen. Dadurch wird ein Freiraum für die Vernunft geschaffen, in welchem sie sich an ihren eigenen – philosophischen
und künstlerischen – Gebilden freuen kann. Das eigentliche
und einzige für Menschen mögliche, da von ihnen selbst erzeugte Glück stellt sich mit jener Gemütsverfassung ein, die
Schopenhauer als heitere Gelassenheit umschreibt. Damit
meint er jedoch keinen Rückzug in die Innerlichkeit, so als ob
jedes Individuum ein Robinson-Dasein auf seiner Insel der
Seligkeit führen sollte. Schopenhauer ist im Gegenteil vehementer Vertreter einer Mitleidsethik, die den Egoismus, der
nur das eigene Wohl will, verwirft, weil er eine Einsicht ausblendet, die sich empirisch jederzeit aufdrängt: Ich bin nicht
der einzige Mensch, der in und an dieser Welt leidet; auch die
anderen sind unglücklich, und das kann ein empfindungsfähi-
ges Wesen nicht gleichgültig lassen: »Unglück ist die Bedingung des Mitleids und Mitleid die Quelle der Menschen-
liebe.« Mitleid, welches das fremde Wohl hoch schätzt, ist
nicht einfach ein Affekt, sondern ein Gefühl der Verbunden-
heit mit den Mitmenschen im gemeinsamen Schmerz. Zwar
empfinden wir ebenso rasch Neid, wenn wir sehen, dass jemand glücklich ist, aber der Neid schlägt sofort in Bedauern
um, wenn wir uns daran erinnern, dass dieses Glück bald vorbei und der im Moment Glückliche nur desto unglücklicher
sein wird. Insofern wir alle unter den gleichen Glück verhindernden Rahmenbedingungen der *conditio humana* leiden, teilen wir die Erfahrungen von Schmerz und Unglück, die uns
davon abhalten, das Leid der Mitmenschen noch zu vergrößern, und uns genau entgegengesetzt dazu bewegen, fremdes
Leid mitzutragen, um es zu verringern.

Schopenhauers Lebensregeln sind das Resultat einer lebens-
praktischen Klugheit, die Unglück zu vermeiden sucht, indem
sie dem Glücksstreben möglichst wenig Raum gibt. Den körperlichen Missempfindungen, die den Zustand heiterer Ge-

lassenheit beeinträchtigen, zuvorzukommen »erfordert Vermeidung aller Ausschweifungen, auch aller heftigen oder unangenehmen Gemütsbewegungen; auch aller großen und fortgesetzten Geistesanstrengungen, endlich täglich wenigstens zwei Stunden rascher Bewegung in freier Luft«. Weiterhin soll man alles daransetzen, möglichst schmerzlos in der Gegenwart zu leben, anstatt ungeduldig in die Zukunft voranzustürmen, um ein dort wartendes, vermeintliches Glück zu erreichen. Die so leben, »gleichen dem Italienischen Esel Tischbeins, mit seinem an einem Strick vorgebundenen Heubündel, welches seinen Schritt beschleunigt. Sie leben stets nur *ad interim*, bis sie tot sind. [...] »Malt man sich in der Phantasie mögliche Glücksfälle und ihre Folgen aus, so macht man sich die Wirklichkeit noch ungenießbarer, man baut Luftschlösser und muß sie nachher, durch die Enttäuschung, teuer bezahlen. [...] So betrügen wir uns selbst um das ganze Leben.« Dieser Selbstbetrug ist auch der Grund für die Todesfurcht, die nur dann aufkommen kann, wenn man das Leben für ein großes Glück hält. Für Schopenhauer hat der Tod jedoch »das Gute, das Ende des Lebens zu sein, und wir trösten uns über die Leiden des Lebens mit dem Tode und über den Tod mit den Leiden des Lebens. [...] der glücklichste Augenblick des Glücklichen ist doch der seines Einschlafens wie der unglücklichste des Unglücklichen der seines Erwachens.«
Schopenhauer weiß freilich aus eigener Erfahrung, wie schwer es ist, seine Lebensgewohnheiten aufzugeben und auf seine Vernunft zu hören, denn sie spielt »meistens die Rolle eines grämlichen Mentors und trägt unabläßlich auf Entsagung an«. Dennoch ist sie die einzige Instanz, die den Menschen von seinem naturwüchsigen Wollen abzukoppeln vermag, indem sie ihm die Bedeutungslosigkeit des Genussprinzips vor Augen hält: »Jeder Genuß ist relativ, nämlich ist bloße Befriedigung, Stillung eines Bedürfnisses: daß mit Aufhebung des Bedürfnisses der Genuß wegfällt, ist so wenig beklagenswert, als

daß einer nach Tische nicht mehr essen und nach ausgeschlafener Nacht nicht mehr schlafen kann.« Als Fazit hält Schopenhauer fest: »Ein aus vollkommner Gesundheit und glücklicher Organisation entstehendes *heiteres Temperament,* ein klarer, lebhafter, eindringender, mächtig fassender Geist, ein gemäßigter sanfter Wille sind Vorzüge, die durch keinen Rang und Reichtum ersetzt werden können.« Glücklich sind demzufolge diejenigen, denen es gelingt, ihr natürliches Glücksstreben als unvermeidlich hinzunehmen, den Drang, es zu befriedigen, jedoch zu unterdrücken: aus der Einsicht heraus, dass nur auf diese Weise das Unglück, als endliches Lebewesen existieren zu müssen, wenn nicht verhindert, so doch vermindert werden kann.

Kritik der ethischen Lebensform

Die ethische Lebensform ist daran zu erkennen, dass Wille und Vernunft um das Glück des Menschen rivialisieren. Je nachdem, wie hoch die Einflussmöglichkeiten der Vernunft auf einen vernunftlosen Willen eingeschätzt werden, wird das Glück entweder ganz am sinnlichen Genuss festgemacht, was zur Folge hat, dass die Vernunft wegen der Fremdbestimmtheit des Menschen durch sein Begehren das Glück bezüglich seiner Qualität entwertet. Oder es werden zwei Arten des Glücks unterschieden, von denen die vernunftgewirkte als die höherrangige, da selbstbestimmte gilt und als solche mit ethischen Argumenten verteidigt wird. Entsprechend kann eine Kritik der ethischen Lebensform hinsichtlich des jeweils favorisierten Glückskonzepts nur mittels ethischer Einwände vorgebracht werden, die sich auf ein vom Glücksprinzip unabhängiges Prinzip der Sittlichkeit stützen.

So hat Kant den Stoikern moralische Schwärmerei vorgeworfen, weil sie sich für eine sittliche Vollkommenheit des tugendhaften Menschen begeisterten und diese erträumten, anstatt nüchtern und diszipliniert der je jetzt zu erfüllenden Pflicht das Wort zu reden. Indem sie das Bewusstsein der Tugend für Glückseligkeit hielten, setzten sie aus Kants Sicht einen normativen mit einem empirischen Begriff gleich und überschätzten die Möglichkeiten des Menschen, der sich nach Kants Meinung nur um Glückswürdigkeit bemühen kann, jedoch außer Stande ist, das höchste Gut aus eigener Kraft zu erreichen.

> Die *Stoiker* hatten [...] ihr oberstes praktisches Prinzip, nämlich die Tugend, als Bedingung des höchsten Guts ganz richtig gewählt, aber, indem sie den Grad derselben, der für das reine Gesetz derselben erforderlich ist, als in diesem Leben völlig erreichbar vorstellten, nicht allein das moralische Vermögen des *Menschen* unter dem Namen eines *Weisen* über alle Schranken seiner Natur hoch gespannt und etwas, das aller Menschenkenntnis widerspricht, angenommen, sondern auch vornehmlich das zweite zum höchsten Gute gehörige *Bestandstück*, nämlich die Glückseligkeit gar nicht für einen besonderen Gegenstand des menschlichen Begehrungsvermögens wollen gelten lassen, sondern ihren *Weisen* gleich einer Gottheit im Bewußtsein der Vortrefflichkeit seiner Person von der Natur (in Absicht auf seine Zufriedenheit) ganz unabhängig gemacht, indem sie ihn zwar den Übeln des Lebens aussetzten, aber nicht unterwarfen (zugleich auch als frei vom Bösen darstellten), und so wirklich das zweite Element des höchsten Guts, eigene Glückseligkeit wegließen, indem sie es bloß im Handeln und der Zufriedenheit mit seinem persönlichen Werte setzten und also im Bewußtsein der sittlichen Denkungsart mit einschlossen, worin sie aber durch die Stimme ihrer eigenen Natur hinreichend hätten widerlegt werden können. (Kritik der praktischen Vernunft, 258)

Kant versucht demnach, die Position Senecas durch das Argument zu widerlegen, die Alltagserfahrung zeige, dass man durch sittliches Handeln (Tugend) nicht automatisch glücklich

werde. Kant vermisst in der stoischen Einstellung die Berück-
sichtigung des natürlichen Glücksverlangens, das im Zuge der
Pflichterfüllung nicht schon mitbefriedigt ist, sondern unter
ungünstigen Umständen ein Leben lang sein Ziel verfehlen
kann. Allerdings trifft Kants Kritik nur insoweit zu, als das
sinnliche Glück (und Kant wendet den Glücksbegriff ja nur
auf dieses an) in Frage steht. Seneca hingegen hat den Glücksbegriff dahin gehend differenziert, dass er neben dem sinnlichen (und als solchen uneigentlichen, von den Nichtweisen
fälschlicherweise nur so bezeichneten) Glück ein durch tugendhaftes Handeln erworbenes geistiges Glück annahm, das
allein diesen Namen verdient. Insofern fallen bei ihm Tugend
und (wahres) Glück zusammen, während es für Kant ein von
der Sinnlichkeit losgelöstes Glück nicht gibt, so dass er an der
Trennung von Glück und Tugend festhalten muss. Paradoxerweise bewertet er das naturale Glücksstreben des Menschen
höher als Seneca, muss dessen Erfüllung aber ins Unendliche
aufschieben und damit gerade zweifelhaft machen. Denn es ist
höchst unklar, ob das Glück, das einem entsprechend seiner
Verdienste um die Tugend im Jenseits zuteil werden soll,
überhaupt eine sinnliche Qualität haben wird; falls nicht, kann
es sich nach Kants eigener Definition nicht um Glückseligkeit
handeln.

Gegen Kant selber wurde bereits zu seinen Lebzeiten der
Vorwurf des Rigorismus erhoben. Friedrich Schiller beklagte
sich in seinem berühmten »Gewissensskrupel« darüber, dass
man seine Pflicht nicht mit Gefühl tun darf: »Gerne dien' ich
den Freunden, doch tu' ich es leider mit Neigung, / Und so
wurmt es mich oft, daß ich nicht tugendhaft bin.« Dieser Vorwurf beruht allerdings auf einem Missverständnis, denn Kant
hat die Glücksgefühle nicht aus der Moral verbannt; für das
»moralische Gefühl«, welches »vernunftgewirkt« ist und sich
im Gefolge einer sittlichen Handlung als »ein Gefühl der Zufriedenheit mit sich selbst« einstellt, hat er sogar gefordert,

man müsse es pflegen. Aber ein solches Gefühl *begründet* nicht die Pflicht, etwas zu tun; vielmehr erzeugt umgekehrt die Pflicht das moralische Gefühl, das als solches »Achtung fürs moralische Gesetz« ausdrückt. Insofern darf, ja soll man sich jederzeit über eine sittliche Handlung freuen, und man kann seine Pflicht durchaus gern tun, aber sobald man sie nur aus Neigung und nicht um der Pflicht willen tut, macht man die Tugend vom Glück abhängig und wird am Ende nur noch das tun, wozu man Lust hat. Der Anspruch der Vernunft auf Moralität hat daher auf Grund seiner unbedingten Gültigkeit den Vorrang vor dem subjektiven Glücksgefühl, das eine Handlung nicht als sittliche zu rechtfertigen vermag, sehr wohl aber als ein erwünschter Begleiter solcher Handlungen willkommen ist. Es ist daher verfehlt, diese ethische Argumentation als »moralischen Masochismus« zu charakterisieren, wie Hartmut und Gernot Böhme es in ihrem Buch über *Das Andere der Vernunft* tun, zumal wenn ein solcher »Masochismus« erläutert wird durch »freiwillige Unterwerfung unter Gebote, die Schmerz bedeuten; Zwang der Begierden und Verheiligung der Pflicht; Unvermeidlichkeit der Schuld, weil Natur wir doch immer sind, und Genuß der Schuld, weil gerade sie moralische Erhebung verspricht; schmerzlicher Verzicht auf Glück und Identifikation mit einer idealisierten Macht« – kurz: »Fesselung des lebendigen Leibes in die Ketten der Selbstdisziplin – im Namen des Gesetzes und des Scheins von Freiheit«.

In dieser einseitigen Lesart wird unterstellt, dass sittliches Handeln unausweichlich mit Lustunterdrückung, Glücksverzicht und Schmerz verbunden ist, was in Bezug auf Kant gewiss nicht zutrifft. Konflikte zwischen Pflicht und Neigung gibt es immer, und sie sind nichts Dramatisches. Manchmal würde man beim morgendlichen Klingeln des Weckers lieber noch ein bisschen schlafen, anstatt aufzustehen und seinen beruflichen Verpflichtungen nachzukommen. Andere Lebensformen haben oft etwas Verlockendes, weil man nur die Zwänge des eigenen Lebens sieht und diese gegen eine vermeintliche Freiheit und ein damit assoziiertes unendliches Glücksgefühl eintauschen möchte. Gelegentlich kann der persönliche Einsatz für eine Sache oder andere Menschen tatsächlich eine Einbuße an Lebensqualität, physische und psychische Schmerzen mit sich bringen. Aber die Entscheidung für die eine oder die andere Alternative liegt beim Einzelnen, und nur dort, wo für diese Entscheidung ein *moralischer* Anspruch erhoben wird, ist die Pflicht das Kriterium für die Beurteilung der Handlung. Alles andere – ob sie den Handelnden glücklich oder unglücklich gemacht hat, ob er sie gern oder ungern getan hat usf. – zählt dann erst in zweiter Linie. Überdies bestätigen viele, denen es bei ganz alltäglichen Verrichtungen gelungen ist, den ›inneren Schweinehund‹ zu besiegen, dass der Stolz, den sie dabei empfinden, ein ganz besonderes Glücksgefühl ist.

Der Rigorismus- und Masochismusvorwurf hat seine Wurzel darin, dass die Begriffe Pflicht und Neigung als ein kontradiktorischer Gegensatz aufgefasst werden: Entweder tue ich, was ich tun muss; dann bin ich nicht glücklich. Oder ich tue, wozu ich Lust habe; dann handle ich nicht sittlich. Kant wollte Pflicht und Neigung jedoch nicht als Gegensätze, sondern im Sinne einer Rangfolge verstanden wissen, der gemäß ich – sofern ich sittlich handeln will – zuerst prüfen muss, was meine Pflicht ist, und dann erst meine Gefühle berücksichtigen soll, die mich zusätzlich motivieren, aber auch davon abhalten können, meine Pflicht zu tun. Letzteres wäre dann vom ethischen Standpunkt aus unsittlich.

Für Schiller wäre allerdings auch die Aufstellung einer Rangfolge unbefriedigend, denn ganz gleich, ob man dem das materielle Streben antreibenden Glückseligkeitsprinzip (von ihm als Stofftrieb bezeichnet) oder dem das pflichtorientierte Streben fordernden Prinzip der Sittlichkeit (Formtrieb) den

Vorrang zuerkennt: Aus seiner Sicht sind beide Prinzipien *gleichwertig*, so dass sich eine Hierarchisierung verbietet. Schillers Lösung besteht darin, dass er den Standpunkt wechselt, indem er von der ethisch-praktischen zur ästhetisch-künstlerischen Vernunft übergeht, aus deren Perspektive die beiden Prinzipien einander »zugleich subordiniert und koordiniert [sind], d.h. sie stehen in Wechselwirkung«. Schiller konzipiert den individuellen Selbstbildungsprozess nach Analogie eines Kunstwerks, in dem Stoff und Form sich so durchdringen, dass daraus ein schönes Ganzes entsteht, in welchem die Unterschiede aufgehoben sind. Das Wechselverhältnis von Stofftrieb und Formtrieb nennt Schiller Spieltrieb. Der Spieltrieb nimmt dem Drang des Glücksverlangens auf der einen Seite und dem Druck des sittlichen Sollens auf der anderen Seite das Nötigende, indem er sie spielerisch miteinander umgehen lässt, anstatt sie um die Vorherrschaft kämpfen zu lassen. Sinnlichkeit und Sittlichkeit gestalten unter der Ägide des Spieltriebs gemeinsam ein künstlerisches Produkt, dem das Prädikat des Schönen als Ausdruck innerer Stimmigkeit und Harmonie zugesprochen wird. Wie sich »das Gemüt bei Anschauung des Schönen in einer glücklichen Mitte zwischen dem Gesetz und Bedürfnis befindet«, so empfindet der schöpferische (»spielende«) Mensch seine selbstbildnerische, Persönlichkeit erzeugende Tätigkeit als eine Befreiung von Geltungsansprüchen aller Art und damit als ein Glück, das sich der Seligkeit der Götter annähert, wie die von Schiller bewunderten Griechen sie sahen, die

in den Olympus versetzten, was auf der Erde sollte ausgeführt werden. Von der Wahrheit desselben geleitet, ließen sie sowohl den Ernst und die Arbeit, welche die Wangen der Sterblichen furchen, als die nichtige Lust, die das leere Angesicht glättet, aus der Stirne der seligen Götter verschwinden, gaben die ewig Zufriedenen von den Fesseln jedes Zweckes, jeder Pflicht, jeder Sorge frei und machten den

Müßiggang und die Gleichgültigkeit zum beneideten Lose des Götterstandes: ein bloß menschlicherer Name für das freieste und erhabenste Sein. (Ästhetische Erziehung, 63 f.)

Schopenhauers Versuch einer Rettung des Menschen vor der Versklavung durch den das Glück begehrenden Willen ist vor allem bei Nietzsche auf heftige Kritik gestoßen. Hinsichtlich des Menschen meinte er: »Eher will er noch *das Nichts* wollen als *nicht* wollen« und führte gegen Schopenhauers These von der Verneinung des Willens zum Leben ins Feld, sie gehe auf eine Moral zurück, die den »décadence-Instinkt« zum Imperativ erhoben habe; »sie sagt: ›*geh zu Grunde!*‹ – sie ist das Urtheil Verurtheilter …«. Schopenhauer habe von einer Tortur loskommen wollen, nämlich vom quälenden Drang seiner Affekte, und seine nihilistische Gesamtabwertung des Lebens laufe letzten Endes auf das christliche Erlösungskonzept hinaus. Nach Nietzsche schneidet man sich von seinen Wurzeln ab, wenn man auf das Nichtwollen setzt, denn: »Wir sind keine denkenden Frösche, keine Objektivir- und Registrir-Apparate mit kalt gestellten Eingeweiden, – wir müssen beständig unsre Gedanken aus unsrem Schmerz gebären und mütterlich ihnen Alles mitgeben, was wir von Blut, Herz, Feuer, Lust, Leidenschaft, Qual, Gewissen, Schicksal, Verhängniss in uns haben.« Der Wille zum Leben ist daher nach Nietzsche trotz und wegen der unbestreitbaren Torturen, denen er die Menschen unterzieht, unbedingt zu bejahen, weil aus der unerschöpflichen Potenz des Willens zur Macht sich nicht nur die sublimste Geistigkeit und der starke Intellekt speisen, sondern auch jenes Glück, das nicht als solches angestrebt werden kann, sondern sich im Gefühl der Macht artikuliert: »Glück ist *nicht* das Ziel: sondern eine ungeheure Kraft im Menschen und in der Menschheit will sich *ausgeben,* will schaffen, es ist eine fortwährende Kette von Explosionen, die keineswegs das Glück zum Ziel haben.«

Nietzsche stimmt demnach mit Schopenhauer darin überein, dass das Glück kein *Ziel* sein kann. Aber daraus zieht er nicht den Schluss, dass mit der Preisgabe des Glücksstrebens zum Zweck der Unglücksvermeidung auch das Glück aufgeopfert wird – zugunsten einer unerschütterlichen Gelassenheit: »Alles Fühlende leidet an mir und ist in Gefängnissen: aber mein Wollen kommt mir stets als mein Befreier und Freudebringer. Wollen befreit: das ist die wahre Lehre von Wille und Freiheit.« Nietzsche fasst demnach das Glück als integrativen Bestandteil des seiner selbst aus eigener, gesteigerter Kraft immer mächtiger werden wollenden Individuums auf, das zwar nie endgültig an ein Ziel gelangt, sich jedoch in der ständigen Überwindung des Nichtgeglückten gleichsam Erfolgserlebnisse verschafft, die von einem explosiven Glücksgefühl begleitet sind. Die Wucht dieses Gefühls hält die Entwicklung in Gang und treibt sie kontinuierlich zu höheren Stufen: »*Hauptlehre:* auf jeder Stufe es zur Vollkommenheit und zum *Wohlgefühl* bringen – *nicht* springen!«

Mit diesem Gedanken, dass die menschliche Entwicklung über Stufen erfolgt, deren jede in sich vollkommen ist, knüpft Nietzsche an Hegels Entwicklungskonzept an. Er teilt jedoch nicht Hegels Annahme, dass es einen Endpunkt als Ziel des Prozesses gibt, an welchem es nichts mehr auszuwickeln gibt, so dass sich ein Weitergehen erübrigt. Hegel hält unter Bezugnahme auf Aristoteles ausdrücklich an der teleologischen (zielgerichteten) Verfasstheit alles Geschichtlichen fest, und seine Kritik der ethischen Lebensform bezieht sich auf deren innere Zerrissenheit, die das zwischen Sein und Sollen sich aufreibende »unglückliche Bewußtsein« kennzeichnet. Aus Hegels Sicht ist diese Stufe in der Evolution des Selbstbewusstseins zwar notwendig, aber nicht wie für Kant und Schopenhauer ein unüberwindliches Faktum, sondern ein Durchgangsstadium, das durchschritten und überwunden werden muss, um zum glücklichen Bewusstsein zu gelangen, das sich durch und durch transparent geworden ist und den Widerspruch, durch den es unglücklich geworden ist, aufhebt.

In der *Phänomenologie des Geistes* rekonstruiert Hegel die »Geschichte der *Bildung* des Bewußtseins«, indem er die Etappen schildert, die das natürliche, sinnliche Bewusstsein über das Selbstbewusstsein, die Vernunft und den Geist bis hin zum absoluten Wissen zurücklegt. Jede Etappe des Entwicklungsprozesses markiert einen Fortschritt, der daraus resultiert, dass das jeweils Erreichte noch nicht das Ganze ist. Dies lässt sich schon an den Wachstumsabläufen in der organischen Natur beobachten. Eine Eichel ist an sich selbst bereits eine bestimmte Substanz, deren Beschaffenheit beschrieben werden kann, aber sie ist noch nicht die voll ausgewachsene Eiche, sondern nur deren Möglichkeit. Analog ist das natürliche Bewusstsein (der »gesunde Menschenverstand«) durchaus bereits ein durch die Sinne vermitteltes Wissen von Gegenständen, von denen es annimmt, dass sie objektiv wirklich so beschaffen sind, wie es sie erfasst. Nun macht der Verstand jedoch die Erfahrung, dass die vermeintlich objektiven Unterschiede, die er an den Gegenständen feststellt, nicht diesen selber anhaften, sondern Reflexionsbestimmungen sind, mit denen er den Prozess des Verstehens strukturiert. Sie kennzeichnen die Art und Weise, wie der Verstand Gegenstände denkt. Diese Erkenntnis sprengt die naive Selbstgewissheit, die Dinge eins zu eins so erkennen zu können, wie sie an sich, unabhängig vom Verstand, beschaffen sind. Wieder am Beispiel der Eiche aufgezeigt: Dass die Eichel eine potenzielle Eiche ist und in der Eiche die Eichel »untergegangen« bzw. »aufgehoben«, d.h. vollständig entwickelt und verwirklicht ist – das sind lauter Reflexionsbestimmungen, die als solche an der Sache nicht als deren Eigenschaften anzutreffen sind.

Das Bewusstsein wird sich seiner eigenen Leistung bei der Gegenstandserkenntnis bewusst, zweifelt aber nun daran, ob es überhaupt im Stande ist, das Wesen von Objekten zu erkennen, wenn dieses Wesen nur ein Begriffskonstrukt des denkenden Subjekts, aber keine am Objekt dingfest zu machende Bestimmtheit ist. Hegel treibt diesen Skeptizismus mittels seiner dialektischen Methode der bestimmten Negation bis zu dem Punkt vor, wo »der Begriff dem Gegenstande, der Gegenstand dem Begriffe entspricht« und der Prozess des Wissens an sein Ende gelangt ist, weil das am Anfang als noch unentfaltetes An-sich gesetzte Wissen von einem Gegenstand sich im und durch das Bewusstsein zu einem Wissen weiterbildet, das alles umfasst, was es überhaupt über diesen Gegenstand für ein Subjekt zu wissen geben kann. Der Gegenstand ist vollständig aufgegangen in den durch das Bewusstsein hergestellten Wissensbezügen.

Nach dem gleichen Schema wie die Selbstaufklärung des Verstandes über die Wahrheit theoretischen Wissens verläuft die Selbsterhellung der praktischen Vernunft, die Hegel durch die berühmte Analogie von Herr und Knecht erläutert. Ursprünglich folgt die praktische Vernunft der Sitte als dem »Gesetz des Herzens«, in der Meinung, dass die Sittlichkeit darin besteht, »den Sitten seines Volks gemäß zu leben« und »aus diesem Glücke [...] seine Bestimmung erreicht zu haben«. Doch wie der gesunde Menschenverstand hinsichtlich seines Glaubens an die Objektivität seines Wissens enttäuscht wurde, so macht auch die natürliche praktische Vernunft die Erfahrung, dass die einfache Sittlichkeit eines Volkes für den Einzelnen repressiv ist – »eine gewalttätige Ordnung« ist –, insofern sie die Individualität unterdrückt und damit dem widerspricht, was eigentlich mit dem »Gesetz des Herzens« gemeint ist, nämlich die Moralität eines seine eigenen Gesetze befolgenden Subjekts, das seinerseits jedoch durch die Negation der Sitte als für sein Handeln verpflichtende Option in Widerspruch zum Kollektiv gerät, als dessen Mitglied es sich versteht.

Zunächst also wird die praktische Vernunft, die sich durch die

Losreißung vom Gesetz des Herzens von ihrer Fremdbestimmtheit befreien möchte, unglücklich, da sie sich damit von ihren kulturellen Wurzeln abtrennt, ohne etwas an die Stelle der verloren gegangenen Bindung setzen zu können. Im auf sich selbst gestellten emanzipierten Individuum spaltet sich nun die Vernunft in einen Befehlshaber und einen Befehlsempfänger: in Herrn und Knecht. Die autonome Vernunft als der Herr ordnet an, was die Sinnlichkeit als die dienende, instrumentelle Vernunft zu tun hat, die durch Begierde und Genuss den Kontakt zur Realität aufrechterhält, während der Herr seine Freiheit kultiviert, sich dabei aber immer mehr dem von ihm abgespaltenen Teil und damit der Realität entfremdet. Der Widerstreit, den Herr und Knecht in der praktischen Vernunft austragen, darf nach Hegel am Ende keinen Sieger haben. Hegel wirft Kant vor, den Herrn zum Sieger erklärt und das Glück des Knechts dem individualitätslosen Allgemeinen aufgeopfert zu haben, das als reines Vernunftgesetz die vakant gewordene Stelle der Sitte eingenommen hat. Doch das Unglück des zur Unselbstständigkeit verurteilten, zum gehorsamen Arbeiter abkommandierten Knechts ›Sinnlichkeit‹ trägt keineswegs zum Glück des kategorisch gebietenden Herrn ›Vernunft‹ bei. Insofern dieser auf die Dienste des Knechts angewiesen ist, macht er sich von diesem abhängig und beraubt sich damit seiner Selbstständigkeit; auch er ist Knecht und sieht sich in Bezug auf seine Abhängigkeit von dessen Arbeit dazu genötigt, seinen Knecht als Herrn anzuerkennen. Damit ist der Gegensatz zwischen Herrschaft und Knechtschaft aufgehoben; die Unterwerfung wird negiert zu Gunsten einer Versöhnung, in welcher die einstigen Kontrahenten einander als ebenbürtig anerkennen. Zugleich verschwindet der Gegensatz zwischen Sollen und Sein, weil die praktische Vernunft begreift, dass sie selbst es war, die ihr Interesse an einem totalen Sinn aufspaltete, indem sie auf der einen Seite ein allgemein gültiges, aber der Wirklichkeit ent zogenes Sittengesetz und auf der anderen Seite eine vorhandene, aber sinnentleerte Wirklichkeit statuierte.

Die Negation dieser von der Vernunft als Resultat ihrer eigenen Vernunftkonstruktion durchschauten Entzweiung führt nach Hegel dazu, dass die Vernunft das als geltend einsieht, was sie selbst als vernünftig anerkennt, und damit dem Gelten Wirklichkeit verschafft: »[…] diese Realität heißt nichts anderes, als daß die Moralität hier *an* und *für sich* sei, – *für sich*, d.h. Moralität eines Bewußtseins sei, *an sich*, d.h. *Dasein* und *Wirklichkeit* habe.« In dem von ihr als geltend Behaupteten und somit für sie Wirklichen beglaubigt die Vernunft sich selbst und wird zu »Geist«. Wie in der Trinitätslehre der Heilige Geist Gottvater und den von ihm abgespaltenen Menschensohn wieder miteinander versöhnt, so resultiert aus der geistigen Durchdringung des Herr-Knecht-Schemas der praktischen Vernunft eine neue Einheit des Selbstbewusstseins, in welcher dessen Unglück überwunden ist. Das »glückliche Bewusstsein« ist die geheilte Vernunft, die sich selbst mit Erfolg therapiert hat, nachdem sie aus der Erinnerung den Gang ihrer Entwicklung vom Anfang bis zum Ende aufgearbeitet und darin sich selbst als Ganze verwirklicht hat.

Im Zuge der Erfahrung, die das Bewusstsein mit sich selbst macht, ändert nicht nur es selbst sich mitsamt dem Gegenstand seines Wissens, sondern auch seine Vorstellung vom Glück. Hat es anfänglich – qua natürliches Bewusstsein – das Glück an die Befriedigung seiner sinnlichen Begierden geknüpft, so wird ihm dieses Glück auf der Stufe der Vernunft zweifelhaft, da es sich damit von etwas ihm Äußerlichen, Unverfügbaren abhängig macht: dem Zufall. Die ethisch-praktische Vernunft – qua unglücklichen Bewusstseins – verzichtet auf das sinnliche Glück zu Gunsten der Pflicht (Kant) bzw. die Verfolgung der Ziele des Wollens (Schopenhauer). Auf der Stufe des Geistes schließlich wird die Kluft zwischen Moralität und Sinnlichkeit, die das unglückliche Bewusstsein fälschlicherweise als eine Kluft zwischen Innen- und Außenwelt (Freiheit und Natur) aufgefasst hat, als eine bewusstseinsimmanente Unterscheidung durchschaut. Es gibt nun keine zwei Welten mehr, sondern nur noch eine einzige Welt, nämlich jene, die sich der Geist als Inbegriff des objektiv (Natur) bzw. des moralisch Wissbaren (Freiheit) für sich selbst in ihrem An-sich-Sein aufbaut und dabei alle Gegensätze als von ihm selbst in der Immanenz des Bewusstseins gesetzte Widersprüche aufhebt.

So ist auch das Glück, das sich am Ende des Selbstaufklärungsprozesses im total transparent gewordenen Bewusstsein einstellt, von einer anderen Qualität als das ursprünglich für das Glück Gehaltene: »Die Seligkeit [...] besteht darin, daß kein Glück in ihr ist, d.h. [daß] in ihr die Angemessenheit des äußeren Daseins zum inneren Verlangen nicht zufällig ist.« Seligkeit verdankt sich nicht dem Zufall, sondern der Freiheit des Geistes, der das Außen als einen Reflex des Innen begreift und damit den Willen zum Urheber gelingender Praxis macht: »Der wirkliche freie Wille ist die Einheit des theoretischen und praktischen Geistes; *freier Wille*, der *für sich als freier Wille* ist, indem der Formalismus, Zufälligkeit und Beschränktheit des bisherigen praktischen Inhalts sich aufgehoben hat.« Die Seligkeit, die nicht *Glück*seligkeit ist, weil das Bewusstsein sich von der einseitigen Vorstellung der sinnlichen Verhaftetheit des Glücks emanzipiert hat und zum Wissen des Ganzen weitergeschritten ist, hat das Glück jedoch nicht völlig negiert, sondern nur dasjenige an ihm, was seine Zufälligkeit und damit seine Abhängigkeit von einem dem Zugriff des Willens entzogenen Prinzip ausmachte. In der Seligkeit ist das Glück *aufgehoben: negiert* als etwas, das der Vernunft ohne ihr eigenes Zutun zustößt oder nicht zustößt, *aufbewahrt* als Genuss. Dieser Genuss ist jener Selbstvollzug, in welchem das Bewusstsein sich »als absoluter Geist betätigt, erzeugt und genießt«. Nicht von ungefähr schließt Hegel die

Enzyklopädie des Wissens mit einem Aristoteles-Zitat ab, das den sich ununterbrochen als sich selbst hervorbringenden und darin seine ewige Seligkeit erwirkenden Gott beschreibt. Die Menschen als endliche Lebewesen werden immer in die Zerrissenheit der ethischen Lebensform zurückfallen, aber momentweise vermögen sie diese zu überwinden und sich der göttlichen Existenz anzunähern, indem sie sich der Dynamik absoluten Wissenwollens überlassen und dabei zum innersten Wesen ihrer selbst gelangen, das gerade nicht durch einen Überschritt über sich selbst hinaus, sondern durch eine Transzendenz in sich selbst hinein er-fahren wird.

Die religiöse Lebensform:
das kontemplative Glück

*I*n der ethischen Lebensform hat sich die in der sittlichen Lebensform nur unterschwellig spürbare Spannung zwischen Erkennen und Wollen dahin gehend verschärft, dass der Wille für sich allein zu bestimmen beansprucht, worin des Menschen Glück besteht. Ging man unter sittlichem Aspekt noch davon aus, dass sich der Wille der Vernunft fügt, wenn er hinreichend über die von dieser als erstrebenswert ausgewiesenen Ziele aufgeklärt ist, so ließ sich diese Annahme unter ethischem Aspekt nicht mehr bestätigen. Im Gegenteil: Der Wille kann sich aller Aufklärung seitens der Vernunft zum Trotz dazu entscheiden, seine eigenen Ziele zu verfolgen, ja sogar ein Glück zu erstreben, von dem er weiß, dass es unvernünftig ist. Die ethischen Strategien, die entwickelt wurden, um der Ohnmacht der Vernunft gegenüber einem unvernünftigen oder gar einem bösen Willen abzuhelfen, beabsichtigen entweder eine Ablenkung oder eine Versittlichung oder eine Schwächung des Willens. Während das Mittel der Ablenkung (Seneca) so funktioniert, dass dem Willen die Tugend als ein Köder vorgehalten wird, der ein noch größeres Glück verspricht als die sinnlichen Glücksgüter, stellt das Mittel der Versittlichung (Kant) eine Versöhnung von Pflicht und Neigung in Aussicht, vorausgesetzt, dass der Wille sein Glücksstreben dem Kriterium der Glückswürdigkeit unterstellt. Das Mittel der Schwächung (Schopenhauer) schließlich vermag zwar das Wollen nicht auszuschalten, aber indem es dazu anhält, die vom Willen erstrebten Glücksgüter nicht zu verfolgen, bleibt das Wollen unerfüllt, und seine Heftigkeit lässt auf Grund der ständigen Blockierung der Wege zum begehrten Ziel mit der Zeit nach.

Die christlich-religiöse Lebensform entwickelt ihre Glückskonzeption im Anschluss an die ethische Strategie der Schwächung des Willens. Allerdings soll dadurch nicht der Vernunft und ihren Sinngebilden ein größerer Spielraum verschafft werden, sondern es soll Platz gemacht werden für einen höheren Willen, der an die Stelle des menschlichen Eigenwillens tritt und den Menschen auf ein qualitativ anderes Glück ausrichtet. Das im Vaterunser ausgesprochene »Herr, dein Wille geschehe« (Mt 6, 10) delegiert keineswegs alle zu treffenden Entscheidungen an Gott, sondern der Mensch möchte sich für seine eigenen Entscheidungen und Handlungen den göttlichen Willen so zu Eigen machen, als wäre es der seine. Ganz »durchdrungen [...] vom Willen Gottes« (Kol 4, 12), handelt das Individuum wie Gott – weder überwältigt noch fremdbestimmt: »Deine gute Tat soll nicht erzwungen, sondern freiwillig sein.« (Phlm 14) Aber was geschieht mit dem Eigenwillen, der nicht einfach kampflos das Feld räumt, wenn der Mensch von seiner Wahlfreiheit Gebrauch macht? In vielen Gebeten wird Gott angefleht: »Lehre mich, deinen Willen zu tun« (Ps 143, 10); »mit einem willigen Geiste rüste mich aus« (Ps 51,14); »nicht, was ich will, sondern was du willst (soll geschehen)« (Mk 14, 36). Der Eigenwille muss demnach auf irgendeine Weise zum Verschwinden gebracht werden, aber die von den sinnlichen Bedürfnissen ausgehende Kraft lässt den Körper angesichts der ihm verheißenen Lust schwach werden, so dass er die ihm vom Geist vorgestellten Ziele hintanstellt: »Der Geist ist willig, aber das Fleisch ist schwach.« (Mk 14, 38)

Es ist schwer, den körpergebundenen Eigenwillen von seinen Interessen abzubringen und sich der Führung des Geistes zu überlassen, dessen ganzes Glück darin besteht, sich mit dem Göttlichen zu erfüllen: »Deinen Willen zu tun, mein Gott, macht mir Freude, deine Weisung trage ich im Herzen.« (Ps 40, 9) Diese Freude entzündet sich an der Entdeckung, dass der Mensch, wenn er dem göttlichen Willen in sich Raum gibt, etwas vermag, was er auf sich allein gestellt nicht kann: »Gott ist es, der in euch das Wollen und das Vollbringen bewirkt, noch über euren guten Willen hinaus.« (Phil 2, 13) Die ethische Lebensform ist das Höchste, was der Mensch aus eigener Kraft durch Bildung eines guten Willens vollbringen kann. Aber die innere Zerrissenheit der beiden Willen in ihm vermag er nicht zu heilen. Dies kann allein Gott: »Das ist es, was Gott will, eure Heiligung.« (1 Thess 4, 3) »Der Herr vollbringt Taten des Heiles« (Ps 103, 6). »Alle, die deine Weisung lieben, empfangen Heil in Fülle; es trifft sie kein Unheil.« (Ps 119, 165) Von daher wird der Sohn Gottes als der Heiland bezeichnet, insofern er den Menschen den Weg zeigt, wie sie wieder heil werden können, den Weg zu Gott, der sich denen eröffnet, die auf den Willen Gottes vertrauen. »Heil« als das althochdeutsche Wort für »Glück« verweist auf ein Wieder-ganz-Werden des Menschen und damit auf die Versöhnung der durch den Sündenfall erfolgten Trennung zwischen Gott und Mensch.

Der göttliche Wille bringt sich imperativisch zum Ausdruck, in der Form von Geboten. Der Befehlscharakter der göttlichen Rede hängt damit zusammen, dass ihr Adressat der menschliche Wille ist, der aufgefordert werden muss, nicht nur seine eigenen Zielvorstellungen gelten zu lassen, sondern auch das Glücksstreben des Geistes zuzulassen, dessen Seligkeit im Aufnehmen der göttlichen Rede liegt. »Selig sind [...] die, die das Wort Gottes hören und es befolgen.« (Lk 11, 28) »Wer auf das Wort des Herrn achtet, findet Glück; wohl dem, der auf ihn vertraut.« (Spr 16, 20) »Deine Befehle zu befolgen, ist das Glück, das mir zufiel.« (Ps 119, 56) Es ist nicht das Glück des flüchtigen Augenblicks, das das Individuum durch das Wirkenlassen des göttlichen Willens in seinem Geist erfährt, sondern ein es dauerhaft umschließendes Glück: Es wird »wohnen im Glück« (Ps 25, 13).

Die Seligkeit des Geistes verdankt sich jedoch keineswegs einem passiven Verhalten, so als ob der Mensch sich ganz dem Wirken Gottes in ihm überlässt und dieses unendlich genießt. Im Gegenteil: Mit der Aneignung des göttlichen Wollens ist zugleich die Übernahme der göttlichen Freiheit verbunden, denn sonst würde sich der Mensch zum Sklaven Gottes machen, anstatt seine eigenen freien Entscheidungen zu fällen. Die Schwierigkeit, wie der Mensch sich dem Willen Gottes unterwerfen und dennoch frei und damit er selbst sein kann, lässt sich nur lösen, wenn der Mensch im Vollzug des göttlichen Wollens seiner ureigensten Möglichkeit, sich selbst in Freiheit zu bestimmen, ansichtig wird und entsprechend handelt: »Wer sich aber in das vollkommene Gesetz der Freiheit vertieft und an ihm festhält, wer es nicht nur hört, um es wieder zu vergessen, sondern danach handelt, der wird durch sein Tun selig sein.« (Jak 1, 25) Der Geist findet seine Seligkeit nicht abgehoben vom Körper, denn wenn dieser vom geistigen Glück ausgeschlossen bliebe, würde die Ganzheit und damit das Heil des Menschen verfehlt. Durch sein Tun selig werden kann daher nur heißen: Der Körper mitsamt dem ihn regierenden Eigenwillen wird zur materiellen Umsetzung des durch die göttliche Freiheit ermöglichten geistigen Selbstvollzugs benötigt. Wie der Wille Gottes zur Erreichung seines Zieles darauf angewiesen ist, dass der menschliche Geist ihn sich zu Eigen macht, so bedarf dieser des Körpers, um das Gewollte handelnd zu verwirklichen. Im freien Handeln fallen demnach göttliches und menschliches Glück zusammen, insofern das Gott und Mensch gemeinsame Ziel erreicht wird: die Versöhnung alles Zerrissenen, das Heil des Ganzen.

Die religiöse Lebensform beruht auf dem Entschluss, alles Denken, Wollen, Fühlen und Handeln als Ausprägungen eines Gottesverhältnisses aktiv zu gestalten. Obwohl das dabei erlebte Glück Handlungscharakter hat, ist es doch andererseits kontemplativ, da die Tätigkeit, durch die es erzeugt wird, durch den unverrückbaren Blick auf das Göttliche in Gang gehalten wird. Das von Aristoteles entworfene energetische Modell des in ewiger Selbstbetrachtung sich umkreisenden Gottes hat die Folie für alle späteren metaphysischen und mystischen Beschreibungen der Schau des Göttlichen abgegeben. Die Wege dorthin werden als eine über eine Reihe von Stufen erfolgende Aufstiegsbewegung geschildert, wie Platon sie exemplarisch im Höhlengleichnis der *Politeia* dargestellt hat. Am Ende erweist sich diese Bewegung ›nach oben‹ jedoch als Vollzug einer Kreisbewegung: Je öfter der Blick von der über die einzelnen Stufen zurückgelegten Strecke abgewendet und auf das Ziel gerichtet wird, desto mehr nähert sich der Weg einem Kreis an, dessen Peripherie durch die zunehmende Konzentration auf den Mittelpunkt mehr und mehr aus dem Blick gerät, bis Weg und Ziel in einer ununterscheidbaren Einheit zusammenfallen.

Der metaphysische Weg zur Glückseligkeit

Plotin hat Gott als das höchste Eine, in welchem alles ungeschieden beieinander ist, gedacht. Die Fülle in Gott war so gewaltig, dass sie die ursprüngliche, in sich geschlossene Einheit sprengte. Gott ist gleichsam über- und ausgeflossen; deshalb wurde Plotins Metaphysik als Emanationslehre bezeichnet (von lat. *emanatio* = Ausfluss). Doch ist das Heraustreten der göttlichen Überfülle nicht jener Explosion vergleichbar, die die Evolutionstheoretiker heute als *big bang* umschreiben. Plotin gebraucht die Analogie der Zeugung, um das Schöpferische des Vorgangs hervorzuheben. Das Eine, gleichsam schwanger mit sich selbst, bringt sich selbst zur Welt, indem es sich veräußert, d.h. die in ihm vorhandene Fülle aus sich heraussetzt. Allerdings ist das Gezeugte rangniedriger als das Zeugende, während der Evolutionsprozess als eine Entwicklung zu höheren Formen des Lebens begriffen wird.

Das aus Gott Ausgeflossene verliert sich nicht in einem endlosen Strom, sondern kommt phasenweise immer wieder zum Stehen, weil es sich, von Sehnsucht nach seinem Ursprung getrieben, umwendet und zum Einen zurückblickt, bevor der Prozess der Emanation weitergeht. Jedes Mal, wenn der Fluss anhält, um sich zu seiner Quelle umzudrehen, entsteht eine von Plotin so genannte Hypostase: Das Flüssige verfestigt sich zu einem Gebilde, das je nach dem Abstand zum Ursprung Gott mehr oder weniger deutlich widerspiegelt. Die erste auf diese Weise entstandene Hypostase ist der Geist, der beim Erblicken des Einen zwar sich als von diesem verschieden erfasst, dabei zugleich aber selber produktiv wird, da er dessen schöpferische, einheitsstiftende Kraft in sich spürt. In der reflexiven Rückwendung auf das Eine gelingt es dem Geist, den Unterschied, den er in sich selbst gesetzt hat, indem er sich einerseits als Denkenden und andererseits als Gegenstand dieses Denkens begriff, wieder aufzuheben.

Setzt man diesen letzteren Aspekt, den Geist als Gegenstand seines Denkens, für sich, so entsteht die zweite Hypostase: die Seele. Die Seele ist nichts anderes als der Geist, der sich veräußert und damit verobjektiviert. Auch die Seele wird ihrerseits produktiv, wenn sie sich auf den Geist zurückwendet und dessen schöpferische Kraft in sich spürt. Diese Kraft setzt sie in eine Kreisbewegung um, und solange sie auf den Geist als ihren beharrenden Mittelpunkt blickt, ist sie als Selbstbewusstsein Geist und damit dem Ursprung von allem, dem Einen, nahe. Blickt sie jedoch von ihrem Mittelpunkt weg nach außen, so sieht sie auf Grund ihrer ständigen Umdrehung in jedem Augenblick etwas anderes, und der eine Mittelpunkt zerfällt in eine unendliche Vielheit, die sie nur dann wieder zu einer Einheit zusammenzufassen vermag, wenn sie das Viele und Zerstreute mittels der ihr innewohnenden geistigen Kraft auf das Eine zurückbezieht. Verliert sie sich jedoch an das Viele, wird sie zur bloßen Wahrnehmung und zum sinnlichen Begehren, die nur noch materielle Erfüllung wollen.

Weitere Hypostasen im göttlichen Emanationsprozess sind die organischen und die anorganischen Körper. Am Schluss der Kette steht die formlose Materie, in welcher keine Umwendungskraft mehr vorhanden ist, so dass mit ihr alle Produktivität aufhört. Wie erkaltete Lava, in welcher alles Feuer erloschen ist, erstarrt der Geist, je weiter er sich von seinem Ursprung entfernt, und kommt schließlich in der Materie als dem letzten, aus dem Einen ausdifferenzierten, jeglicher Flexibilität ermangelnden Rest, der nur noch Objekt ohne Bewusstsein ist, endgültig zum Stehen. Mit dem Verlauf der Emanation ist demnach eine Qualitätsveränderung verbunden; es findet eine Degeneration statt, die nur durch die Kraft der Umwendung aufgehalten, ja sogar rückgängig gemacht werden kann.

In diesem Emanationsmodell ist aus der Sicht des Menschen die Seele der Angelpunkt, denn sie verbindet das Individuum sowohl mit dem Geistigen als auch mit dem Körperlichen, und ihr Verhalten entscheidet über das Glück. Wenn es ihr gelingt, den Emanationsprozess in umgekehrter Richtung über die Ideen als Idealkonstrukte des Geistes und Gedanken Gottes, das Selbstbewusstsein des Geistes, bis hin zum Ureinen, aus dem alles hervorgegangen ist, zurückzuverfolgen, schaut sie in sich den Gott.

> Immer wieder, wenn ich aus dem Leib aufwache in mich selbst, lasse ich das andre hinter mir und trete ein in mein Selbst; sehe eine wunderbar gewaltige Schönheit und vertraue in solchem Augenblick ganz eigentlich zum höheren Bereich zu gehören; verwirkliche höchstes Leben, bin eins mit dem Göttlichen und auf meinem Fundament gegründet. (Enneaden Ia, 129)

Die sich in ihr Innerstes versenkende Seele schaut in sich das Göttliche, ja, sie schaut sich selbst als das Göttliche, weil sie zur Einheit mit ihrem Anfang zurückgefunden hat, zu jenem Anfang, in welchem sie mit Gott identisch war: »Den Einzelseelen wird solche Schau nur zeitweise und langsam zuteil, sie befinden sich im Niederen und bedürfen erst der Rückwendung zum Oberen.« Und doch ist es der menschlichen Seele jederzeit möglich, sich von allem, was sie »mit Lust umgarnt«, zu lösen und ihre Herkunft zu bedenken. Sie re-flektiert dann in der ursprünglichen Bedeutung des Wortes, indem sie sich im Göttlichen und das Göttliche in sich spiegelt. Plotin beschreibt die Verwandtschaft zwischen Seele und Gott anhand eines Vergleichs mit dem Auge als einem lebendigen Spiegel: »Kein Auge könnte je die Sonne sehen, wäre es nicht sonnenhaft; so sieht auch keine Seele das Schöne, welche nicht schön geworden ist.« Goethes Nachdichtung dieser Stelle in der Einleitung zur *Farbenlehre* lautet:

> Wär' nicht das Auge sonnenhaft,
> Wie könnten wir das Licht erblicken?
> Lebt' nicht in uns des Gottes eigne Kraft,
> Wie könnt' uns Göttliches entzücken?

Das Schönwerden der Seele ist Plotins Ausdruck für das höchste Glück des Menschen. Was sie in sich schaut, ist von so überwältigender Schönheit, dass sie vergeht: Sie verschmilzt mit dem Geschauten, so wie das Auge nichts mehr sieht, wenn es selber zur Sonne wird, nachdem es sich mit ihr vereinigt hat. Was in unserer Alltagserfahrung zerstörerisch wäre – wir würden dauerhaft blind, wenn wir zu lange in die Sonne schauten –, das ist im übertragenen Sinn für die Seele ein unüberbietbares Glück. Die göttliche Sonne brennt sich zwar auch der Netzhaut der Seele unauslöschlich ein, aber eben dadurch wird die Seele erst im eigentlichen Sinn sehend: Sie sieht nicht mehr *etwas* – den Gott oder sich selbst –, sondern sie ist nur noch Sehen, pure Schaukraft. Im Sehen geht sie auf, und in dieser Ekstase besteht ihr Glück.

In seiner Abhandlung über die Glückseligkeit geht Plotin von der Common-Sense-Definition aus, dass mit Glück das gute Leben gemeint sei: Wer gut lebt, dem ergeht es wohl und der ist glücklich. Da Leben nicht nur die Seinsweise des Menschen ist, sondern auch die von Tieren und Pflanzen, müssten eigentlich auch diese, sofern sie gute Wachstumsbedingungen vorfinden, auf Grund ihres Wohlbefindens als glücklich bezeichnet werden. Dagegen ist nach Plotin nichts einzuwenden, aber das Glück des Menschen scheint ihm unterbestimmt, wenn man es auf das gute Leben im biologischen Sinn reduziert, weil der Mensch als ein geistiges, seiner selbst bewusstes Wesen existiert und körperliche Lustempfindungen keineswegs als Inbegriff des Glücks auffasst. Um ihr geistiges Vermögen zu aktivieren, muss die Seele sich aufschwingen und in ihren geistigen Ursprung zurückkehren, um von dort aus wieder in den Körper herabzusteigen, ihn zu beglücken durch Tugend, die den sinnlichen Bedürfnissen ihr Maß gibt. Ihre ursprüngliche Schau des Göttlichen, das als reines Sehen beschrieben wurde, wird nun zum Licht, durch welches das Dunkle – das Materielle und Triebhafte – des Körpers erhellt wird. Als solchermaßen Durchgeistigter wird auch er glücklich, da er nun das Glück der Seele teilt und nicht mehr unerbittlich darauf beharrt, nach Lust zu streben.

Der Körper wird von Plotin also nicht ausgegrenzt und aus dem Aufschwung der Seele zum Göttlichen ausgeschlossen. Zwar lässt sich seine Materialität nicht mehr umstandslos in das Geistige zurückverwandeln, doch solange die Seele sich in einem Körper aufhält, bedarf sie des Körpers, um ihre integrative Funktion zu erfüllen. Wie der Kreismittelpunkt nur dadurch als solcher offenbar wird, dass er mittels eines Zirkels um sich herum eine Peripherie zieht und sich damit einen schönen (gleichmäßig runden) Körper verschafft, so muss die

Seele wie der Zirkel ihr Formprinzip zur Geltung bringen. Sie verschafft sich einen schönen Körper, dessen Rundheit bzw. Ganzheit das Individuum als seine innere Geschlossenheit und Identität erlebt. In den Augenblicken, in welchen es gleichsam den Zusammenfall von Mittelpunkt und Peripherie, von Geist und Körper vollzieht, gerät seine Seele außer sich. Ohne den Körper zu verlassen, übersteigt sie sich in sich selbst und gelangt im Akt des Außer-sich-Seins zu sich selbst. Das höchste Glück, das einem sterblichen Wesen zuteil werden kann, wird von Plotin mit einer erotischen Erschütterung verglichen, die dadurch erzeugt wird, dass »wir uns an der Stelle unseres eigenen Mittelpunktes mit dem ›Mittelpunkt‹ aller Dinge [berühren]«. Diese Berührung findet ›jenseits‹ aller sinnlichen und begrifflichen Kontakte – zwischen Auge und Gesehenem bzw. zwischen Verstand und Gedachtem – statt. Die außer sich geratene Seele sieht und denkt nicht mehr, sie schaut nur noch und geht in ihrem Schauen auf, wenn sie das Göttliche in sich berührt. Wie Liebende sich im Akt der Berührung nicht mehr als Getrennte, sondern als ein Fleisch, ein Herz und eine Seele erfahren, so vereinigt sich das innerste Wesen des Menschen mit der göttlichen Zeugungskraft, aus welcher es hervorgegangen ist. Das Glück dieser Vereinigung ist un-beschreiblich: Es gibt keine Worte, durch die es angemessen zum Ausdruck gebracht werden kann; die Schau des Göttlichen ist über- und vorbegrifflicher Natur, so dass sie sich dem sprachlichen Zugriff entzieht. Der Zustand differenzloser Einheit, in welchem die Seele mitsamt ihrem geistigen und sinnlichen Vermögen untergeht, bleibt deshalb unsagbar, und Umschreibungen wie höchste Wonne, Entzücktheit über die Maßen, unendliche Glückseligkeit deuten auf eine Ekstase hin, die das Individuum in eine ganz und gar subjektive Innerlichkeit versetzt, die un-teilbar ist und sich daher weder bildlich noch sprachlich mit-teilen lässt.

Der Glaube als Bedingung der ewigen Seligkeit

Plotin ging davon aus, dass die Seele schon während ihres irdischen Daseins im Stande ist, sich in sich selbst zurückzuziehen und in der Schau des Göttlichen mit diesem zu verschmelzen. Zwar würde die Seele erst nach dem Tod wieder ganz und für immer mit ihrem Ursprung vereint sein, aber Plotin macht keinen qualitativen Unterschied zwischen irdischem und außerirdischem Glück. Glückseligkeit ist für ihn nicht quantifizierbar, sie kann nicht gesteigert werden oder abnehmen, wie er in seiner Abhandlung der Frage *Ob die Glückseligkeit durch Dauer wächst* nachzuweisen sucht. Wenn man glücklich ist, zählt weder die Dauer noch die Anzahl der Glücksmomente: »Also ist [die Glückseligkeit] nicht am Maß der Zeit, sondern am Maß der Ewigkeit zu zählen.« Plotin spricht hier von einer »lebendigen« Ewigkeit, »die nicht aus einer Vielzahl von Zeiten sich zusammensetzt, sondern als ganze aus der Gesamtheit aller Zeiten besteht«. Es spielt somit für die Qualität des in der Schau des Göttlichen erlebten Glücks keine Rolle, ob es nur momentweise oder dauerhaft erlebt wird. Jedes Mal, wenn die Seele außer sich gerät, verlässt sie auch die Dimension der Zeit und erfüllt sich mit der Qualität des Ewigen. Sie ist dann in Gott voll und ganz bei sich, im Zustand der ewigen Seligkeit, auch wenn sie anschließend wieder in ihren Körper zurückkehrt und weiterhin Raum-Zeit-Bedingungen unterworfen ist.
Augustinus sah dies anders. Die ewige Seligkeit findet der Mensch erst nach seinem Tod, in jenem Gottesstaat, der in der zerstrittenen irdischen Welt nur Gegenstand der Hoffnung für gläubige Christen ist.

Da also das höchste Gut des Gottesstaates der ewige und vollkommene Friede ist, kein Friede, wie ihn die Sterblichen zwischen Geburt und Tod durchschreiten, sondern wie ihn

die Unsterblichen, befreit von aller Plage, dauernd genießen, – wer könnte da leugnen, daß dies Leben das glückseligste ist, wer bestreiten, daß, verglichen mit ihm, das Leben,
welches wir hier führen, und wäre es überreich an Gütern
der Seele, des Leibes und äußerer Habe, nichts als jämmer-
liches Elend ist? Doch kann man den, welcher von seinem
gegenwärtigen Leben rechten Gebrauch macht und es auf
das Ziel jenes Lebens einstellt, das er glühend liebt und in
festem Glauben erhofft, auch jetzt schon sinnvoll glückselig
nennen, freilich mehr in Hoffnung auf das Jenseits als im
Besitz des Diesseits. Diesseitiger Besitz aber ohne Hoffnung auf das Jenseits ist falsches Glück und großes Elend.
(Gottesstaat 2, 565)

Die ewige Seligkeit kann also nach Augustinus im hiesigen
Dasein nur erhofft, nicht wirklich erlebt werden. Umso dringlicher ist es daher, die Menschen zum religiösen Glauben zu
bewegen, der den Zutritt zum Gottesstaat ermöglicht und insofern die Bedingung der ewigen Seligkeit ist. Augustinus beschreibt dieses außerempirische Glück in Analogie zum
christlichen Abendmahl: »In ihm ist, was alle erhält und selig
macht, das allen gemeinsame Leben, die allen gemeinsame
Speise, Gott selber.« Selig sind die Mitglieder des Gottesstaates durch den »Genuss« Gottes, das heißt: Sie verleiben
sich das Göttliche buchstäblich ein. Und dies wirft eine Frage
auf, die Augustinus in Auseinandersetzung mit Argumenten
der »Ungläubigen« ausführlich diskutiert, weil für das Com-
mon-Sense-Verständnis des Gläubigen offensichtlich viel davon abhängt, wie er sich seine Unsterblichkeit vorstellen soll:
die Frage, was es mit der Auferstehung des Leibes auf sich hat,
insbesondere wenn dieser Leib zu Staub zerfallen ist, schon
zu Lebzeiten verstümmelt war oder gar von wilden Tieren
gefressen bzw. von anderen Menschen in einer Notsituation
verspeist wurde. Augustinus geht ernsthaft auf die Sorge ein,
dass in solchen Fällen vielleicht nicht genügend »Masse« vorhanden sein könnte für die Auferstehung des Leibes und die

Betreffenden dadurch vielleicht von der ewigen Seligkeit ausgeschlossen wären.

Zunächst verwundert Augustinus sich darüber, dass kaum einer Probleme mit der Annahme hat, etwas Unsterbliches wie die Seele könne sich mit einem sterblichen Leib verbinden, umgekehrt aber daran zweifelt, dass ein solcher Leib in eine unkörperliche, himmlische Ebene erhoben werden könne. Dann weist er darauf hin, dass es für die Auferstehung des Leibes ein prominentes Beispiel gibt, nämlich Jesus Christus, der »im Fleisch auferstand und mit dem Fleisch zum Himmel fuhr«. Des Weiteren führt er die Wunder an, die ein Indiz dafür sind, dass die göttliche Macht Naturgesetze außer Kraft zu setzen vermag und es deshalb nicht nur möglich ist, dass Tote wieder auferstehen, sondern dass »auch dereinst die Seelen irdische Leiber emporheben können«. Da die Auferstehung der Leiber nicht im Sinne einer Eins-zu-eins-Nachbildung der empirischen Körper zu denken ist, sondern nach Maßgabe der Leiblichkeit des zum Himmel gefahrenen Gottessohnes, spielt der faktische Zustand der toten Körper keine Rolle für die Gestalt des Leibes im Jenseits. Augustinus wird nicht müde zu betonen, dass Frühgeburten und verstorbene Kinder bei der Auferstehung ebenso wenig zu kurz kommen wie ihrer Glieder oder ihres ganzen Körpers Beraubte; noch weniger profitieren die Dickleibigen oder Menschenverzehrer von den zusätzlichen Fleischmassen.

All das, was wir hier nach unserem bescheidenen Vermögen betrachtet und dargelegt haben, führt zu dem Ergebnis, daß bei der Auferstehung des Fleisches zum ewigen Leben die Körpergröße so bemessen sein wird, wie es der dem Leibe eines jeden eingepflanzten Idee vollendeter oder zu vollendender Jugendkraft entspricht, wobei die einzelnen Glieder in schicklichem Verhältnis zueinander stehen werden. [...] Will aber jemand darauf bestehen, daß jeder in der Körpergestalt auferstehen werde, die er sterbend besaß, braucht man auch das nicht zu bestreiten, wenn nur alle Mißgestalt, alle Schwäche, alle Trägheit und alle Vergänglichkeit verbannt ist, und was sonst noch etwa unpassend wäre für ein Reich, in welchem die Kinder der Auferstehung und Verheißung den Engeln Gottes gleichen werden, wenn nicht an Gestalt und Alter, so doch gewiß an Glückseligkeit. (Gottesstaat, 799 f.)

Für Augustinus steht fest, dass der auferstandene Leib keineswegs geschlechtslos ist, sondern die biologische Bestimmtheit aufweist, die er auch im irdischen Leben hatte. Obwohl die Frau aus dem Mann geschaffen wurde, verliert sie im Gottesstaat ihre Weiblichkeit nicht, denn: »Das weibliche Geschlecht ist ja kein Gebrechen, sondern Natur. Begattung freilich und Geburt wird es dann nicht mehr geben. Die weiblichen Glieder werden nicht mehr dem alten Zweck angepaßt sein, sondern der neuen Zier und nicht mehr die Begehrlichkeit des Betrachtenden reizen, die ja nicht mehr vorhanden ist.« Das Einzige, was der vergeistigte Leib dereinst leidenschaftslos begehrt, ist Gott, dessen Weisheit er »aus ihrem eigenen Urquell trinkt, in höchster Seligkeit und ohne alle Beschwer«. Auch Augustinus spricht von einer Schau des Göttlichen, beeilt sich aber, erläuternd hinzuzufügen, dass man sich dieses Schauen nicht wie das natürliche Sehen vorstellen dürfe, demgemäß man nur das wahrnehmen könne, was man mit geöffneten Augen vor sich sehe. Die Annahme, die Seligen, von denen es heißt, dass sie Gott *in ihrem Leibe* von Angesicht zu Angesicht sehen, könnten Gott mit geschlossenen Augen nicht sehen, wäre geradezu lächerlich; als von Gott Erleuchtete schauen sie mit der Kraft des Herzens, wie das Bibelwort sagt: »Selig sind die, die reinen Herzens sind, denn sie werden Gott schauen.« (Mt 5,8) Augustinus beharrt darauf, dass auch die Augen des verklärten Leibes sehen, doch sehen sie nicht mehr perspektivisch, sondern gleichsam alles; und was sie sehen, hat keine sinnliche, sondern geistige Qualität.

Auf die Frage, was die Glückseligen im Gottesstaat *tun* werden, antwortet Augustinus ehrlich, er wisse es nicht. Für ihn steht jedoch außer Zweifel, dass es all die Übel, die den Menschen in seinem irdischen Dasein so unglücklich machen – existenzielle Not, Unfrieden, Lust zu sündigen, sexuelles Verlangen, Schmerzen –, nicht mehr geben wird und es daher keiner Anstrengungen mehr bedarf, um sie zu vermeiden. Die Glückseligen können ihre ganze Kraft zum Schauen und zum Lob Gottes einsetzen.

> O wie groß wird sie sein, jene Seligkeit, da es kein Übel mehr gibt, kein Gut sich verbirgt, da man in freier Muße Gott lobt, der alles ist in allen! […] die vernünftigen Geister [werden] voll Entzücken über die vernunftdurchwaltete Schönheit zum Lobe des großen Künstlers entflammen […], erfüllt mit allem Gut, ohne Ende die Wonne ewiger Freuden genießend. […] Dann werden wir stille sein und schauen, schauen und lieben, lieben und loben. Das ist's, was dereinst sein wird, an jenem Ende ohne Ende. Denn welch anderes Ende gäbe es für uns, als heimzugelangen zu dem Reich, das kein Ende hat? (Gottesstaat, 830 f., 833, 835)

Diese Aussicht auf ein Jenseits, in welchem das Individuum als Teil des Leibes Christi zur Gemeinschaft der Seligen gehören und seine Vollendung in der ununterbrochenen Schau des Göttlichen finden wird, ist für Augustinus ein starker Anreiz, sich im hiesigen Leben um jene Künste rechter Lebensführung zu bemühen, »die zur ewigen Seligkeit verhelfen und Tugenden heißen«. Wie Schopenhauer vertritt Augustinus die These, dass es im irdischen Dasein kein Glück gibt, und wie Kant geht er davon aus, dass man sich um das Glück verdient machen muss, damit man dereinst entsprechend seiner Glückswürdigkeit den gerechten Lohn erhält. Wie Aristoteles und Plotin charakterisiert er die Glück erzeugende Tätigkeit als ein Schauen des Göttlichen, doch im Unterschied zu seinen beiden Vorgängern dient ihm die religiöse Lebensform nur zur Vorbereitung auf das Glück, das erst nach dem Tod erfahren werden kann. Als christlicher Denker akzeptiert er die Voraussetzung des Sündenfalls, die eine Schau des Göttlichen im hiesigen Leben unmöglich macht. Die mit dem Bösen befleckte Seele kann sich nicht aus eigener Kraft von ihrem selbst verschuldeten Unglück reinigen, so dass ihr Blick getrübt ist, solange sie in einem sterblichen Körper steckt. Erst mit einem verklärten Körper, der ihr durch die Gnade Gottes zuteil wird, ist der Makel der Sünde getilgt, und die Aussicht auf ein ungetrübtes Glück tröstet über die Glücklosigkeit des Lebens hinweg.

Der mystische Weg zur Glückseligkeit

Wurde in der ethischen Lebensform der Widerstreit zwischen Vernunft und Wille auf dem Boden einer praktischen Vernunft ausgetragen, die im Rahmen eines umfassenden Glückskonzepts dem Willen vorschreibt, was er wollen soll, so knüpft die religiöse Lebensform an den ethischen Ansatz zunächst an und überwindet ihn schließlich, indem sie Vernunft und Wille auf eine Schau des Göttlichen hin überschreitet, in welcher alle Gegensätze aufgehoben sind. Die Tätigkeit des Schauens unterscheidet sich dadurch von der des Denkens und Wollens, dass sie nicht auf etwas Einzelnes, Bestimmtes gerichtet ist, sondern schlechterdings alles umfasst. Wer Gott ›sieht‹, nimmt eine alles Denken und Wollen übersteigende Ganzheit wahr, über die hinaus nichts mehr gedacht oder gewollt werden kann, weil die Totalität alles Wissens- und Begehrenswerten schlechthin erfüllend ist. Vernunft und Wille gehen in der religiösen Schau unter in dem Sinn, dass ihr Streben zum Stillstand kommt, da sie endgültig an ihr Ziel gelangt und vollkommen erfüllt sind. Von nun an, da alles offenbar geworden ist, muss nur noch die geschaute

Fülle, die ohne jeden Mangel ist und daher Denken und Wollen überflüssig macht, nur noch in ewiger Seligkeit genossen, aber nicht mehr erstrebt werden.

Augustinus verfolgte eine doppelte Strategie, um die Menschen im hiesigen Leben auf die Schau des Göttlichen vorzubereiten. Zum einen versuchte er, die Common-Sense-Vernunft, die nur das als wahr gelten lassen will, was jederzeit empirisch überprüfbar ist, zu schwächen, indem er die Argumente – insbesondere die der Ungläubigen – gegen christliche Dogmen mittels überzeugender Gründe einer anderen, spekulativen Vernunft entkräftete, die sich auf das Zeugnis der Bibel stützt und übersinnliche Ereignisse für glaubhaft erklärt. Zum anderen versuchte er, die menschliche Willensfreiheit als ein Geschenk Gottes zu erweisen, das den Menschen dazu verpflichtet, das göttliche Gesetz zu achten, was zur Folge hat, dass der Mensch seinen Eigenwillen zurückdrängt, um für den göttlichen Willen Platz zu schaffen: »Es ist also der von Gott im Menschen gewirkte Wille gemeint, wenn man sagt, Gott wolle etwas, was er doch nicht selber will, sondern den Seinen als Willen einflößt.«

Meister Eckhart, ein redegewandter Dominikanermönch, der an der Pariser Sorbonne seinen Magister (= Meistertitel) erwarb, verfasste Traktate und Predigten, in welchen er den Sinn gelingenden Lebens als mystische Vereinigung mit Gott schildert. Noch stärker als Augustinus stellt er den Verzicht auf den Eigenwillen als Vorbedingung der *unio mystica* heraus. Der Mensch müsse ein »lediges Gemüt« in sich erzeugen, das frei von allen selbst geschaffenen Bindungen »in den liebsten Willen Gottes versunken ist und sich des seinigen entäußert hat«. Meister Eckhart insistiert immer wieder, dass der Mensch gleichsam völlig leer sein muss, um den göttlichen Willen in sich aufzunehmen und dadurch mit Gott zu verschmelzen.

Der Mensch, der sich so gänzlich mit allem dem Seinen auf gegeben hätte, wahrlich, der wäre so völlig in Gott versetzt, daß, wo man den Menschen anrühren sollte, man zuerst Gott anrühren müßte; denn er ist rundum in Gott und Gott ist um ihn herum, wie meine Kappe mein Haupt umschließt, und wer mich anfassen wollte, der müßte zuerst mein Kleid anrühren. (Predigten, 69)

Durch das Ledigwerden des selbsteigenen Wollens geschieht demnach eine Ver-Rückung derart, dass der Mensch, der den göttlichen Willen in sich aufnimmt, seinerseits in Gott versetzt wird: Die Entäußerung des Selbst hat die Verinnerlichung Gottes zur Folge, die wiederum eine Art Ausstülpung in Gott erfährt, so dass das Ich ins Innere Gottes gelangt, von ihm umschlossen und in ihm aufgehoben.

Meister Eckhart geht somit davon aus, dass jenes ursprüngliche »Selbst«, welches sich mit den Willensakten herausgebildet hat, in denen ein Individuum sein Wesen offenbart, den Kern seiner Identität ausmacht – einer Identität ohne Gott. Als dieses bestimmte Selbst ist es auf sich bezogen, insofern es nur solche Ziele gelten lässt, die es selbst gesetzt hat, um des Nutzens, der Lust, der Innigkeit, der Süßigkeit, der Belohnung oder anderer Freuden willen. Solange das Selbst auf sich konzentriert ist, ist für Gott kein Platz, denn Gott will nicht das Einzelne, Besondere, Begrenzte, sondern das Ganze. Ist die Identität des Selbst eine Einheit, die alles, was nicht Selbst ist, aus sich ausschließt, so schließt die von Gott gewollte Einheit alles in sich ein, was jedoch nur möglich ist, wenn die durch das Selbst und sein partikulares Wollen gezogenen Grenzen aufgehoben werden. Dies kann nicht von Gott aus geschehen, der die menschliche Freiheit respektiert, sondern allein durch das Individuum, das sich gerade in seiner Individualität negieren und damit seine Identität preisgeben muss. Meister Eckhart spricht von einem »Entwerden des Wollens und Begehrens«, was darauf hinausläuft, dass der

Mensch nicht auf die Verfolgung dieses oder jenes Zieles verzichtet, sondern auf die Bedingung, unter welcher er überhaupt Ziele verfolgen kann, und damit auf das Wollen als solches. Insofern muss also auch die ethische Lebensform als Vorform der religiösen Existenz, da sie auf die Autonomie des *menschlichen* Willens gegründet ist, letztlich überschritten werden, damit Gott an die Stelle des Selbst treten und aus der Autonomie eine Theonomie werden kann. Spätestens jetzt stellt sich jedoch die Frage, worin denn der Vorzug der religiösen gegenüber der ethischen Lebensform besteht, die doch immerhin das Höchste und Beste ist, was der Mensch durch eigene Willenskraft aus sich selbst machen kann. Meister Eckhart beschreibt die mystische Vereinigung mit Gott als ein Glückserlebnis, das alles übertrifft, was der Mensch sich durch sein eigenes Tun an Freuden zu verschaffen vermag. Gott zu schauen ist eine Wonne sondergleichen, eine Seligkeit, die nicht bloß empfunden, sondern bewusst erlebt wird als Vereinigung des Menschen mit Gott. Meister Eckhart scheut sich nicht, das Einswerden von Mensch und Gott mittels einer sexuell gefärbten Sprache zu schildern:

> Wenn Gott sieht, daß wir der eingeborene Sohn sind, so drängt es Gott so heftig zu uns, und er eilt so sehr und tut gerade so, als ob ihm sein göttliches Sein zerbrechen und in sich selbst zunichte werden wolle, auf daß er uns den ganzen Abgrund seiner Gottheit und die Fülle seines Seins und seiner Natur offenbare; Gott ist es eilig damit, daß es ganz so unser Eigen sei, wie es sein Eigen ist. Hier hat Gott Lust und Wonne in der Fülle. Dieser Mensch steht in Gottes Erkennen und in Gottes Liebe und wird nichts anderes, als was Gott selbst ist. […] Ebenso ist es für Gott lustvoll und beglückend, wenn er Gleichheit findet. Es ist ihm eine Lust, daß er seine Natur und sein Sein da völlig ausgießt in die Gleichheit, weil er die Gleichheit selber ist. (Predigten, 213 ff.)

Der Mensch, der zum Teilhaber dieser göttlichen Lust des »Ausfließens« und »Sichausgießens« wird, positioniert sich gleichsam weiblich, indem er die göttliche Fülle in sich aufnimmt und ihren Empfang durch seine Seligkeit bestätigt: »Die Seele in sich selbst, da, wo sie oberhalb des Körpers ist, ist so lauter und so zart, daß sie nichts aufnimmt als die bloße, lautere Gottheit.« Die verzückte, von Gott gleichsam schwanger gewordene Seele gebiert sich selbst und geht als der im Vater eingeborene Sohn ein in die Freude des Herrn. Insofern die Seele Gebärende und Geborenes zugleich ist und sich als Geborene wieder in sich selbst zurückholt, wird sie »gottförmig«, denn schauend hat sie sich in Gott versenkt – jenseits von Vernunft und Wille – und sich Gott gewissermaßen einverseelt: »Da ist Seligkeit, wo die Seele Gott nimmt, wie er Gott ist.«

Alles Getrennte wird ununterscheidbar eins im gemeinsamen Wollen, das kein Ziel mehr außerhalb seiner selbst hat, sondern sich selbst genug ist. Trinitarisch ausgedrückt, ist damit die geistige Vollkommenheit erreicht: »Dieser Geist muß alle Zahl überschreiten und alle Vielheit durchbrechen [...]. Dieser Geist hat kein Warum mehr [...]. Dieser Geist steht in Einheit und Freiheit.« Der in sich ständige und aus sich quellende Geist ist ein Symbol für die Liebe, deren Unerschöpflichkeit von einer Seligkeit zeugt, die nur den »Armen im Geiste« zuteil wird, weil sie ihren Eigenwillen aufgegeben haben, um sich Gott ganz zu öffnen und vorbehaltlos hinzugeben. In der Welt der Dinge gibt es nichts, das dem Menschen eine vergleichbare Glückseligkeit verschaffen könnte, da alles Irdische unvollkommen ist und damit nicht die Bedingung erfüllt, unter welcher eine *unio mystica* möglich ist.

Gott ist in allen Dingen wesenhaft, wirkend, gewaltig. *Gebärend* aber ist er nur in der *Seele;* denn *alle* Kreaturen sind ein Fußstapfe Gottes, die Seele aber ist naturhaft nach Gott gebildet. Dieses Bild muß durch diese Geburt geziert und vollendet werden. Für dieses Wirken und diese Geburt ist keine Kreatur empfänglich als einzig die Seele. Wahrlich, was an Vollkomenheit in die Seele kommen soll, sei's göttliches, einförmiges Licht oder Gnade und Seligkeit, das alles muß notwendig *mit dieser Geburt* in die Seele kommen und in keiner Weise sonst. Warte nur auf diese Geburt in dir, so findest du alles Gute und allen Trost, alle Wonne, alles Sein und alle Wahrheit. Versäumst du *dies*, so versäumst du *alles* Gute und alle Seligkeit. (Predigten, 424)

Um zur ewigen Seligkeit zu gelangen, muss der Mensch also, nachdem er seinen Willen und damit das Streben nach empirischen Glücksgütern ausgeschaltet hat, »warten«, das heißt: eine passive, demütige Haltung einnehmen, bis sich ihm der Gott zeigt. Gott wird ihn nicht lange warten lassen, denn Gott selber hat es ja »eilig«, seine überquellende Fülle zu verausgaben und in das vom Eigenwillen geräumte Gefäß der Seele ausfließen zu lassen. Das Glück, das die Seele dabei empfindet, erreicht den Gipfel der Seligkeit dadurch, dass sie bei der Empfängnis des Göttlichen dessen Fülle nicht nur erleidet, sondern selbst aktiv wird, indem sie sie schauend durchdringt. In dieser Schau erblickt die Seele sich mit den Augen Gottes und verwandelt sich in Gott: »Die Seligen schauen in Gott nur *ein* Bild, und in diesem einen Bilde erkennen sie *alle* Dinge; ja, Gott selbst schaut so in sich und erkennt so in sich alle Dinge.« Obwohl dieses Schauen ein Tun, ein Gebären und damit ein schöpferischer Akt ist, betont Meister Eckhart den überwiegend passiven Part des Menschen bei seiner Vereinigung mit Gott: »Unsere Seligkeit […] liegt nicht in unserm Wirken, sondern darin, daß wir Gott erleiden. Denn, soviel Gott edler ist als die Kreatur, soviel ist das Wirken Gottes edler als das meine. Ja, aus unermeßlicher Liebe hat Gott unsere Seligkeit ins Erleiden gelegt; denn wir erleiden mehr als wir wirken, und wir empfangen ungleich mehr als wir geben.« Aus diesem Grund hält Meister Eckhart letztlich das Paradigma des Hörens für die Beschreibung des Mediums, in welchem die Begegnung mit Gott sich ereignet, für geeigneter als das Paradigma des Sehens, weil das Sehen nach außen gerichtet sei, wohingegen das Hören das Vernommene in sich hineinnehme. Es ist zweifellos etwas anderes, ob man ganz Auge oder ganz Ohr ist. Hörend verinnerlicht die Seele das von Gott Mitgeteilte und vergeht vor Freude im Unerhörten: »Und deshalb werden wir im ewigen Leben viel seliger sein kraft des Hörens als kraft des Sehens.«

Kritik der religiösen Lebensform

Die religiöse Lebensform bietet mehrere Angriffsflächen. Dem der Sinnlichkeit Verhafteten und dem Empiristen, der allein auf das Zeugnis der Sinne vertraut, hat sie zu wenig Bodenhaftung, und der Verdacht, dass die für das Jenseits versprochene Seligkeit nur ein Köder ist, um die Menschen von ihrem eigenwilligen, natürlichen Glücksstreben abzulenken und sie durch einen ideologischen Überbau zu einer verschworenen Gemeinschaft zu machen, ist nicht von der Hand zu weisen. Dem Rationalisten, der nur solche Wahrheiten anerkennt, die vor der klaren Vernunfteinsicht Bestand haben, ist die religiöse Lebensform suspekt, weil sie auf einem Glauben beruht, der für sich beansprucht, der Schlüssel zu einer übersinnlichen Welt zu sein, in welcher andere, der menschlichen Erkenntnis unbegreifliche Gesetze herrschen sollen. Auch hier liegt der Verdacht nahe, dass der Mensch, wenn ihm ein sein Fassungsvermögen übersteigendes Glück suggeriert wird, davon abgehalten werden soll, eigene, durch und durch menschliche Glückskonzepte zu entwickeln, die im hiesigen Leben mit empirischen Mitteln verwirklichbar sind. Der Ethiker schließlich nimmt daran Anstoß, dass nicht nur der theoretischen, sondern auch der praktischen Vernunft die Kompetenz bestritten wird, eine Glücksvorstellung zu entwerfen, die entweder mit dem Prinzip der Sittlichkeit verträglich ist oder mit diesem zusammenfällt.

Allen diesen Einwänden liegt der Vorwurf zu Grunde, dass die Menschen durch Religion manipuliert werden – nicht um ihrer selbst und um ihres Glücks willen, sondern um Macht über ihren Willen zu gewinnen. Im Namen eines als allmächtig apostrophierten Gottes sollen sie zu willfährigen Werkzeugen einer bestimmten, sich elitär gebenden Gruppe gemacht werden, die sich ihrer zur Befriedigung eigener Machtinteressen und der damit verbundenen Glücksansprüche bedient. Nietzsche spricht von einer »religiösen Neurose«, die durch die Priester als die großen Manipulateure planmäßig herbeigeführt und aufrechterhalten wird. Sie machen sich die Einsicht zu Nutze, dass der Mensch als »das noch nicht festgestellte Thier« abgerichtet werden kann, indem man ihm suggeriert, dass die freiwillige Unterwerfung unter einen Gott eine unendliche Erhöhung zur Folge hat. Das Motiv, das Nietzsche den Priestern unterstellt, ist Hass.

> Die Priester sind, wie bekannt, die *bösesten Feinde* – weshalb doch? Weil sie die ohnmächtigsten sind. Aus der Ohnmacht wächst bei ihnen der Hass in's Ungeheure und Unheimliche, in's Geistigste und Giftigste. Die ganz grossen Hasser in der Weltgeschichte sind immer Priester gewesen, auch die geistreichsten Hasser: – gegen den Geist der priesterlichen Rache kommt überhaupt aller übrige Geist kaum in Betracht. (KSA 5, 267)

Das »Giftauge des Ressentiment« hat sie erfinderisch gemacht: Um sich für ihr Zu-kurz-gekommen-Sein zu rächen und unter Verschleierung ihrer Ohnmacht ihren maßlosen Macht- und Glücksanspruch zu befriedigen, spielen sie sich als Vollzugsorgane eines göttlichen Willens auf; sie diktieren die Regeln, nach denen die breite Masse handeln soll, und machen ihr durch Vorgaukelung einer ewigen Seligkeit die Kränkung, die mit der Preisgabe des Eigenwillens verbunden ist, schmackhaft. Um diesen Betrug zu durchschauen, muss das Individuum Gott für tot erklären und sich selbst zum Urheber seines Glücks machen.

> Es giebt einen See, der es sich eines Tages versagte, abzufliessen, und einen Damm dort aufwarf, wo er bisher abfloss: seitdem steigt dieser See immer höher. Vielleicht wird [...] der Mensch von da an immer höher steigen, wo er nicht mehr in einen Gott ausfliesst. (KSA 3, 528)

Nietzsche deutet die von den Vertretern einer religiösen Lebensform beschriebene Vereinigung mit dem Göttlichen in einer übersinnlichen, mystischen Schau als einen Akt der Selbstberaubung. Die Metapher des Ab- bzw. Ausfließens weist darauf hin, dass der Mensch, anders als der emanierende Gott, der durch den Ausfluss seiner selbst keinen Verlust erleidet, seine Fülle preisgibt, indem er auf die Bedingungen seines Glücks verzichtet. Um sein Glück gleichsam in sich aufzustauen, muss er dessen Abfließen verhindern, was ihm nur gelingt, wenn er sein Streben nicht mehr auf ein unendlich fernes, unerreichbares Ziel richtet, sondern auf sich selbst zurückwendet und damit zum Selbstzweck erhebt. Auf diese Weise geht das Glück nicht mehr in einer sich horizontal totlaufenden Bewegung verloren, sondern intensiviert sich im vertikalen Aufstieg einer spiralförmigen Bewegung, die das Glück fortgesetzt umkreist und es umschließend festhält.
Etwa vierzig Jahre vor Nietzsches Polemik gegen das Christentum hatte Ludwig Feuerbach bereits in *Vom Wesen des Christentums* eine ähnliche Kritik vorgelegt. Allerdings machte er in erster Linie nicht die Priester, sondern die Menschen selber für das Missverständnis verantwortlich, das der Annahme eines transzendenten Gottes zu Grunde lag und damit den Theologen ebenso wie den spekulativen Philosophen und den

Mystikern allererst den Weg bereitete. Feuerbach möchte die religiöse Lebensform von allen theologischen Fehldeutungen befreien und sie auf eine anthropologische Basis stellen, indem er nachzuweisen sucht, dass es kein jenseitiger Gott, sondern das wahre Wesen des Menschen ist, das diesem zum Gegenstand religiöser Verehrung wird. Er hat jedoch mit der Zeit vergessen, dass er alles, was er an der Gattung Mensch schätzt, in konzentrierter Form in seine Gottesvorstellung projiziert und diese Projektion schließlich zu einem von ihm unabhängigen Wesen stilisiert hat: »Der Mensch hat sein eigenes Wesen angebetet« – so wie die Blume einen Pflanzengott, der Vogel einen geflügelten Gott verehren würde, der im Übermaß zu blühen bzw. zu fliegen vermag. Feuerbach hält fest: »*Was der Mensch von Gott aussagt*, das sagt er *in Wahrheit von sich selbst aus*.« Gott wird so verstanden zum entäußerten Selbst des Menschen, wie die Fantasie es durch Erweiterung des Individuums zum idealen Gattungssubjekt, dessen Denken, Wollen, Fühlen und Handeln keine Schranken gesetzt sind, entwirft. Das Wort Gottes offenbart das Wesen des Menschen, der in Gott seine eigene (unzulängliche, aber ins Grenzenlose gesteigerte) Kreativität verherrlicht. Man muss also das Ensemble der Prädikate, die die Persönlichkeit Gottes beschreiben, in das Wesen der menschlichen Person zurückbuchstabieren, um zu begreifen, was es mit der ewigen Seligkeit auf sich hat, die nichts anderes ist als Ausdruck der Liebe des Menschen zum Menschen, wie er sein soll.

Die göttliche Liebe ist die sich selbst begründende, sich selbst bejahende Lebensfreude. Das höchste Selbstgefühl des Lebens, die höchste Lebensfreude ist aber die Liebe, die beglückt. Gott, als gütiges Wesen, ist das personifizierte und vergegenständlichte Glück der Existenz. [...] Der Glaube [überträgt] das Gefühl seines Vorzugs, seinen Stolz in eine *andere Person* [...], die ihn bevorzugt, die aber sein eignes

geborgnes Selbst, sein personifizierter und befriedigter Glück-
seligkeitstrieb ist, denn diese Persönlichkeit hat keine andern
Bestimmungen, als die, daß sie der Wohltäter, der Erlöser,
der Heiland ist, also Bestimmungen, in denen der Gläubige
sich nur *auf sich,* auf *sein eignes ewiges Heil* bezieht. (Wesen
des Christentums, 183 Anm. 373)

Entsprechend interpretiert Feuerbach die Trinität nach dem
Muster der menschlichen Gemütsvermögen: Gottvater als die
gesetzgebende (theoretische und praktische) Vernunft, den
Sohn als die vom Herzen kommende Liebe und den Heiligen
Geist als die Ganzheitlichkeit des menschlichen Wesens, in
welchem Vernunft und Liebe sich wechselseitig durchdringen. Obwohl er die mystischen Lehren als verkappte »esote-
rische Patho-, Anthropo- und Psychologie« kritisiert, da ihre
Verkünder die Herkunft des göttlichen Wesens aus der
Selbstevaluation des Menschen unterschlagen und so tun, als
gäbe es ein außermenschliches Wesen, hat Feuerbach doch
Verständnis für die von ihnen gepriesene Theoria oder Schau,
da sie reiner Selbstgenuss ist: »Die theoretische Anschauung
[...] ist eine *freudenvolle, in sich befriedigte, selige* Anschauung,
denn ihr ist der Gegenstand ein Gegenstand der *Liebe* und *Be-*
wunderung, er strahlt im Lichte der freien Intelligenz wunder-
herrlich, wie ein Diamant, durchsichtig, wie ein Bergkristall.«
Dieses Glück, das der Mensch in seliger Selbstbetrachtung erlebt, ist nicht auf einen jenseitigen Gott angewiesen; die Steigerung dessen, was den Menschen wahrhaft zum Menschen
macht, im Medium der Fantasie, die daraus einen Idealmen-
schen formt, reicht aus, um jene überwältigende Freude in
sich zu erzeugen, die als Glückseligkeit bezeichnet wird.
Abgesehen von der Gefahr der Verführbarkeit und Manipula-
tion großer Menschenmassen durch Vorgabe religiöser Glücks-
ziele, ist auch die den metaphysischen und mystischen Gottesvorstellungen zu Grunde liegende Aristotelische Folie des sich
selbst in gesättigter Fülle ewig umkreisenden Gottes auf er-

hebliche Kritik gestoßen. So soll Lessing mit der Idee eines höchsten Wesens, das sich in seiner Vollkommenheit unendlich genießt, eine »Vorstellung von *unendlicher Langeweile*« verbunden haben, bei welcher »ihm angst und weh« wurde. Wenn schon diese Beschreibung der göttlichen Seligkeit gähnende Langeweile bewirkt, um wie viel furchtbarer muss es für die menschlichen Seelen sein, dem Gott bei dieser unaufhörlichen Selbstbetätigung in alle Ewigkeit zuschauen zu müssen. Obwohl sich die Menschen nach einem dauerhaften Glück sehnen, erzeugt die Vorstellung eines ununterbrochenen Glücklichseins einen Horror, der seinen Grund wohl in der Angst hat, das Glück bestünde in einem ewigen Einerlei, das passiv erduldet werden müsste, anstatt dass man es auf vielerlei Weise tätig selbst herbeizuführen trachtete.

Dafür, dass das Glück sich abnutzt, wenn es immer verfügbar ist, gibt es unterschiedliche Beispiele, auch außerhalb des religiösen Bereichs. So fürchten viele, der Reiz der Verliebtheit könnte abnehmen, wenn das ›Objekt der Begierde‹ ständig zur Verfügung stünde. »Wer zweimal mit derselben pennt, gehört schon zum Establisment«, skandierte die 68er-Generation. Die Ehe als eine Institution des wegen seiner Spießigkeit verachteten »Establisments« übt daher eine abschreckende Wirkung auf diejenigen aus, die jede feste Bindung scheuen und ihr Glück lieber in wechselnden Partnerschaften suchen, denn »Abwechslung ist das halbe Leben«. Die andere Hälfte wird damit zugebracht, dem Glück auf die Sprünge zu helfen, indem man sich auf die Lauer legt und Ausschau nach neuen Personen hält, mit denen es sich lohnen könnte, ein flüchtiges Abenteuer einzugehen. Das Glück im Winkel hingegen, das im trauten Heim ein Glück zu zwei'n verheißt – »Raum ist in der kleinsten Hütte für ein glücklich liebend Paar« (Schiller) –, hat etwas so Miefiges, Lusttötendes für den überzeugten Single, dass er sich mit Grausen davon abwendet.

Die Glücksproduktion kann offenbar nur dann wirklich befriedigen, wenn (1) das Individuum selbst entscheidend daran beteiligt ist, (2) das Glück unendlich vielfältige, überraschende, nicht schon im Voraus fest umrissene Gestalten annehmen kann und (3) die ewige Seligkeit nicht als Dauer*zustand* aufgefasst wird, sondern als eine Kette von Glücksmomenten, deren Intensität dadurch gesteigert wird, dass ihre Zwischenglieder aus Nichtgeglücktem bestehen.

Warum dies so ist, hat Sigmund Freud unter Bezugnahme auf unsere psychische Verfassung in *Das Unbehagen in der Kultur* zu erklären versucht. Freud war fest davon überzeugt, dass das menschliche Glücksstreben, worunter er »das Erleben starker Lustgefühle« verstand, unerfüllbar ist. Aus seiner Sicht fehlen sämtliche Voraussetzungen dafür, dass der Mensch die Ziele erreicht, die er begehrt, denn das Programm des Lustprinzips

> ist überhaupt nicht durchführbar, alle Einrichtungen des Alls widerstreben ihm; man möchte sagen, die Absicht, daß der Mensch »glücklich« sei, ist im Plan der »Schöpfung« nicht enthalten. Was man im strengsten Sinne Glück heißt, entspringt der eher plötzlichen Befriedigung hoch aufgestauter Bedürfnisse und ist seiner Natur nach nur als episodisches Phänomen möglich. Jede Fortdauer einer vom Lustprinzip ersehnten Situation ergibt nur ein Gefühl von lauem Behagen; wir sind so eingerichtet, daß wir nur den Kontrast intensiv genießen können, den Zustand nur sehr wenig. Somit sind unsere Glücksmöglichkeiten schon durch unsere Konstitution beschränkt. (Unbehagen, XIV, 434)

Der seelische Apparat ist somit nach Freud gar nicht für das Glücklichsein ausgerüstet. Hinzu kommt noch, dass der Mensch ständig vom Unglück bedroht ist: Sein Körper ist einer Vielzahl schädigender Einflüsse von außen und von innen ausgesetzt; der körperliche Verfall ist von Angst und Schmerzen begleitet. Des Weiteren bergen die Beziehungen zu anderen Menschen so große Leidensmöglichkeiten, dass für die Verminderung von Unglück und die Verhütung von Leid mehr

Kräfte eingesetzt werden als für die direkte Lustgewinnung. Am Ende wird die Unlustvermeidung selber zu einer Quelle der Lust, wie Freud anhand einer Reihe von Strategien aufzeigt, welche die Ausschaltung der Unlust erzeugenden Faktoren mit Hilfe von Rauschmitteln oder Ausblendungstechniken bezwecken. Während (1) der Einsatz von Drogen als »Sorgenbrecher« nicht eigentlich Lust erzeugt, sondern die Empfänglichkeit für Unlustgefühle herabsetzt, zielt (2) eine radikale Askese auf die Abtötung der Triebe selber, was ein »Glück der Ruhe« zur Folge hat, aber auch einen Verlust an Lebendigkeit nach sich zieht. Mittels Libidoverschiebungen kann (3) eine Verlagerung der Ziele herbeigeführt werden: An Stelle des ursprünglich Begehrten wird nun etwas angestrebt, das sich durch eigene – geistige oder künstlerische – Betätigung erreichen lässt und nach erfolgreicher Sublimierung als lustvoller ausgegeben wird als die untersagte Triebbefriedigung. Noch unabhängiger von der Realität kann man sich (4) entweder in der Fantasie machen, deren Fiktionen wenigstens vorübergehend die Not des Daseins vergessen lassen, oder (5) indem man sich in verzweifelter Empörung über die Wirklichkeit ganz aus ihr zurückzieht und sein Glück in einem Leben als Eremit sucht, in der selbst gewählten Isolation jedoch zum Paranoiker werden kann. Als häufigste »Technik der Lebenskunst«, die auf direkte Lustgewinnung aus ist, nennt Freud (6) die sexuelle Liebe, die »uns die stärkste Erfahrung einer überwältigenden Lustempfindung vermittelt und so das Vorbild für unser Glücksstreben gegeben« habe. Der Preis ist allerdings ein hoher: Nirgends sind wir so verletzlich und dem Unglück ausgesetzt wie in einer Liebesbeziehung. Es bleibe noch (7) die Möglichkeit, sein Lebensglück »im Genusse der Schönheit« zu suchen, der seine Wurzel in der Sexualempfindung habe, deren abgeschwächte Form einer milden Berauschung Freud als »vorbildliches Beispiel einer zielgehemmten Regung« charakterisiert. Anderswo führt Freud (8) noch den

Humor an, der die Kränkungen der Realität dadurch erträglich macht, dass er ihnen auf scherzhafte Weise noch einen Lustgewinn abverlangt und damit dem Ich eine gewisse Überlegenheit über seine missliche Lage zugesteht, wie Freud am Beispiel eines Delinquenten schildert, der auf dem Weg zum Galgen bemerkt: »Na, die Woche fängt gut an.«

Freud zieht aus seiner von ihm selbst als unvollständig eingeräumten Aufzählung von Methoden zur Handhabung der Libidoökonomie das Fazit, dass im Grunde jeder nach seiner Fasson selig werden muss. In einer Art Trial-and-Error-Verfahren gilt es für jedes Individuum, selbst herauszufinden, wie viel es in sein Streben nach direktem Lustgewinn investieren will und kann und wie viel in welche Unlustabwehrstrategien. Als letzte verzweifelte Versuche stehen ihm nach Freud noch die Flucht in die Psychose oder in die kollektive Neurose der Religion offen, deren Freuden jedoch durch einen individuellen oder einen Massenwahn erkauft sind. Aus der Sicht des Psychoanalytikers sind demnach sämtliche Lebensformen – von der ästhetischen über die ökonomische und politische bis hin zur sittlichen, ethischen und religiösen Lebensform – nichts anderes als mehr oder weniger gelungene Versuche, das von vornherein zum Scheitern verurteilte Glücksstreben der Menschen individuell zu kompensieren und das Leben wenn schon nicht lustvoll, so doch erträglich zu machen.

Diese unbefriedigende Erkenntnis hat etwas mit jenem »Unbehagen in der Kultur« zu tun, das Freuds Schrift (1930) den Titel gegeben hat. Und so geht Freud denn auch der Frage nach, ob nicht die Kultur daran schuld sei, dass die Menschen nicht ans Ziel ihrer Wünsche gelangten. Wenn Freud sagt: »Sie streben nach dem Glück, sie wollen glücklich werden und so bleiben«, dann ist es doch ein Widerspruch, dieses Streben von vornherein für aussichtslos zu erklären. Zwölf Jahre später hat Albert Camus in *Der Mythos von Sisyphos* den gleichen Befund als absurd bezeichnet: Wenn Menschen mit Vernunft ausgestattet sind, die Realität aber so beschaffen ist, dass sie sich dem »glühenden Verlangen« des Menschen nach Erkenntnis verweigert, dann ist dies absurd. Es ist absolut widersinnig, dass der Mensch nach Glück verlangt, auf Grund der bestehenden Verhältnisse aber dazu verurteilt ist, unglücklich zu sein. Freud stellt daher die nahe liegende Frage, ob die Realität, die das Glücksstreben behindert, etwas ist, das ohne Zutun des Menschen besteht und daher als unabänderliches Schicksal hingenommen werden muss, oder ob sie nicht bis zu einem gewissen Grad ein menschliches Erzeugnis ist, das dahin gehend verändert werden kann, dass der Leidensdruck auf die Menschen nachlässt. Wenn schon nicht die Übermacht der Natur und die Hinfälligkeit des menschlichen Körpers aus der Welt geschafft werden könnten, so müsste doch immerhin die »soziale Leidensquelle« beeinflussbar sein.

Die Kultur ist in der Tat das Resultat von wissenschaftlichen Forschungsleistungen und technischen Erfindungen, die das Leben einerseits erleichtern – Freud nennt Telefon und Flugzeug für den Zeitgewinn durch Verkürzung von Kommunikations- und Reisewegen –, andererseits aber vielleicht ursprünglichere Glücksmöglichkeiten ausschließen und insgesamt die Lustbefriedigung eher vermindern als erhöhen. Freud findet es schwierig, »sich ein Urteil darüber zu bilden, ob und inwieweit die Menschen früherer Zeiten sich glücklicher gefühlt haben und welchen Anteil ihre Kulturbedingungen daran hatten«, und erörtert deshalb die Sozialtechnologien, durch die die zwischenmenschlichen Beziehungen geregelt werden, hinsichtlich ihrer Glück vermehrenden oder verhindernden Auswirkungen. Ordnung, Reinlichkeit und Triebsublimierung sind aus seiner Sicht Kennzeichen kulturellen Fortschritts. Vor allem die Sublimierung genitaler Liebe in eheähnliche Liebe war ein wichtiger Schritt, um einerseits ein Bedürfnis zu befriedigen, das »nicht mehr wie ein Gast auftrat, der plötzlich bei einem erscheint und nach seiner Abreise lange nichts mehr von sich hören läßt, sondern sich als Dauermieter beim Einzelnen niederließ«, und um andererseits ein Kollektiv zu gründen, das durch genitale Liebe Familienbande und durch zielgehemmte Liebe Freundschaften entstehen lässt, die den inneren Zusammenhalt der Gruppe fördern. Weil unter kulturellem Gesichtspunkt das kollektive Interesse ungleich höher veranschlagt wird, darf die Sexualität nicht »als selbständige Lustquelle« zugelassen werden, sondern muss in den Dienst an der Gemeinschaft gestellt werden. Die daraus resultierenden Zielhemmungen des Liebeslebens und Einschränkungen der Sexualität werden ebenso als repressiv empfunden wie die Mechanismen, durch die die natürliche Aggressionslust der Menschen beschnitten werden soll.

> Wenn die Kultur nicht allein der Sexualität, sondern auch der Aggressionsneigung des Menschen so große Opfer auferlegt, so verstehen wir besser, daß es dem Menschen schwer wird, sich in ihr beglückt zu finden. Der Urmensch hatte es in der Tat darin besser, da er keine Triebeinschränkungen kannte. Zum Ausgleich war seine Sicherheit, solches Glück lange zu genießen, eine sehr geringe. Der Kulturmensch hat für ein Stück Glücksmöglichkeit ein Stück Sicherheit eingetauscht. (Unbehagen, XIV, 474)

Die Sicherheit hat ihren Preis, aber andererseits ermöglicht dieser Preis andere Formen des Glückserwerbs, vorausgesetzt, dass die kulturellen Restriktionen den Bogen nicht überspannen, sondern dem Glücksbegehren der Menschen angemessen Rechnung tragen. Das »Kultur-Über-Ich«, das seine Forderungen in den Moralen und ethischen Prinzipien zum Ausdruck bringt, muss, um einer kollektiven Neurose vorzubeugen, seine Gebote und Verbote so konzipieren, dass die psychologischen Grenzen berücksichtigt werden, die der Leidensfähigkeit des Menschen durch die Natur seines seelischen Apparats gesetzt sind. Das christliche Liebesgebot zum Beispiel hält Freud für unbefolgbar: »Eine so großartige Inflation der Liebe kann nur deren Wert herabsetzen, nicht die Not beseitigen.« Ganz davon abgesehen, dass nicht alle Menschen liebenswert sind, lässt sich das »egoistische« Glücksstreben, das zur Natur des Menschen gehört, nicht völlig zurückdrängen. Freud meint abschließend: »Solange sich die Tugend nicht schon auf Erden lohnt, wird die Ethik vergeblich predigen.« Damit scheiden für ihn alle ethisch-religiösen Vertröstungen auf ein jenseitiges Glück aus dem Regelrepertoire eines realistisch ausgerichteten Kultur-Über-Ich aus, weil sie entweder an der psychischen Konstitution der Menschen scheitern oder deren Seelenhaushalt nachhaltig zerrütten.

Ähnlich massiv, wenn auch aus einer anderen Perspektive, ließe sich die religiöse Lebensform aus feministischer Sicht als einseitige, an den Tatsachen vorbeigehende, lebensferne und -feindliche Konstruktion kritisieren. Zum Mindesten kann bezweifelt werden, ob die Gottesvorstellungen, die von spekulativen Denkern im Zusammenhang mit der Darstellung eines kontemplativen Glücks entwickelt wurden, Anspruch auf Allgemein*mensch*lichkeit erheben können, verdanken sie sich doch typischen Männerfantasien, in welchen ein männliches Selbstverständnis übersteigert, verdichtet und essenzialisiert wird. Wollte man den Feuerbachschen Ansatz noch radikaler fassen, so könnte man behaupten, der Gottesbegriff sei keine Extrapolation des *menschlichen*, sondern des *männlichen* Wesens, das sich durch Zeugungskraft definiere und diese zu einer allmächtigen Potenz hochjubele, die von so unermesslicher Fülle sei, dass sie sich ohne Verlust unendlich verströmen könne. In diesem Bild männlicher Sexualität vermag ein Mann sich wieder zu erkennen, zumal seine schwächere Potenz dadurch aufgewertet wird, dass sie in der intellektuellen oder mystischen Vereinigung mit dem göttlichen Übermann an dessen Zeugungskraft teilhat. Dass Frauen sich mit einem derartig geschlechtsspezifischen Verständnis von Glück nicht anfreunden mögen, liegt auf der Hand, obwohl ihnen suggeriert wurde, dass auch sie sich die Schau des Göttlichen nach dem Muster einer – wenn auch unfleischlichen (was immer das sein mag) – sexuellen Vereinigung vorzustellen hätten. Nonnen, die mit Christus »vermählt« werden und einen »Ehering« tragen, sollen durch solche Symbole für entgangene irdische Freuden entschädigt werden, und damit bleibt die traditionelle Geschlechterordnung auch in der weiblichen religiösen Beziehung gewahrt. Zugleich nehmen sich die Männer in ihrem Gottesverhältnis Privilegien heraus, die ihre prinzipielle Überlegenheit über das weibliche Geschlecht sicherstellen sollen. Zum einen hat die *unio mystica*, wie sie von Augustinus und Meister Eckhart geschildert wird, einen deutlichen homoerotischen Einschlag: In Gott liebt und verehrt der Mann-Mensch seine eigene Männlichkeit. In der Schau des Göttlichen erlebt er das Glück einer unerschöpflichen Potenz, vergleichbar einer immer währenden Ejakulation. Zum anderen gelangt auch die sonst verdrängte weibliche Seite im Mann zur Erfüllung, insofern er sich in der Verschmelzung mit Gott gleichsam von sich selbst befruchten lässt und in sich einen Sohn zeugt, dessen Geburt die Wiedergeburt seiner selbst ist – unendlich wertvoller als seine natürliche Geburt, die ohne sein Zutun erfolgt ist und noch dazu von einer Frau bewerkstelligt wurde.

Wie ein Glück aussieht, das sich Frauenfantasien verdankt, ohne einfach die Kehrseite der männlichen Vorstellungen aufzubieten, ist offen. Muss das Göttliche überhaupt andro- oder gynozentrisch vorgestellt werden, wobei der gegengeschlechtliche Aspekt jeweils ausgeklammert bleibt? Wie könnte man das Allgemeinmenschliche ohne sexuelle Anspielungen beschreiben und damit eine übergeschlechtliche Plattform gewinnen, auf welcher andere, neu zu findende Bilder die Glückserfahrungen menschlicher Individuen unangesehen ihres biologischen Geschlechts veranschaulichen? Sollte jedoch Freuds These, die ja wiederum ein männliches Konstrukt ist, zutreffen, dass die sexuelle Lustempfindung das Grundmuster ist, nach dem sämtliche Glückserlebnisse – die sinnlich-ästhetischen ebenso wie die seelisch-geistigen – zu deuten sind, dann wären allerdings Beschreibungen des ästhetischen und des geistigen Selbstverhältnisses gefragt, in welchen ein originär weibliches, nicht durch männliche Stereotypien der weiblichen Geschlechtsidentität bereits festgelegtes Selbstverständnis eines geglückten Daseins seinen Ausdruck findet, vordringlich, um die einseitigen und vorschnell verallgemeinerten Glückskonzepte männlicher Provenienz zu korrigieren. Warum sollte es nicht verschiedene Lesarten eines geteilten Glücks geben, die, anstatt miteinander zu konkurrieren, sich gegenseitig ergänzen?

Aber die Gefahr, sich misszuverstehen, ist damit nicht gebannt, vor allem wenn der eine nur selbstverliebt in allem sich selbst erblickt und die andere außer Stande ist, ihre Bedürfnisse mit ihren eigenen Worten zu Gehör zu bringen. Die Geschichte von Narziss und Echo, wie Ovid sie in seinen *Metamorphosen* erzählt, liefert ein Paradigma für das ständige Scheitern einer vom wechselseitigem Verständnis abhängenden erotischen Beziehung zwischen Mann und Frau. Beide, sowohl der Knabe Narziss als auch die Nymphe Echo, sind bezüglich ihrer Liebesfähigkeit von vornherein behindert. Während Narziss in seinem Begehren ausschließlich auf sich selbst konzentriert ist und jede von außen kommende Berührung ablehnt, entbrennt Echo zwar in Liebe zu Narziss, kann sich ihm aber nicht verständlich machen, weil sie immer nur die letzten Worte eines Satzes zu wiederholen vermag, den andere gesprochen haben. Narziss kann Fremdes als das Andere seiner selbst nur als Störfaktor wahrnehmen und als nicht liebenswert von sich weisen; Echo fehlt die Sprache, um ihm ihre Liebe mitzuteilen, so dass er nur sich selbst hört, wenn sie spricht. So müssen sie sich beide verfehlen und unglücklich werden. Narziss kann das geliebte Spiegelbild im Wasser nicht umarmen, was ihn am Ende fast wahnsinnig werden lässt, und die zurückgestoßene Echo zieht sich trauernd in den Wald zurück, von wo aus sie in wachsender Verzweiflung die vergeblichen Bemühungen des Geliebten, seiner selbst habhaft zu werden, beobachtet: zwei Unglückliche, die sich – wenn auch aus verschiedenen Gründen – nichts zu sagen haben: ein klassisches Beispiel unerwiderter Liebe.

Was also ist das Glück?

*D*er kürzlich verstorbene Maler und Architekt Friedensreich
Hundertwasser wurde seinem letzten Willen entsprechend auf
seinem Grundstück in Neuseeland bestattet, und zwar in dem
von ihm selbst angelegten »Garten der glücklichen Toten«.
Wie soll man sich diesen Garten und die Toten, die darin ihre
letzte Ruhe finden, vorstellen? Im Unterschied zur feierlichen
Erhabenheit, die Arnold Böcklins Gemälde *Die Toteninsel* (1880)
als Symbol für die Ewigkeit ausstrahlt, wird der Garten der
glücklichen Toten vermutlich wie die von Hundertwasser ge-
stalteten Häuser und Anlagen die lebendige, farbenprächtige
Natur in den Vordergrund rücken, deren Entstehen und Vergehen von einer anderen, in die Zeit eingelassenen Ewigkeit
erzählt und damit eine ständige Erneuerung alles Verwelkten,
Abgestorbenen, Verwesten verkündet. Der verklärte Leib des
Toten auf Böcklins Bild hingegen ist konserviert für eine
Ewigkeit außerhalb der Zeit. Seine strahlende Helligkeit deutet darauf hin, dass er ganz Seele geworden ist, die ihren vor-
läufigen Aufenthaltsort auf einer Insel findet, deren schwarze,
vor einem tiefdunklen Himmel unbeweglich in die Höhe ra-
genden Zypressen Ernst und Würde ausdrücken. Sie repräsentieren eine vertikale Transzendenz, die nach oben auf das
Göttliche und die Möglichkeit einer Wiederauferstehung hinweist. Erst dann wird dieser Tote sein steinernes Grab verlassen, um auf einer anderen Insel, der Insel der Seligen, seine
endgültige Ruhe zu finden und glücklich zu sein, während die
glücklichen Toten, die in einem Hundertwasserschen Garten

zur Ruhe gebettet werden, in dem Zyklus des Lebendigen eingeschlossen bleiben. Auch wenn ihnen zu Lebzeiten vielleicht das Glück, das sie begehrten, nicht zuteil geworden ist, ermöglicht ihnen dieser Ort eine Vereinigung mit der Natur, die sie vollständig in sich aufnimmt und an ihrer vergänglichen, aufblühenden und wieder verblühenden Schönheit teilhaben lässt. Die glücklichen Toten bedürfen weder der Seligsprechung durch eine kirchliche Autorität noch eines Totengerichts, bei dem über ihre Glückswürdigkeit entschieden wird; sie sind aufgehoben im Schoß der Natur, aus dem sie hervorgegangen und in den sie wieder zurückgekehrt sind.

Man kann nur hoffen, dass auch jene Unglücklichen, die Heinrich Heine zur Abrundung seines Glücks ins Jenseits befördert sehen wollte, in einem Garten glücklicher Toter untergekommen sind, wo ihre Feindschaft, die sie das Leben kostete, ein glückliches Ende gefunden hat.

> Ich habe die friedlichste Gesinnung. Meine Wünsche sind: eine bescheidene Hütte, ein Strohdach, aber ein gutes Bett, gutes Essen, Milch und Butter, sehr frisch, vor dem Fenster Blumen, vor der Tür einige schöne Bäume, und wenn der liebe Gott mich ganz glücklich machen will, läßt er mich die Freude erleben, daß an diesen Bäumen etwa sechs bis sieben meiner Feinde aufgehängt werden. Mit gerührtem Herzen werde ich ihnen vor ihrem Tode alle Unbill verzeihen, die sie mir im Leben zugefügt – ja, man muß seinen Feinden verzeihen, aber nicht früher, als bis sie gehenkt werden. (Heinrich Heine, Gedanken und Einfälle, 235)

Vielleicht ist aber der »Wald des Unglücks« der passendere Aufenthaltsort für unglückliche Seelen. Aufsehen erregte diese Stätte in Oregon, als man dort einen Pilz entdeckte, dessen unterirdisches Geflecht ein Ausmaß von 880 Hektar erreicht haben soll (was ungefähr der Größe von 1665 Fußballfeldern entspricht). Dieser noch weiter wachsende Pilz umschlingt mit seinen Mycelsträngen die Wurzeln der Bäume und entzieht ihnen das Wasser, so dass sie absterben. Den *Wald* des Unglücks kann es also gar nicht mehr geben, da der gigantische Schmarotzer seinen Wirt tötet und erst dann mit seiner Ausbreitung innehält, wenn er alle Bäume gefällt hat. Dann bietet sich eine Namensänderung an: Der Wald des Unglücks mutiert zum Schlachtfeld des glücklichen Pilzes.

Das Glück kennt viele Spielarten. Doch keine davon ist auf ein bestimmtes Individuum zugeschnitten. Und niemand kommt gleichsam mit einer Bonuskarte zur Welt, mit einer bestimmten Anzahl von Glückspunkten, die jederzeit oder unter bestimmten Voraussetzungen abrufbar sind. Daher muss jeder Mensch für sich selbst herausfinden, was ihn glücklich macht; in Ermangelung einer für alle gleichermaßen passenden Glücksformel können die verschiedenen Lebensformen nur Grobzeichnungen sein, die jeder für sich selbst verfeinern muss, wobei er sich eher selten einen einzigen Lebensstil in Reinform aneignen wird, sondern im experimentellen Umgang mit sich selbst eine Mischform produziert, in welcher je nach persönlichen Vorlieben und Interessen die Glücksvorstellungen der einen Art bevorzugt, die der anderen Art hintangesetzt werden.

Daher können die im Kontext der erörterten sechs Lebensformen dargestellten Glückskonzepte nicht streng voneinander isoliert werden. Im Gegenteil: Sie gehen ineinander über, verstärken oder schwächen sich, und ihre spezielle Mischung ist das Kennzeichen eines individuell gelebten Lebens. So unterschiedlich die Lebensläufe sind, so verschieden fallen auch die Ansichten über das Glück aus. Mag sein, dass das Glücksgefühl von den meisten Menschen ähnlich empfunden wird, wobei die Skala von stiller Freude über intensiven Genuss bis hin zu fröhlicher Ausgelassenheit und ekstatischen Erlebnissen reicht. Die Umgangssprache kennt hier viele Beschreibungen von Glückszuständen, denen gemeinsam ist, dass sie den Menschen ganz durchdringen: die Seele baumeln lassen, Schmetterlinge im Bauch haben, sich in einem Freudentaumel befinden, vor Freude weinen, alles als eitel Wonne erleben, vor Lust vergehen, vor Gück aus der Haut fahren, ja, vor Seligkeit zerspringen …

Über die Glücksauslöser gehen die Meinungen jedoch ebenso weit auseinander wie über die für erstrebenswert gehaltenen Dinge. Je nachdem, in welcher Lebenssituation sich jemand befindet, avancieren die unwahrscheinlichsten Objekte zum Glücksbringer. Normalerweise würde niemand ein Königreich für ein Pferd bieten, aber für Richard III., der sich in einer verzweifelten Lage befindet, wird das Pferd zum Lebensretter und bestätigt damit das arabische Sprichwort, demgemäß alles Glück der Erde auf dem Rücken der Pferde anzutreffen sei. Wenn das Leben schal geworden ist und kein Glück mehr verspricht, wird der sonst als größtes Unglück angesehene Tod zum Glücksbringer. Jean Améry hat in seinem »Diskurs über den Freitod« die Todesangst beschrieben, die den Selbstmörder erfasst, wenn er dabei ist, sein Leben auszulöschen, doch er fügt hinzu: »Was aber wieder nicht heißt, es könnte nicht zugleich, wenn wir Hand an uns legen, wenn unser Ich sich im Selbstauslöschen verliert und sich – vielleicht zum erstenmal – total verwirklicht, ein nie zuvor gekanntes Glücksgefühl da sein.« Die bewusste Entscheidung, sein Leben zu beenden, ist eine letzte, völlig autonome Handlung, zu der das Ich sich ganz allein autorisiert und durch die es sich möglicherweise zum ersten Mal in seinem Leben absolut frei fühlt. Insofern kann man mit Blaise Pascal zusammenfassen:

Alle Menschen trachten danach, glücklich zu sein; das gilt ohne Ausnahme; was für verschiedene Mittel sie auch dabei anwenden, sie streben alle nach diesem Ziel. Was bewirkt, daß die einen in den Krieg ziehen und die andern nicht, das ist dieses selbe Verlangen, das in allen beiden lebt, aber von verschiedenen Gesichtspunkten begleitet. Der Wille macht niemals den mindesten Schritt, außer auf dieses Ziel zu. Das ist der Beweggrund aller Handlungen aller Menschen, bis hin zu denen, die sich erhängen wollen. (Pensées/Gedanken, Nr. 425)

Lassen wir in Gedanken die ästhetische, die ökonomische, die politische, die sittliche, die ethische und die religiöse Lebensform als ebenso viele Versuche, ein im Ganzen geglücktes Dasein zu entwerfen, noch einmal Revue passieren, so kann in einem erfüllten Leben auf keinen der in jenen zum Vorschein gekommenen Glücksansprüche verzichtet werden, auch wenn einem die eine Sorte Glück wichtiger erscheint als die andere. Wie viel Raum jemand dem sinnlichen Glück gibt, hängt von der Einstellung zu Genuss, Lust und körperlichem Wohlbehagen ab. Ohne ein Minimum an sinnlichem Glück kommt selbst der Asket nicht aus, insofern er Freude an seiner Selbstgenügsamkeit empfinden muss, um gut zu leben. Das Gleiche gilt für das wirtschaftlich kalkulierte Glück: Ohne ein gesichertes Existenzminimum macht das Leben keinen Spaß, weil das Glück von den Sorgen um den Lebensunterhalt aufgefressen wird. Was das strategisch herstellbare Glück betrifft, so muss wenigstens für die sozialpolitischen Rahmenbedingungen gesorgt sein, die jedem Individuum die Suche nach seinem persönlichen Glück ermöglichen, unter Einbeziehung des eudämonistischen Glücks, das dem Einzelnen ein zumutbares Maß an Verantwortung für das kollektive Wohlergehen auferlegt. Auch das leidenschaftslose Glück, das sich der spirituellen Dimension des kontemplativen Glücks annähert, gehört zum Menschsein hinzu, selbst wenn es sich in der geistigen Hingabe an profane Dinge erschöpft. Die alte Redeweise, jemandem Glück und Segen zu wünschen, erinnert daran, dass in einem gelingenden Leben Gott seine Hand im Spiel hat.

Wir tendieren dazu, von jeder Art Glück möglichst viel haben zu wollen, in der Meinung, dass dann alles ununterbrochen wie im Paradies ist. Doch wie sich gezeigt hat, führt ein Übermaß an Glück geradewegs ins Unglück. Es gilt also, klug abzuwägen, wie viel Glück von welcher Sorte einem nicht nur angenehm scheint, sondern zuträglich ist. Madame du Châtelet hat ihre *Rede vom Glück* (1746/47) mit folgenden Ratschlägen abgeschlossen:

Versuchen wir also, es uns gutgehen zu lassen, keinerlei Vorurteile zu hegen, Leidenschaften zu haben und sie unserem Glück dienlich zu machen, unsere Leidenschaften durch Neigungen zu ersetzen, mit größter Sorgfalt unsere Illusionen zu bewahren, tugendhaft zu sein, niemals zu bereuen, uns von traurigen Vorstellungen fernzuhalten und unserem Herzen nie zu erlauben, auch nur ein Fünkchen Neigung für jemanden zu bewahren, dessen Neigung schwindet und der aufhört, uns zu lieben. Da man altert, muß man auf die Liebe eines Tages verzichten, und dieser Tag sollte der sein, an dem sie uns nicht mehr glücklich macht. Denken wir schließlich daran, unsere Neigung für die Wissenschaft zu pflegen, diese Neigung, die das Glück vollkommen in unsere Hände legt. Nehmen wir uns vor dem Ehrgeiz in acht und vor allem seien wir uns im klaren, was wir sein wollen; entscheiden wir uns für den Weg, den wir für unser Leben einschlagen wollen, und versuchen wir, ihn mit Blumen zu säumen. (Rede vom Glück, 57 f.)

Die Lebensklugheit, die aus diesen Ratschlägen spricht, zeigt sich darin, dass die für eine gelungene Lebensführung als wichtig erachteten Aspekte so zur Geltung gebracht werden, dass jedes Individuum dazu angehalten wird, selbst zu entscheiden, worauf, zu welchem Zeitpunkt und in welchem Ausmaß es persönlich Wert legen möchte, um das Glück voll auszuschöpfen. Jeder Mensch muss sich das Hufeisen der Lebensform, in welcher er glücklich zu werden hofft, selbst schmieden. Zwar kann man die Rohlinge bei den Philosophen besichtigen, aber das Material zu ihrer Herstellung muss man ebenso persönlich auswählen, wie man selbst an der speziellen Form herumfeilen muss, bis sie auf die eigene Person passt. Das Hufeisen, in welchem man sich so einrichtet, dass man sich darin wohl fühlt, schirmt nach innen und nach außen gegen das Unglück ab. Da es eine offene Form ist, die sowohl Auswege als auch Zuflüsse ermöglicht, fühlt sich das Individuum darin nicht unentrinnbar eingeschlossen wie im Kokon der utopischen Modelle, sondern es kann seine private, im Innenraum des Hufeisens geschaffene Insel der Seligkeit jederzeit verlassen, um Ausschau zu halten, wie die anderen leben, mit denen es die kollektive Lebensform teilt: das große Hufeisen, in dem die kleinen sich arrangieren müssen, damit jeder auf seine Weise und alle gemeinsam glücklich sein können. Insofern die Lebensform vom Individuum, das sie verinnerlicht hat und existenziell ausfüllt, nicht abtrennbar ist, kann man sagen: »Jeder *ist* eine Insel.« Und all diese vielen kleinen Inseln bilden den Archipel ›Menschheit‹, dessen bunte Vielfalt Ausdruck gelebter Freiheit sein soll.

Dass das Glück nicht überall zu Hause ist, weil Allmachtsfantasien, Verachtung, Neid, Habgier und Grausamkeit die Lebensentwürfe von Individuen und ganzen Völkern zunichte machen, ist unbestritten. »Wunschloses Unglück« (Peter Handke) kennzeichnet einen Zustand, in welchem die Kraft zu wünschen erloschen ist. Die Zukunft hat sich verschlossen und bietet keinerlei Anreize mehr, nach Glück zu streben. Umso dringlicher ist es, Brücken zu bauen, die das in der Folge von Feindschaft und Gewalt entstandene Unglück durch friedliche Annäherung verhindern oder wenigstens verringern. Eine dieser Brücken ist die Musik. Unzählige Schlager und Lieder preisen ein mehr oder weniger banales Glück an: »Du hast Glück bei den Frau'n, bel ami...« Wer den Frauen gefällt, ist zwar nicht unbedingt glücklich – »Schöner Gigolo, armer Gigolo, [...] man zahlt, und du musst tanzen...« –, aber er ist im Besitz einer Brücke zum anderen Geschlecht, um die ihn manch einer beneidet. Schönheit ist durchaus ein Vorteil, doch das Glück ist mit dem Tüchtigen, der sein Glück versucht hat und dabei erfolgreich war. Im *Hobellied* klingt die vergeudete Zeit an, die man besser dazu verwendet hätte, das Glück zu genießen, anstatt seinen Wert zu taxieren und sich darüber mit den anderen in die Haare zu geraten: »Da streiten sich die Leut' herum, / oft um den Wert des Glücks. / Der eine heißt den andern dumm. / Am End' weiß keiner nix.« Schillers *Ode an die Freude* steigert sich in Beethovens 9. Sinfonie zu einem völkerverbindenden Finale: »Freude, schöner Götterfunken, / Tochter aus Elysium. / Alle Menschen werden Brüder ...« Es ist etwas Weibliches, das Brücken zwischen den Männern schlägt und sie zu einer Brüderschaft vereinigt, die die Menschheit umschließt.

Die eigentliche brückenstiftende Kraft wohnt jedoch nicht den gesungenen Texten, sondern den Tönen inne. Odysseus wusste um die Unwiderstehlichkeit des Sirenengesangs, dessen lockende Klänge diejenigen, die sich ihnen aussetzten, ohne Vorkehrungen zu ihrem Schutz zu treffen, ins Verderben rissen. Daher verstopfte Odysseus der Schiffsbesatzung die Ohren und ließ sich am Mast seines Schiffes festbinden, um in den Genuss dieses Gesangs zu kommen. So konnte er vor Glück vergehen, ohne darin umzukommen.

Musik ist wie eine Droge, die Glück erzeugende Endorphine freisetzt, sowohl bei den Produzenten als auch bei den Rezipienten von Musik. Der Volksschauspieler Willy Millowitsch, der hin und wieder kölsche Lieder zum Besten gab, erklärte seine Frohnatur durch den Hinweis auf seine musikträchtige Abstammung: »Die Mutter von der Donau, der Vater vom Rhein, was kann ich da anders, als glücklich zu sein.« Und Joe Cocker hat bei einem Konzert in der Münchner Olympiahalle seinen Rezensenten Matthias Kuhn restlos glücklich gemacht: »Joe Cocker schluchzt zur Gänsehaut ›You are so beautiful‹. Keine Wünsche offen.« David Gilmour hingegen, langjähriger Chef der legendären Gruppe »Pink Floyd«, hat den Erfolg der Rockoper *The Wall* umgemünzt in ein beschauliches Leben: »Ich schaue nicht zurück. Ich habe eine Farm. Ich habe sieben Kinder. Mit denen fliege ich, wenn das Wetter schön ist, in meinem Flugzeug ein bisschen die Küste rauf und runter. Ich lese viel. Ich dudele auf meiner Gitarre herum. Ich wähle seit Jahrzehnten aus tiefer Überzeugung eine Partei, die reiche Menschen in England normalerweise nicht wählen. Ich bin ein glücklicher Mann.« Justus Frantz schließlich hat die völkerverbindende Kraft der Musik in einer doppelten Weise zu seinem Metier gemacht: Mit seiner Philharmonie der Nationen, in der junge Leute aus allen Erdteilen musizieren, reist er als glücklicher Dirigent um die Welt und erfreut überall eine große Zuhörerschaft mit klassischen Melodien.

Wer glücklich ist, muss stets mit der Missgunst derer rechnen, die schlechter weggekommen sind und sich im Recht dünken, wenn sie am Glück ihrer Mitmenschen herummäkeln. So klagt die junge Schauspielerin Alicia Silverstone: »Eine Zeit lang dachten die Leute, ich sei zu dick. In der Presse hieß es, ich hätte ein Gewichtsproblem. Das haben sie geschrieben, weil sie nichts anderes über mich zu sagen hatten. Es ist doch immer so: Wenn jemand richtig glücklich ist, müssen sie ihn fertig machen.« Diesen Menschen, die ihr Ressentiment pflegen, kann man nur empfehlen, sich Gedanken über ihr eigenes Glück zu machen, anstatt über fremdes Glück zu giften, denn wie Stefan Kaufmann, Direktor des Max-Planck-Instituts für Infektionsbiologie in Berlin herausgefunden hat, sind glückliche Menschen gesünder, weil sie ein starkes Immunsystem haben: »Wer sich wohl fühlt, wird zwar genauso häufig von Schnupfenviren infiziert wie unglückliche Menschen – aber seltener krank. [...] Glück ist der beste Schutz gegen eine Erkältung.« Ein gut funktionierendes Immunsystem verschafft auch Freuden der ganz anderen Art. Wolfgang Wörl wünschte sich bei der Feier des 65. Geburtstags von Sophia Loren leidenschaftlich, die Torte zu sein, welcher sich der Weltstar mit genüsslich gezücktem Messer annäherte: »Das Glück, eine Geburtstagstorte zu sein.«

Vielleicht verhält es sich ja tatsächlich so, dass unser Verlangen nach Glück mit der Erinnerung an jenes Paradies zusammenhängt, aus dem wir bei der Geburt vertrieben wurden. Dies würde auch erklären, warum sich für so viele – darunter Albert Camus – mit dem Aufenthalt und der Fortbewegung im Wasser höchste Glücksgefühle verbinden. Der Schriftsteller John von Düffel (Debüt 1999 mit dem Roman *Vom Wasser*) kommentiert sein tägliches Schwimmpensum folgendermaßen:

> Zeit ist die Zahl der Bewegung, heißt es bei Aristoteles, aber in der Zwiesprache von Wasser und Körper gibt es ein anderes Maß, das sich einstellt auf den langen, unzählbaren Strecken. Und es macht mich vielleicht nicht besser, aber glücklich, die Zeit zum Verschwinden zu bringen in dem unaufhörlichen Ineinander von Wasser, Bewegung und Atem – für die dauerlosen Momente in einem anderen Element. Seit ich gefragt worden bin, wie schnell ich auf dreitausend Meter schwimme, weiß ich, was mich glücklich macht. Es macht mich glücklich, genau das nicht zu wissen und aus der Zeit zu schwimmen, jeden Tag. Für anderthalb Stunden.

Dieses Glück, dem Maß der Zeit für eine Weile zu entrinnen und im Wasser ein Stück Ewigkeit einzufangen, deutet Brigitta La Roche als ein Gefühl, das sich der Rückkehr in den Mutterschoß verdankt. Sie beschreibt »die Wonnen von Saturnia«, einem Thermalbad in der Toskana, als einen nicht mehr steigerbaren Genuss: »Schwerelos schwebe ich im körperwarmen Bad. Urmeer, Mutterleib, Fruchtwasser? Eine halbe Stunde Glück, eine Erinnerung ans Paradies. [...] Aqua-Relaxation ist zum Weinen schön, schon wegen dieser Seligkeit lohnt sich eine Reise nach Saturnia.« Nicht von ungefähr werben die unzähligen, in den letzten Jahren neu entstandenen Wellness-Center mit Angeboten, die mit Wasser, Ölen, Dämpfen, Farben, Gerüchen und sanften Massagetechniken Streicheleinheiten für den Körper versprechen, deren Auswirkungen bis in die gestresste Seele hineinreichen.

Das Glück, so hat sich gezeigt, ist die einzige Humanressource, die unerschöpflich ist – mit Ausnahme der Liebe, die ihrerseits eine stets erneuerbare Quelle des Glücks ist. So hat der Popmusiker Herbert Grönemeyer kürzlich im Jugendmagazin *Jetzt* in einem Interview verschiedene Liebesbeziehungen als Glückserlebnisse geschildert. Von der ersten Liebe ist ihm ein Gefühl ungeheuren Glücks in Erinnerung geblieben, das er mit den Ausdrücken Leichtigkeit und Leichtfüßigkeit beschreibt. Die Liebe als solche vergleicht er mit einem chemischen Vorgang, in dem eine Art Gas entsteht, das lauter Glücksexplosionen erzeugt.

> Liebe ist, wenn beide in der gleichen Minute beim jeweils anderen so ein Glück hervorbringen. Und sicherlich gibt einem das Gefühl, dass man geliebt wird oder jemanden liebt, immer wieder die Möglichkeit, dieses Glücksgefühl im eigenen Kopf herzustellen. Man kann das dann immer wieder rausholen aus der Schublade, auch wenn man den anderen gerade nicht sieht. Ich glaube, Liebe ist die optimalste Möglichkeit, Momente dieser Glücksexplosionen herzustellen.

Auf die Frage, ob Liebe sich denn letztlich wirklich lohne, wenn sie stets den möglichen Verlust der Partnerin oder des Partners gewärtigen müsse und daher nicht ohne Schmerz zu haben sei, antwortet Grönemeyer:

> Das ist die zentrale Frage. Tut man besser daran, nicht zu lieben, dann hat man auch den Schmerz nicht? Aber das führt früher oder später zu einer Austrocknung und zu nacktem Zynismus. Ich glaube einfach, diese Momente, in denen so etwas entsteht, diese Glücksexplosionen, die braucht der Mensch, um zu existieren. Wenn er sich davon abschneidet, schneidet er sich im Grunde genommen vom Leben überhaupt ab. Man bleibt jedenfalls lebendiger mit dem Glück auf der einen Seite und dem Schmerz auf der anderen.

Glück und Schmerz bilden einen Spannungsbogen, ohne den das Leben in sich zusammenfällt. Dies gilt für alle Varianten des Glücks, nicht nur für die Liebe: Das Glück ist immer gefährdet. Schon auf Grund seiner Gefühlsintensität reicht es an den Schmerz heran, und der Übergang ist oft fließend. Aber auf das Glück zu verzichten, um den Schmerz zu vermeiden, kann nur eine vorübergehende Strategie zum Zweck des Selbstschutzes sein. Auf Dauer würde man sich dadurch seiner Lebensqualität berauben und an einer Langeweile zu Grunde gehen, die das genaue Gegenstück zu jener Langeweile ist, die sich bei einem pausenlosen Glück einstellt. Während ein immer währendes Glück die Fähigkeit, Glück zu empfinden, abstumpft, führt die durch Glücksverzicht erwirkte Schmerzfreiheit einen Zustand herbei, der keine Höhen und Tiefen mehr kennt, weil alles in einer gleichförmigen Routine erstarrt ist, an der krampfhaft festgehalten wird. In beiden Fällen entsteht Langeweile auf Grund der fehlenden Spannung, weil man entweder – beim permanent vorhandenen Glück – weiß, was kommt, nämlich immer dasselbe, oder weil man – beim Verzicht auf Glück – nicht wissen will, was kommt, und sich mit dem bescheidet, was man hat.

Wie es zugeht, wenn das menschliche Begehren zum Erliegen kommt, hat Thomas Assheuer kürzlich in der *Zeit* in einem ironischen Kommentar zum Experiment amerikanischer Robotik-Spezialisten beschrieben, die ein glückliches Roboterwesen geschaffen haben, das sich selbst begehrt und fortpflanzt.

> Wann immer es ihm gefällt, hält der Automat Zwiesprache, erschafft aus einer Metallrippe eine Gefährtin und begehrt sie naturgemäß aus der Tiefe seines Programms. Und alles wird gut. [...] Während Roboter in ihrer Wollust nicht zu zügeln sind, begnügen sich die dazugehörigen Menschen mit erotischer Selbstbewirtschaftung und maschinellen Übungen. Wenn überhaupt, dann steigen die Chimären der Lust nur kurz an die Oberfläche des Alltags, um nach Vollzug einzutauchen ins große Meer der Gleichgültigkeit. [...] Bekanntlich begehrt man immer nur das Begehren des Anderen, aber offenbar ist die humane Einbildungskraft derart beschädigt, dass nun Roboter als die letzten wahrhaft begehrenden Wesen erscheinen.

Um das Begehren neu zu entfachen, hat eine ganze Industrie sich auf die Produktion von Stimulanzien und Glücksgütern verlegt, die die erschlafften Zeitgenossinnen und -genossen

»fit for fun« machen sollen, um eine Spaßgesellschaft zu erzeugen, in der alle high und happy sind. Vergessen wird dabei, dass man das Glück nicht aus den Menschen heraus- oder in sie hineinkitzeln kann, sondern dass in ihnen selbst die Quelle des Glücks liegt, die nicht versiegt, wenn man sich nur darauf besinnt, wie sie zum Sprudeln gebracht werden kann.

Trotz der prinzipiellen Unerschöpflichkeit der Humanressource Glück liegt das Glück nicht auf der Straße. Es ist auch nicht »immer da«, so dass man nur die Hand nach ihm ausstrecken muss, wie Goethe meinte. Man muss schon etwas mehr tun, um glücklich zu werden und es zu bleiben. Andererseits entzieht sich das Glück, wenn man verbissen danach sucht, anstatt es beharrlich anzustreben und sich auch über Teilerfolge zu freuen. Wer nur auf das große Glück aus ist oder gleich die ganze Menschheit beglücken will, muss mit Enttäuschungen rechnen. Die tausend kleinen Glücksmomente sind es, die den Glückspegel konstant halten und für gute Laune sorgen, deren hohe Ansteckungsgefahr überall willkommen ist. Gut gelaunte Menschen verbreiten um sich herum ein Klima der Lebensfreude, die die Nöte des Alltags durch Lachen vertreibt. Lachen ist gewissermaßen Glück light. Es macht unbeschwert und lässt die Sorgen vergessen. Lachen entspannt und verbindet, obwohl das individuelle Glück einzigartig ist und entsprechend immer nur je meines sein kann. Daher genießt der Kenner – und schweigt. Er hat nichts mitzuteilen. Aber seine Freude überträgt sich gleichwohl auf die anderen, die sich von ihm mitreißen lassen und ihr eigenes Glückspotenzial aktivieren. Das Lachen ist Indiz für einen Gemütszustand, in dem der Mensch ganz aus sich heraustritt und doch zugleich bei sich selbst ist: Er ist glücklich.

Anhang

Zitierte Autoren und ihre Schriften
(mit Stellennachweisen)

Vorwort

Goethe, Johann Wolfgang: Werke. Jubiläumsausgabe, 6 Bde., Frankfurt
a. M./Leipzig 1998
  Gedichte: Bd. 1 (Nachweis S. 21)
Kant, Immanuel: Werke in 10 Bänden, hg. v. W. Weischedel, Darmstadt
1959
  Träume eines Geistersehers: Bd. 1 (Nachweis S. 940)
Platon: Sämtliche Werke, 6 Bde., Hamburg 1958–1960
  Gorgias: Bd. 1 (Nachweis 523a-b)

Kapitel 1: Annäherungen an das Glück

Ende, Michael: Die unendliche Geschichte, Stuttgart 1979
Grimm, Jacob und Wilhelm: Kinder- und Hausmärchen, München 1963
Nietzsche, Friedrich: Sämtliche Werke. Kritische Studienausgabe
(KSA), 15 Bde., Berlin 1980
  Unzeitgemäße Betrachtungen: Bd. 1: Vom Nutzen und Nachtheil
  der Historie für das Leben, S. 241–334
Thoma, Ludwig: Ein Münchner im Himmel. Satiren und Humoresken,
München/Zürich 1986
Die Statistiken wurden dem *Bulletin* Nr. 6 (Magazin der Crédit Suisse,
Dezember 1999/Januar 2000) und der Zeitschrift *petra* (September
2000) entnommen, die beide *Glück* als Schwerpunktthema haben.

Kapitel 2: Die ästhetische Lebensform: das sinnliche Glück

Augustinus, Aurelius: Bekenntnisse, Stuttgart 1993 (Nachweise S. 47,
223, 189, 219)
Camus, Albert: Tagebücher 1935–1951 (Tagebuch 1), Reinbek 1972
–: Tagebuch 1951–1959 (Tagebuch 2), Reinbek 1991 (Nachweise S. 56,
135, 353)

-: Literarische Essays, Reinbek 1973 (Nachweise S. 78 f., 84, 86, 104, 116, 197, 195, 203)

-: Gesammelte Erzählungen, Reinbek 1966 (Die Ehebrecherin, S. 105–126)

-: Der glückliche Tod, Reinbek 1972 (Nachweise S. 85, 109, 116, 134, 127)

-: Der Mythos von Sisyphos. Ein Versuch über das Absurde (Mythos), Reinbek 1959 (Nachweise S. 13, 47, 49, 36, 101)

-: Der Mensch in der Revolte (Revolte), Reinbek 1969

Diogenes Laertius: Leben und Meinungen berühmter Philosophen, 2 Bde. in einem, Hamburg 1967

Aristippos: Bd. 1, S. 105–124

Epikuros: Bd. 2, S. 223–295 (Nachweise S. 283 f.)

Flaubert, Gustave: Die Versuchung des heiligen Antonius, Frankfurt a.M./Leipzig 1996

Kierkegaard, Søren: Gesammelte Werke, 36 Abteilungen in 26 Bänden, Düsseldorf/Köln 1956 ff.

Entweder–Oder 1: Abt. 1 (Diapsalmata, S. 17–46; Die Wechselwirtschaft, S. 301–321; Das Tagebuch des Verführers, S. 323–484) (Nachweise S. 368, 94, 109, 107, 349, 396 f., 460, 311, 24, 21 ff., 38)

Entweder–Oder 2: Abt. 2/3 (Nachweis S. 11)

Stadien auf des Lebens Weg: Abt. 15 (In vino veritas, S. 7–90) (Nachweise S. 24, 28 f., 11, 9, 20, 75 f.)

Mill, John Stuart: Der Utilitarismus, Stuttgart 1976

Nietzsche, Friedrich: Sämtliche Werke. Kritische Studienausgabe (KSA), 15 Bde., Berlin 1980

Lieder des Prinzen Vogelfrei: Bd. 3 (Die fröhliche Wissenschaft, S. 639–651)

Gondellied: Bd. 6 (Ecce homo, S. 291)

Die Geburt der Tragödie: Bd. 1 (Nachweise S. 109, 152 f., 47)

Also sprach Zarathustra: Bd. 4 (Nachweise S. 400, 53)

Jenseits von Gut und Böse: Bd. 5 (Nachweis S. 165)

Morgenröthe: Bd. 3 (Nachweis S. 16)

Ecce homo: Bd. 6 (Nachweis S. 291)

Kapitel 3: Die ökonomische Lebensform: das kalkulierte Glück

Bentham, Jeremy: Eine Einführung in die Prinzipien der Moral und der Gesetzgebung, in: Einführung in die utilitaristische Ethik. Klassische und zeitgenössische Texte, hg. v. Otfried Höffe, München 1975, S. 35–58

Corssen, Jens, in: Die Selbst AG, Spiegel 36/2000, S. 134

Frey, Bruno S./Stutzer, Alois: Happiness, Economy and Institutions, Universität Zürich 1999 (Nachweise in: Credit Suisse, Bulletin 6/99, S. 11)

Mackie, John Leslie: Ethik. Auf der Suche nach dem Richtigen und Falschen, Stuttgart 1981 (Nachweis S. 185)

Mill, John Stuart: Der Utilitarismus, Stuttgart 1976 (Nachweise S. 7, 13 f.)

Moore, George Edward: Grundprobleme der Ethik, München 1975

Nietzsche, Friedrich: Sämtliche Werke. Kritische Studienausgabe (KSA), 15 Bde., Berlin 1980
Also sprach Zarathustra: Bd. 4 (Nachweise S. 15, 20)
Morgenröthe: Bd. 3 (Nachweise S. 94, 96)
Nachlaß: Bd. 10 (Nachweis S. 537)

Smart, John J. C.: Extremer und eingeschränkter Utilitarismus, in: Höffe (siehe Bentham), S. 121–132 (Nachweis S. 124)

Williams, Bernard: Kritik des Utilitarismus, Frankfurt a.M. 1979 (Nachweis S. 61 ff.)

Kapitel 4: Die politische Lebensform:
das strategisch hergestellte Glück

Aristoteles: Politik, Hamburg 1981 (Nachweis 1315 a 40–b 10)

Bacon, Francis: Neu-Atlantis, in: Der utopische Staat, hg. v. K. J. Heinisch, Reinbek 1960, S. 171–215 (Nachweise S. 198, 205, 194, 213, 205 ff., 192, 215)

Bloch, Ernst: Geist der Utopie, Frankfurt a. M. 1964 (Nachweise S. 302, 306 f., 309)

Engels, Friedrich: Die Entwicklung des Sozialismus von der Utopie zur Wissenschaft, Berlin 1945 (Nachweise S. 28, 31, 42, 56, 60, 57)

Fest, Joachim: Der zerstörte Traum. Vom Ende des utopischen Zeitalters, Berlin 1991 (Nachweis S. 85)

Huxley, Aldous: Schöne neue Welt, Frankfurt a.M. 1978 (Nachweise S. 21 ff., 186, 38 f., 49, 75 f., 30, 119, 61, 46, 195, 200, 16, 18, 158 f., 197, 143, 182, 206)

Jonas, Hans: Das Prinzip Verantwortung. Versuch einer Ethik für die technologische Zivilisation, Frankfurt a. M. 1979 (Nachweise S. 327 ff., 383)

Jünger, Friedrich Georg: Die Perfektion der Technik, Frankfurt a. M. 1953

LeGuin, Ursula: Winterplanet, München 1994 (Nachweis S. 116)
Morus, Thomas: Utopia, in: Heinisch (siehe Bacon), S. 7-110 (Nachweise S. 77, 109, 57f., 85, 49, 53, 104, 98, 70ff., 82, 104, 131f., 134, 124)
Perkins Gilman, Charlotte: Herland, Reinbek 1980 (Nachweise S. 180, 153)
Platon: Sämtliche Werke, 6 Bde., Hamburg 1958-1960
    Politeia: Bd. 3 (Nachweis 596a-598d)
Samjatin, Jewgenij: Wir, Köln 1984 (Nachweise S. 5, 17, 24f., 44, 37, 132f., 17, 22, 29, 31, 89, 112, 121f., 25f., 34, 85, 137, 147, 49, 39, 211, 197)

Kapitel 5: Die sittliche Lebensform: das eudämonistische Glück

Aristoteles: Die Nikomachische Ethik, München 1972 (Nachweise 1095b20, 1097b20, 1098a19-b20, 1099a8, a15ff., b31ff., 1098a16, 1174b32, 1175a29f., 1178a5ff., 1177b30ff.)
Boethius, Anicius Manlius Severinus: Trost der Philosophie, lat./dt., Darmstadt 1981 (Nachweise S. 55, 61, 97, 121, 127)
Platon: Sämtliche Werke, 6 Bde., Hamburg 1958-1960
    Politeia: Bd. 3 (Nachweis 614bff.)
    Nomoi: Bd. 6 (Nachweis 643d-645e)
    Euthydemos: Bd. 2 (Nachweis 280a)
    Philebos: Bd. 5 (Nachweise 21a-e, 38e-39e, 40a, 66a-d)
    Phaidros: Bd. 4 (Nachweis 247a)

Kapitel 6: Die ethische Lebensform: das leidenschaftslose Glück

Böhme, Hartmut/Böhme, Gernot: Das Andere der Vernunft. Zur Entwicklung von Rationalitätsstrukturen am Beispiel Kants, Frankfurt a. M. 1983 (Nachweis S. 371ff.)
Epikuros, in: Diogenes Laertius, siehe Kap. 2. (Nachweis S. 118)
Hegel, Georg Wilhelm Friedrich: Phänomenologie des Geistes, Frankfurt a. M. 1973 (Nachweise S. 73f., 266, 276, 462, 547)
    Enzyklopädie der philosophischen Wissenschaften im Grundrisse, Hamburg 1959 (Nachweise § 481 = S. 387, § 577 = S. 463)
Kant, Immanuel: Werke in 10 Bänden, hg. v. W. Weischedel, Darmstadt 1959
    Grundlegung zur Metaphysik der Sitten: Bd. 4 (Nachweis S. 18)
    Kritik der praktischen Vernunft: Bd. 4 (Nachweise S. 255, 129, 133, 149, 200f., 249, 256, 128, 205 Anm., 209, 240, 152, 195)

Metaphysik der Sitten: Bd. 4 (Nachweise S. 626, 515)

Mutmaßlicher Anfang der Menschengeschichte: Bd. 9 (Nachweis S. 94)

–: Eine Vorlesung Kants über Ethik, hg. v. Paul Menzer, Berlin 1924 (Nachweis S. 207 f.)

Nietzsche, Friedrich: Sämtliche Werke. Kritische Studienausgabe (KSA), 15 Bde., Berlin 1980

Zur Genealogie der Moral: Bd. 5 (Nachweise S. 339, 349)

Götzendämmerung: Bd. 6 (Nachweise S. 86, 125)

Die fröhliche Wissenschaft: Bd. 3 (Nachweis S. 349)

Nachlaß: Bd. 10 (Nachweise S. 362, 482)

Also sprach Zarathustra: Bd. 4 (Nachweis S. 111)

Platon: Sämtliche Werke, 6 Bde., Hamburg 1958–1960

Phaidon: Bd. 3 (Nachweise 64 aff., 69 c, 81 c)

Apologie: Bd. 1

Schiller, Friedrich: Werke, Salzburg o.J. (Nachweis Bd. 1, S. 341)

–: Über die ästhetische Erziehung des Menschen, Stuttgart 1975 (Nachweise S. 50 Anm., 56 ff., 61)

Schopenhauer, Arthur: Sämtliche Werke, 5 Bde., Darmstadt 1968

Die Welt als Wille und Vorstellung: Bd. 1 (Nachweise S. 530 f., 521, 409 ff., 440)

Bd. 2 (Nachweis S. 740 f.)

Parerga und Paralipomena: Bd. 4 (Nachweise S. 382, 386)

Die beiden Grundprobleme der Ethik: Bd. 3 (Nachweis S. 772)

–: Die Kunst, glücklich zu sein, hg. v. Franco Volpi, München 1999 (Nachweise S. 35 f., 68, 49, 55, 57, 74, 65, 98)

Seneca, Lucius Annaeus: Vom glücklichen Leben, lat./dt., Stuttgart 1998 (Nachweise S. 19, 21, ff., 73, 47, 19, 27, 23, 25 f., 29, 43, 49 ff., 83, 65, 61, 71, 73 f., 61, 67, 75)

Spinoza, Benedictus de: Die Ethik, lat./dt., Stuttgart 1977 (Nachweis S. 699)

Kapitel 7: Die religiöse Lebensform: das kontemplative Glück

Augustinus, Aurelius: Vom Gottesstaat, 2 Bde., München 1977 (Nachweise Bd. 2, S. 746 f., 752 f., 760 ff., 783, 788 f., 796 ff., 800, 816, 824, 830, 811, 749)

Die Bibel. Gesamtausgabe in der Einheitsübersetzung

Feuerbach, Ludwig: Das Wesen des Christentums, Stuttgart 1994 (Nachweise S. 54, 75, 84 ff., 102 ff., 123 ff., 154, 299)

Freud, Sigmund: Gesammelte Werke, 19 Bde., Frankfurt a. M. 1999

Das Unbehagen in der Kultur: Bd. 14, S. 419–506 (Nachweise S. 436 f., 440 ff., 433, 444, 446 ff., 458, 464, 503 f.)

Der Humor: Bd. 14, S. 381–389 (Nachweis S. 383)

Lessing, Gotthold Ephraim: Vgl. Friedrich Heinrich Jacobi: Ueber die Lehre des Herrn Spinoza in Briefen an den Herrn Moses Mendelssohn, Breslau 1789 (Nachweis S. 79 f.)

Meister Eckhart: Deutsche Predigten und Traktate, München 1955 (Nachweise S. 55, 90, 115, 148, 252, 270, 278, 290 f., 303 ff., 429, 430 ff.)

Nietzsche, Friedrich: Sämtliche Werke. Kritische Studienausgabe (KSA), 15 Bde., Berlin 1980
Jenseits von Gut und Böse: Bd. 5 (Nachweise S. 67, 81)
Zur Genealogie der Moral: Bd. 5 (Nachweis S. 274)
Die Fröhliche Wissenschaft: Bd. 3

Ovidius Naso, Publius: Metamorphosen, lat./dt., Stuttgart 1994 (Nachweis S. 147–159)

Platon: Sämtliche Werke, 6 Bde., Hamburg 1958–1960
Politeia: Bd. 3 (Nachweis 514 a ff.)

Plotin: Schriften [Enneaden], griech./dt., 12 Bde., Hamburg 1956 ff.
Entstehung und Ordnung der Dinge nach dem Ersten: Bd. Ia, S. 238–243
Der Abstieg der Seele in die Leibwelt: Bd. Ia, S. 128–149
Das Schöne: Bd. Ia, S. 2–25
Die Glückseligkeit: Bd. Va, S. 2–39
Ob die Glückseligkeit durch Dauer wächst: Bd. IIIa, S. 224–233

Kapitel 8: Was also ist das Glück?

Améry, Jean: Hand an sich legen. Diskurs über den Freitod, Stuttgart 1981 (Nachweis S. 78 f.)

Heine, Heinrich: Sämtliche Werke in 10 Bänden, hg. v. O. Walzel, Leipzig 1915
Gedanken und Einfälle: Bd. 10

Madame du Châtelet: Rede vom Glück, Berlin 1999

Pascal, Blaise: Gedanken, Leipzig 1987

Zitate aus Tages- und Wochenzeitungen, Illustrierten und Magazinen der Jahre 1999 und 2000

Ergänzende Literatur

Alain: Die Pflicht, glücklich zu sein, Frankfurt a. M. 1987

Angehrn, Emil/Baertschi, Bernard (Hrsg.): Die Philosophie und die Frage nach dem Glück, Bern 1997

Bellebaum, Alfred: Ökonomie und Glück, Opladen 1999

Bien, Günther (Hrsg.): Die Frage nach dem Glück, Stuttgart-Bad Cannstatt 1978

Bien, Günther: Glück – was ist das?, Frankfurt a. M. 1999

Drescher: Glück und Lebenssinn. Eine religionsphilosophische Untersuchung, Freiburg/München 1991

Forschner, Maximilian: Über das Glück des Menschen. Aristoteles, Epikur, Stoa, Thomas von Aquin, Kant, Darmstadt 1993

Giesz, Ludwig: Philosophische Spaziergänge. Zwölf vorsichtige Antworten auf die Frage, wie man sich denn im Leben einzurichten hätte, Stuttgart 1990

Grom, Bernhard/Brieskorn, Norbert/Haeffner, Gerd: Glück. Auf der Suche nach dem ›guten Leben‹, Frankfurt a. M./Berlin 1987

Hilty, Carl: Glück, Zürich 1987

Höhler, Gertrud: Das Glück. Analyse einer Sehnsucht, Düsseldorf/Wien 1981

Horn, Christoph: Antike Lebenskunst. Glück und Moral von Sokrates bis zu den Neuplatonikern, München 1998

Marcuse, Ludwig: Philosophie des Glücks, Zürich 1972

Russell, Bertrand: Eroberung des Glücks. Neue Wege zu einer besseren Lebensgestaltung, Frankfurt a. M. 1977

Schneider, Wolf: Glück, was ist das? Versuch, etwas zu beschreiben, was jeder haben will, Reinbek 1981

Schummer, Joachim (Hrsg.): Glück und Ethik, Würzburg 1998

Seel, Martin: Versuch über die Form des Glücks. Studien zur Ethik, Frankfurt a. M. 1995

Spaemann, Robert: Glück und Wohlwollen. Versuch über Ethik, Stuttgart 1989

Tatarkiewicz, Wladyslaw: Über das Glück, Stuttgart 1984

Was ist Glück? Ein Symposion, München 1976

Watzlawick, Paul: Anleitung zum Unglücklichsein, München 1988

Winterswyl, Ricarda: Das Glück. Eine Spurensuche, München 1995

Personenregister

Améry, Jean (1912–1978) 292, 310
Aristipp (ca. 425–355 v. Chr.)
42–46, 52, 54
Aristoteles (384–322 v. Chr.) 133,
179, 188–195, 198–200, 203, 205 f.,
246, 252, 257, 267, 278, 307 f.
Assheuer, Thomas 300
Augustinus, Aurelius (354–430)
101 f., 106, 263–267, 269, 286,
305, 309

Bacon, Francis (1561–1626) 147 f.,
164, 166, 307
Bellebaum, Alfred 24, 310
Bentham, Jeremy (1748–1832)
107 f., 110–113, 115 f., 118–120, 122,
306
Bloch, Ernst (1885–1977) 171, 174,
307
Böcklin, Arnold (1827–1901) 289
Böhme, Hartmut und Gernot
242, 308
Boethius, Anicius Manlius
Severinus (470–524) 197–199,
204

Cakia-Mouni 83
Campanella, Tommaso (1568–1639)
144, 164, 166
Camus, Albert (1913–1960) 73–84,
87, 89–97, 100, 282, 297, 305 f.

Carlyle, Thomas (1795–1881) 120
Châtelet, Madame du (1706–1749)
293, 310
Churchill, Winston (1874–1965)
124
Cocker, Joe 296
Corssen, Jens 132, 307

Darwin, Charles (1809–1882) 172
Diogenes Laertios (3. Jh. n. Chr.)
43, 306, 308
Dionysios (ca. 430–367 v. Chr.) 43 f.
Dostojewskij, Fedor (1821–1881)
25, 174
Düffel, John von 298 f.

Ende, Michael (1929–1995) 18, 305
Engels, Friedrich (1820–1895)
171–174, 307
Epikur (342–271 v. Chr.) 42, 46–52,
54, 84, 209, 308

Fest, Joachim 177, 307
Feuerbach, Ludwig (1804–1872)
276–278, 285, 309
Flaubert, Gustave (1821–1880)
102, 306
Frantz, Justus 297
Freud, Sigmund (1856–1939)
280–286, 309 f.
Frey, Bruno S. 131, 307

Der Sinn des Lebens

Herausgegeben von
Christoph Fehige, Georg Meggle und Ulla Wessels

dtv 3-423-30744-7

»Eine farbenträchtige Wundertüte.«
Neue Zürcher Zeitung

Dieses gewichtige Buch zu einer gewichtigen Frage hat
einen Kern und eine Schale. Im Kern beschäftigen sich einige der seriösesten Philosophen unserer Zeit ausdrücklich
mit den Fragen, die sich um den Sinn des Lebens drehen. Ihr
Nachdenken wird recht umfassend, zum Teil erstmals in
deutscher Übersetzung, repräsentiert. Die Schale ist bunt:
Bilder, Gedichte, Geschichten über das Leben, das Universum und alles. Ein Lesebuch zum Studieren, Stöbern,
Schmunzeln, Nach- Mit- und Weiterdenken.

»Der Einladung zur Lektüre kann man gar nicht
widerstehen. Denn wo immer man dieses leichte Buch
voll tiefen Ernstes aufschlägt, springt einen
Bedenkenswertes an.«
Kölner Stadtanzeiger

»Der vorliegende Band gehört in jeden Haushalt.«
Die Zeit

Lust auf Philosophie

Klassische philosophische Texte
von Frauen

Herausgegeben von Ruth Hagengruber
dtv 3-423-30652-1

Denken Frauen anders? Lange Zeit herrschte die Auffassung, Frauen könnten überhaupt nicht denken. Doch heute ist gewiss, dass sie es können – und es auch tun. »Bediene dich deines Verstandes!« forderte Christine de Pizan, Autorin des berühmten ›Buches von der Stadt der Frauen‹, ihre Geschlechtsgenossinnen schon zu Beginn des 15. Jahrhunderts auf und viele folgten dieser Maxime. Immer mehr neu und wieder entdeckte Zeugnisse zeigen den Beitrag philosophierender Frauen zur Geschichte des Denkens und der Welterkenntnis.

Ruth Hagengruber hat grundlegende und wirkungsreiche Texte von Philosophinnen aus sechshundert Jahren – zum Teil erstmals in deutscher Sprache – zugänglich gemacht. In der Einleitung werden die Grundzüge feministischer Philosophie aufgezeigt und wesentliche Fragen erläutert. Es folgen Textauszüge aus den Werken von Christine de Pizan, Marie de Jars de Gournay, Margaret Cavendish, Anne Finch Convay, Olympe de Gouges, Mary Wollstonecraft, Emilie du Châtelet, Sophie Germain, Harriett Taylor-Mill, Charlotte Perkins Gilman, Hedwig Conrad-Martius, Edith Stein, Simone Weil, Simone de Beauvoir und Hannah Arendt.